DA BIANGE SHIDAI XIA

ZHONGGUO JIANG RUHE TONGWANG FANRONG DE WEILAI ZHI LU

大变革时代下,

中国将如何通往繁荣的未来之路

于慎之◎主编

人民东方出版传媒

东方出版社

图书在版编目（CIP）数据

大变革时代下，中国将如何通往繁荣的未来之路 / 于慎之主编 . —北京：
东方出版社，2017.2

ISBN 978-7-5060-9494-8

Ⅰ.①大… Ⅱ.①于… Ⅲ.①中国经济-经济发展-研究 Ⅳ.①F124

中国版本图书馆 CIP 数据核字（2017）第 028748 号

大变革时代下，中国将如何通往繁荣的未来之路

（DA BIANGE SHIDAI XIA, ZHONGGUO JIANG RUHE TONGWANG FANRONG DE
WEILAI ZHI LU）

于慎之　主编

责任编辑：辛岐波　梁　欣　杭　超
出　　版：东方出版社
发　　行：人民东方出版传媒有限公司
地　　址：北京市东城区东四十条 113 号
邮政编码：100007
印　　刷：北京佳顺印务有限公司
版　　次：2017 年 2 月第 1 版
印　　次：2017 年 2 月北京第 1 次印刷
开　　本：710 毫米×1000 毫米　1/16
字　　数：282 千字
印　　张：20
书　　号：ISBN 978-7-5060-9494-8
定　　价：68.00 元
发行电话：（010）85924663　85924644　85924641

前　言

　　当今世界动荡多变，一系列非常难以预测的不寻常事件接连发生。如，"特朗普现象"，英国"脱欧"，欧盟危机，中东战乱，难民问题，世界恐怖主义浪潮，国际经济持续低迷，世界贸易持续下滑，"逆全球化"思潮、民粹主义与排外主义抬头……种种出乎分析家们预料、令人"大跌眼镜"的现象，反映出当今国际格局、世界秩序和世界经济正经历着重大而深刻的调整。展望 2017 年，多个国家的领导人将换上新面孔，国际格局存在着发生新"变局"的可能。面对如此复杂多变的国际形势，有专家预言，未来国际关系和国际格局变化中"唯一能确定的，就是不确定"。

　　改革开放以来，中国国内生产总值（GDP）创造了连续三十多年年均增长 9.9% 的经济奇迹，成为世界经济增长的主要引擎。然而，世界上任何一个国家都不可能永远保持那样的高速增长。2010 年，我国 GDP 增长率达到 10.4%，此后逐年下行，一直下滑到 2014 年的 7.3%，2015 年进一步下降到 6.9%。有学者指出，以往拉动中国经济增长的投资、外贸和消费这"三驾马车"，前两驾已经疲软。2014 年，习近平作出经济发展进入新常态的重大战略判断，中国经济将从高速增长转为中高速增长，经济结构要不断进行优化升级，经济发展的驱动力要从要素驱动、投资驱动，转向创新驱动。这标志着，我国的经济社会发展进入了一个全新的发展阶段，站在一个全新的历史起点上。我们要进入一个全面、持久、深刻变化的"大变局"时期，中国经济发展要经历一个优化、调整、转型、升级并行的过程。

世界格局急剧变化，我们要如何应对？

经济发展进入新常态，我们如何认识、把握、引领？

大变革时代，中国将如何通往繁荣的未来之路？

判断一个国家的未来走向，最重要的是能够辨明国家在世界和历史中的方位，把握和引领世界大势，积极顺应世情民意。未来新型国际格局形成之前的"磨合期""变革期"，正是我们为实现"两个一百年"目标而奋斗的历史时期，是实现中华民族伟大复兴的历史时期。一个和平、合作、发展、共赢的世界，对中国实现经济社会持续发展至关重要。中国能否正确认识变幻莫测的世界形势，准确认识、把握、引领和适应中国经济新常态，是统筹好国际和国内两个大局，继续推进中国经济社会发展的重要因素。2016 年 9 月，习近平在二十国集团领导人杭州工商峰会开幕式上指出："今天的中国，已经站在新的历史起点上。这个新起点，就是中国全面深化改革、增加经济社会发展新动力的新起点，就是中国适应经济发展新常态、转变经济发展方式的新起点，就是中国同世界深度互动、向世界深度开放的新起点。""在新的起点上，我们将坚定不移全面深化改革，开拓更好发展前景。"习近平对当今中国经济社会发展的这个清晰定位，揭示出当代世界和当今中国所处的时代方位和经济社会发展的大势。

习近平指出，新起点是"中国同世界深度互动、向世界深度开放的新起点"。三十多年来，以开放促改革、促发展，是我国的成功实践，"开放"是党的十八届五中全会确定的五大发展理念之一。纵观世界强国的发展史，走开放之路，利用国际市场和资源实现自身发展，是各强国的必经之路。2015 年 9 月，中共中央、国务院发布了《关于构建开放型经济新体制的若干意见》，对构建开放型经济新体制的基本原则、总体目标和重点任务作出了全面系统部署。2016 年 12 月 9 日召开的中共中央政治局会议要求，"要扎实推进一带一路建设"，"扩大开放领域、积极吸引外资"；2016 年 12 月召开的中央经济工作会议指出，要"推进更深层次更高水平的双向开放，赢得国内发展和国际竞争的主动"。今后，中国的对外开放将是更加全面、更加深入、更高水平的开放，进入一个对内、对外"同步、双向"开放的新阶段。在这个新阶段，各级政府和领导干部要深入理解党中央提出的"开放"理念，主动引导对外开放、完善对外开放体制机制、提高开放型经济水平，在开放中增强中国经济发展的新动能。

中国要发展，必须与世界的和平发展"绑定"在一起。2016 年 7 月，习近平在"七一"讲话中指出："中国共产党人和中国人民完全有信心为人类对更好社会制度的探索提供中国方案。"在西方国家笼罩在金融危机阴影之中、经济持续低迷、复苏乏力的情况下，中国担当着世界经济复苏的助推器的作用。中国国家统计局发布的数字显示，2015 年中国对世界经济增长的贡献率在 25% 以上。这是中国为世界经济走出低迷提供"中国方案"的底气。2016 年 9 月，以"构建创新、活力、联动、包容的世界经济"为主题的二十国集团领导人峰会在中国杭州召开，会议通过的《二十国集团领导人杭州峰会公报》，反映了"创新、协调、绿色、开放、共享"发展的中国理念，体现了推动解决世界经济问题的中国方案，融汇了构建"人类命运共同体"、完善全球经济治理的中国主张，并将它们上升为国际共识，赢得国际社会高度评价。这些中国理念、方案和主张以及习近平总书记的一系列重要讲话，回答了中国经济在新起点上如何发展的问题，那就是中国作为一个负责任大国，改革的步伐不会放缓，开放的深度、广度仍将扩大，中国将在深化改革、扩大开放中，对世界经济发展作出更大贡献。这同时为中国的经济社会发展，为中国通往繁荣的未来之路提供了机遇。

一个民族的复兴，需要创造出强大的物质力量，同时更需要强大的文化软实力，对内作为国家凝聚力的来源，对外作为塑造国家形象的"名片"。中国是地处亚洲的文明古国，20 世纪 80 年代以来国际上热议的"亚洲价值观"，主要源自中华文明的创造；中国改革开放以来开创的中国特色社会主义道路，是中国对世界的又一个巨大历史贡献。这些都是提升我们文化自信的重要源泉。中共中央"十三五"规划建议公报中提出："在增强国家硬实力的同时注重提升国家软实力，不断增强发展整体性。"中国通向繁荣的未来之路，必须把软实力建设放在重要地位。特别是在对外开放不断深化的时代，我们要通过不断创新文化软实力建设，塑造中国负责任大国的国际形象，传播中国文化和中国理念，增强中国的国际话语权，为中国的发展赢得更加良好的国际环境。同时我们要对西方国家的话语霸权保持警惕，对西方的思潮不迷信、不盲从，坚定对中国特色社会主义的道路自信、理论自信、制度自信和文化自信。

在全球格局大变革、中国经济进入新常态的时代背景下，中国实行全方位对外开放是发展的必然要求。习近平提出"一带一路"大战略，为中国企业做大海外市场提供了机遇。"一带一路"建设不仅为解决全球区域发展问题提供了崭新的思路，更为中国经济在新常态下实现成功转型，提供了重要引擎。2016年12月召开的中央经济工作会议指出："要有重点地推动对外开放，推进'一带一路'建设。"这是一条促进沿线各国共同发展、实现共同繁荣的合作共赢之路，也是一条增进各国理解信任、加强全方位交流的和平友谊之路。"一带一路"建设既是中国经济社会发展的机遇，也有一些挑战，中国企业要承担起"先行官"的角色。在"一带一路"建设中，要结合国内供给侧结构性改革，结合推进"三去一降一补"的任务，脚踏实地走出去。中国未来经济社会发展的前景，与"一带一路"大战略实施的成败有重要关系。

创新发展是中国成功的重要经验，是中国未来发展的重要理念。习近平多次强调："创新发展注重的是解决发展动力问题。""抓创新就是抓发展，谋创新就是谋未来。"创新位于我国"五大发展理念"之首，它是指全方位、全覆盖和全效能的创新。2016年5月中共中央、国务院印发的《国家创新驱动发展战略纲要》指出，必须把创新摆在国家发展全局的核心位置，让创新成为引领发展的第一动力。在中国全方位对外开放的时代，中国要与世界共享创新机遇。2016年召开的G20杭州峰会，首次把"创新"列为会议主题，通过了《二十国集团创新增长蓝图》《二十国集团新工业革命行动计划》等成果性文件。2017年1月，习近平在世界经济论坛开幕式上发表的主旨演讲中，分析了世界经济领域中的三大突出矛盾，提出了四点建议，其中第一点就是"坚持创新驱动，打造富有活力的增长模式"。我们坚信，创新的中国必将引领世界经济的"大创新"时代，为世界经济复苏发展开辟新的航道。

我们在通往繁荣的未来之路上，必须解决贫困问题。曾几何时，它是困扰着中国与世界的一大难题。2000年9月，联合国全体成员国一致通过了旨在降低全球贫困水平的"千年发展目标"。2015年7月下旬，中国与联合国共同发布报告，指出中国提前完成了多个千年发展目标，受到联合国的肯定。同年10月，党的十八届五中全会提出，到2020年我国现行标准下农村贫困人口实现脱贫，贫困县全都摘帽，解决区域性整体贫困。习近平强调："脱贫攻坚已经到了啃硬骨头、攻坚拔寨的冲刺阶段，必须以更大的决心、更明确的思路、更精准的举措、超常规的力度，众志成城实现脱贫攻坚目标，决不能落下一个贫困地区、一个贫困群众。"当前，中国已经开启了精准扶贫新时代，我们必须要把习近平提出的"六个精准"扶贫理念落到实处，坚决打赢这场扶贫脱贫的攻坚战。这是我们在新常态下实现增长、走向繁荣的基本底线。

习近平在2017年新年贺词中指出："我真诚希望，国际社会携起手来，秉持人类命运共同体的理念，把我们这个星球建设得更加和平、更加繁荣。"我们生活在一个世界秩序急剧变革的新时代，中国和世界的关系正在发生历史性变化。当今的世界，是一个开放的世界；当代的中国，是一个开放的中国。过去的三十多年，中国的改革开放为世界经济发展作出了巨大贡献；未来的发展之路上，中国更应该以改革创新的姿态走向繁荣，增强世界经济复苏与发展的动力。为此，我们从"中国与世界对话"的角度出发，紧随变革的时代步伐，选辑了最近一年来领导干部、专家学者关于世界变革与中国发展的新认识、新思考的文章或访谈，从世界形势、对外开放、中国理念、中国软实力、中国企业走出去、创新发展和扶贫脱贫七个角度，探讨变革时代的中国如何创新发展。为广大党员干部深入理解当前世界的变革与中国的发展、领会中央对外开放的战略提供学习与参考，以期更好地认识形势、坚定信心，实践中央的战略意图，引领中国经济走向繁荣的未来之路。

目录

第三章

向世界展示中国理念和中国方案　/ 81

第四章

以新发展理念塑造中国形象　/ 127

第一章
世界怎么了，世界怎么办

　　进入 21 世纪的十几年来，全球秩序从来没有哪一年像 2016 年这样，充满了变数、乱象、动荡和不确定性。在人们享受多年经济全球化带来的利益之后，"逆全球化"的潮流抬头。在这样的变局之中，人们不禁要问：世界怎么了？世界怎么办？中国如何应对变化中的世界，继续走好民族复兴之路？2016 是中国外交重要的攻坚开拓年，习近平在"七一"讲话中重申了中国对独立自主的和平外交政策的坚持，突出了人类命运共同体意识，引领塑造以合作共赢为核心的新型国际关系。9 月份召开的 G20 杭州峰会取得丰硕成果，峰会公报显示了各国领导人构建创新、活力、联动、包容的世界经济，开创全球经济增长和可持续发展新时代的决心，展示了中国作为世界上最重要新兴经济体所贡献的智慧和方案。此外，中国其他的一系列外交活动，在世界形势的乱局之中，维护了我国发展的良好外部环境；在国际体系的变局之中，提升了我国的地位影响和制度性权利。中国经济社会的持续发展，为世界带来更多机遇，对国际秩序的未来演变产生了广泛而深远的影响。认清这些，是我们在世界变局中探索通往繁荣的未来之路的基础。

王 毅：
在世界变局中坚定推进中国特色大国外交

2016 年的国际形势动荡多变、乱象纷呈。世界经济深度调整，地缘博弈多线推进，热点问题交替升温，恐怖势力扩散蔓延。英国"脱欧"惊动世界，民粹主义、保护主义、排外主义等"逆全球化"思潮明显抬头。世界和平与发展事业面临开放与封闭、合作与冲突、变革与守旧的抉择。面对复杂多变的国际形势，以习近平同志为核心的党中央高举合作共赢旗帜，引领开放变革潮流，带领我们在世界形势乱局中维护我国发展的良好外部环境，在国际体系变局中提升我国的地位影响和制度性权利，谱写了中国特色大国外交新的壮丽篇章。

引领全球治理变局。随着国际力量对比消长变化和全球性挑战日益增多，加强全球治理、推动全球治理体系变革是大势所趋。中央政治局集体学习一年内两度聚焦全球治理，为我国深入参与全球治理进行了顶层设计和行动规划。我们围绕适应和引导经济全球化、开创世界经济增长新动力等重大问题积极阐释中国理念，提出中国方案，采取中国行动，显著增强了我国全球治理话语权和国际规则制定权。习近平主席成功主持 G20 杭州峰会，引导各方把创新和结构性改革作为开创世界发展新局的主线，把发展议题置于全球宏观政策协调的突出位置，扩大了中国新发展理念的国际影响，提升了中国改革开放的世界意义，引领了世界经济和全球治理的前进方向。

峰会达成 29 项重要成果，在 G20 进程中留下深刻中国印记，成为 G20 发展史上一座里程碑。在亚太经合组织利马会议上，习近平主席直面"逆全球化"思潮，强调要反对一切形式的保护主义，建设开放型经济，引领经济全球化向更加包容普惠的方向发展；呼吁各方把共识转化为行动，早日建成亚太自贸区，在国际上起到稳定人心、提振信心、凝聚共识的重要作用。会议通过《亚太自贸区利马宣言》，为亚太自贸区进程注入新动力。李克强总理在联大主持召开可持续发展主题座谈会，率先发布《中国落实 2030 年可持续发展议程国别方案》，首次系统阐述我国可持续发展观，彰显了大国担当。

巩固睦邻友好格局。周边是我国和平发展的立足点，也是践行中国特色大国外交理念的示范区。我们积极攻克难点，筑牢支点，打造亮点，应对热点，进一步巩固了总体稳定良好的周边环境。习近平主席热情接待菲律宾总统杜特尔特，双方就全面改善发展中菲关系达成重要共识，推动南海问题重回对话协商解决的正确轨道，使利用南海问题搅乱地区稳定的图谋彻底破产，也为中国与东盟国家进一步深化合作扫除了障碍。习近平主席成功访问柬埔寨，对外发出中国力挺老朋友的清晰信号，产生超越中柬双边关系的积极和广泛影响。习近平主席访问孟加拉国，中国成为孟加拉国选择的第一个战略伙伴。李克强总理对老挝进行正式访问，巩固了战略互信，深化了传统友谊。中缅关系在缅甸政局发生剧烈变动情况下迅速实现平稳过渡。中国同斯里兰卡的重要合作项目陆续排除障碍、重回正轨。习近平主席出席上海合作组织峰会，推动上合组织发展进入新阶段。李克强总理同东盟国家领导人举行中国-东盟建立对话关系25 周年纪念峰会，书写中国东盟关系新篇章。我们正式启动澜沧江-湄公河合作机制，与中日韩合作重启一南一北，相互呼应，为东亚区域合作打造新的引擎。我们坚定推进朝鲜半岛无核化这一既定目标，主动提出半岛无核化与停和机制转换"双轨并行"的解决方案，坚持通过对话谈判解决核问题，反对以核问题为借口在半岛部署"萨德"反导系统。

运筹大国关系棋局。习近平主席同奥巴马总统在 G20 杭州峰会期间再次聚首，继"庄园会晤""瀛台夜话""白宫秋叙"之后，展开"西湖长谈"，达到增信释疑的积极成效，彰显中美共同利益远远大于矛盾分歧、协调合作远远大于竞争摩擦。美国大选结果公布后，习近平主席很快就同当选总统特朗普通电话，为中美关系的平稳过渡和发展发出积极信号。当然，中美关系今后会面临一些新的复杂和不确定因素。两国只有尊重和照顾彼此核心利益和重大关切，才有可能长久稳定合作，实现互利共赢。这是中美关系发展的正确方向。中俄元首一年内 5 次会晤，双方就加强全球战略稳定发表联合声明，围绕重大国际和地区问题保持密切协调，能源、航空等领域大项目合作稳中有进，"一带一路"与欧亚经济联盟建设对接合作有序推进，中俄全面战略协作伙伴关系迈向更高水平。习近平主席两访中东欧，李克强总理出席中国—中东欧国家领导人里加会晤，奏响对欧外交"中东欧协奏曲"。我们成功主办第十八次中欧领导人会晤，中法、中德各领域交流合作机制取得新成果，英国新首相特雷莎·梅表示愿继续致力于打造英中关系"黄金时代"。习近平主席在金砖国家领导人果阿会晤期间全面总结金砖合作十年成就和经验，坚定金砖成员国合作信心，唱响金砖合作光明前景，为加强金砖合作提供强劲动力。

深化伙伴关系布局。我们以发展中国家为重点，推动构建各具特色、各有侧重、相互补充的伙伴关系，全球伙伴关系网络基本形成并日益完善。中东方向，习近平主席首次访问中东地区，推动同沙特、埃及、伊朗三国关系迈上新台阶，有力提升了中阿集体合作水平。非洲方向，我国成功举办中非合作论坛约翰内斯堡峰会成果落实协调人会议，全面落实习近平主席提出的"中非十大合作计划"，推动中非友好合作迈向更高水平。拉美方向，习近平主席第三次访问拉美，推动我国同厄瓜多尔、智利关系提升至全面战略伙伴关系，将中秘全面战略伙伴关系提升到新高度，为中拉关系发展开辟了更广阔前景。拓展和深化中拉合作已超越拉美国家党派纷争和政权更替，成为拉美社会各界战略共识。

开拓"一带一路"新局。习近平主席在乌兹别克斯坦议会发表重要演讲，提出中国愿同沿线国家携手打造"绿色、健康、智力、和平"四大指向的丝绸之路，明确了"一带一路"建设的大方向，得到国际社会普遍响应。迄今已有100多个国家和国际组织表达了积极支持和参与的态度，我国已同40个国家和国际组织签署共建"一带一路"合作协议。《建设中蒙俄经济走廊规划纲要》正式签署，实现"一带一路"在多边经济走廊方面的突破。我们加快推进与沿线国家的互联互通和产能合作。雅万高铁开工建设，中老、中泰铁路开工在即，中国企业中标皎漂深水港及工业区项目，瓜达尔港正式开航，科伦坡港口城项目全面复工，中国企业中标希腊比雷埃夫斯港港务局项目，匈塞铁路签署商务协议，以中国装备和标准制造的亚吉铁路正式通车。亚洲基础设施投资银行开业运营，丝绸之路基金首批投资项目顺利启动，中国—海合会以及中以自贸区谈判持续推进。

维护主权安全大局。围绕菲律宾前政府挑起的所谓南海仲裁案这一披着法律外衣的政治挑衅，我们进行了坚决有力斗争，坚定维护国家主权权益，维护我国国际形象，维护地区和平稳定。习近平主席等中央领导人在各种双多边场合清晰表明我们的严正态度，我国正当立场得到来自近120个国家和240多个不同国家政党的理解和支持。我们有力揭露临时仲裁庭越权、扩权甚至滥权的非法行径，有效挫败了借此压制抹黑中国的政治图谋。坚持中国与东盟共同达成的地区规则，推动大家一致同意通过直接当事方对话协商解决具体争议。我们旗帜鲜明坚持一个中国原则，反对制造"两个中国"或"一中一台"的图谋，反对外部势力干预港澳事务，扎实开展涉藏、涉疆外交，推动挪威政府在涉及中国核心利益和重大关切问题上作出重要明确表态，维护了国家主权和安全利益。

服务改革开放全局。我们围绕服务国家发展这一中心任务，积极开拓创新，为国家担责、为地方服务、为百姓造福。我们启动外交部省区市全球推介活动，先后为中西部五个省区分别举办全球推介活动，使地方省区不出国门就能与外方对接，使外国驻华使节不出北京就能了解地方改革开放新貌。有机统筹中央、地方两种优势，对接国内、国外两种资源，从服务中央决策延伸到服务地方发展，受到地方普遍欢迎。我们全力配合国内主管部门做好国际追逃追赃工作，通过合法手段和正式途径，2016 年又追回 19 名"百人红通"人员。我们同十多个国家和地区达成新的便利人员往来安排，从局势动荡的南苏丹顺利撤离我国公民千余人，成功营救被索马里海盗劫持四年多的渔船船员。

过去一年的外交成就，是十八大以来以习近平同志为核心的党中央在外交上开拓进取、主动有为的生动缩影。党中央重谋划、善运筹，打造了一系列亮点，打赢了一场场硬仗。国际体系中的中国影响快速提升，国际事务中的中国作用更加突出。

2017 年是中国发展进程中承前启后的重要一年，我们将迎来党的十九大，"十三五"规划进入全面深入推进阶段。纵观全球，世界和平发展的大势未变，但各种乱象还将继续发展。我们将在以习近平同志为核心的党中央领导下，强化服务意识，加大战略运筹，狠抓贯彻落实，巩固主动有利的战略态势，拓展互利合作的国际空间。

我们将紧紧围绕一条主线。把服务党的十九大胜利召开作为全年外交工作的中心任务，深入总结习近平总书记外交思想和十八大以来的外交实践，从外交角度为十九大的召开提供政治和理论上的准备，营造有利外部环境。

我们将着力打造两大亮点。精心办好"一带一路"国际合作高峰论坛和金砖国家领导人第九次会晤两大主场外交活动，为提振世界经济注入强劲动力，打造具有国际影响力的南南合作重要平台。

我们将积极引导三大方向。一是大国关系发展方向，要保持战略定力，推动中美关系平稳过渡并开辟新的合作前景，全方位推进中俄高水平战略协作，推动中欧四大伙伴关系建设取得新进展。二是周边环境演变方向，加强同东盟国家友好合作，坚持通过对话谈判解决南海问题，积极探寻实现朝鲜半岛无核化的可行路径，建设性参与阿富汗和平和解，全面发展同南亚各国友好合作关系，推动同中亚国家关系迈上新台阶。三是全球治理变革方向，巩固联合国在世界和平与安全事务中的核心地位，落实好 G20 杭州峰会成果，借助世界经济论坛、二十国集团、亚太经合组织、上海合作组织等平台，以推进 2030 年可持续发展议程、《巴黎协定》生效落实为抓手，引领国际发展与合作议程。

在以习近平同志为核心的党中央坚强领导下，中国外交更加主动进取，更加成熟自信，必将为实现中华民族伟大复兴的中国梦、为推进世界和平与发展事业作出更大贡献。

（《求是》2017 年第 1 期）

荆　棘：

中国不会成为世界经济的风险策源地

　　改革开放 30 多年来，伴随着中国经济高速发展的，既有国际社会对中国的高度赞扬，也有"中国威胁论""中国崩溃论"等风言风语。近年来，世界经济复苏缓慢，中国经济增速也面临下行压力，国际上又出现了"中国是世界经济风险策源地""中国可能成为下一次全球经济衰退的发源地"等杂音噪音。出现这样的声音并不奇怪，每到中国发展的重要节点，类似的声音都会出现。尽管这些论调不会得到国际社会的广泛认同，但其传播对中国经济和世界经济发展都是有害的，需要进行辨析。

一、中国经济具有在发展中化解风险和矛盾的能力

　　发展始终与问题相伴相生，一个国家只要发展就一定会遇到矛盾和问题。中国也不例外。但中国经济现阶段的矛盾和问题，是局部显现、总体可控的，是过去 30 多年高速发展过程中积累的，正随着改革发展的不断推进逐步得到解决，这些矛盾和问题决不会转化成导致中国经济"硬着陆"和全球经济衰退的风险。而且，近年来中国经济呈现出越来越多的积极因素，风险逐步得到释放，经济正朝着更加健康的方向发展。

　　经济稳中向好，不会引发系统性风险。在一些人眼中，中国最

大的风险无疑是经济增速下滑。中国经济增长率从 2008 年国际金融危机前年均 10% 左右下降到 2015 年的 6.9% 和 2016 年前三季度的 6.7%。对此应该怎么看？首先，国际金融危机的冲击自不待言，中国在经历了 30 多年高速增长后，速度放缓符合一般规律。随着经济总量不断增大，原有发展方式下的劳动力成本上升、资源环境约束加大等问题逐渐显现，传统增长驱动力减弱，必然迎来速度换挡节点。世界上许多发达经济体也都经历过类似过程。其次，中国经济放缓总体而言不是被动、消极、无序的，而是主动、积极、有序的，不是某些人所讲的失速甚至硬着陆，而是逐步放缓、缓中趋稳。当前中国经济增速依然位居世界主要经济体前列，连续三年每年城镇新增就业超过 1300 万人，与大多数国家经济下滑伴随失业率升高形成鲜明对比。事实上，这种旨在促进经济结构转型升级的减速换挡，不仅不会成为风险的源头，反而在长远上有利于中国经济发展、有利于世界经济发展。第三，尽管一些传统行业出现了产能过剩，一些企业经营困难，但经济结构日趋合理，经济发展更具活力。传统行业的"去产能"正在为新动能的持续积累提供空间和动力。2016 年前三季度，中国战略性新兴产业同比增长 10.8%，高技术产业和装备制造业增加值同比分别增长 10.6% 和 9.1%，全国网上零售额同比增长 26.1%。

政策储备充足，防控风险游刃有余。风险不是孤立存在的，在一个国家往往多重风险同时出现、相互叠加。研判中国经济风险，不仅要准确识别具体风险点，更要综合评估中国总体防控和化解风险的能力。从宏观调控能力来看，我国财政赤字率为 3%，政府负债率在 40% 左右，中央政府负债率不到 16%，这在世界各国中是比较低的，实施积极的财政政策有较大空间；居民储蓄率高，发展多层次资本市场潜力大，可以综合运用公开市场操作、存款准备金率、再贷款、中期借贷便利等各类货币政策工具，保持流动性合理充裕，实施稳健的货币政策、优化金融资源配置有很大余地。从综合国力来看，中国拥有世界上最完备的工业体系和产业配套能力，2015 年

GDP 达到 67.7 万亿元，外汇储备规模超过 3 万亿美元，这些都为抵御经济金融风险提供了强大支撑。

改革不断深化，持续健康发展前景可期。风险是可以转化的，繁华景象背后可能隐藏着危机，困难挑战也可以昭示机遇。中国成功应对亚洲金融危机、美国次贷危机、欧债危机风险的一个重要经验，就是坚持以深化改革在发展中化解风险。现阶段中国经济的突出矛盾和主要问题是结构性问题，表现为经济增速下降、工业品价格下降、实体企业盈利下降、财政收入增幅下降、经济风险发生概率上升。我们以创新、协调、绿色、开放、共享的新发展理念为引领，着力推进供给侧结构性改革。当前，"三去一降一补"重点任务正在全面得到落实，有利于经济长期发展的体制机制正在形成，经济结构逐步优化，新的发展动力加快成长。中国经济发展空间大、动力充沛、后劲充足，正稳步向形态更高级、分工更复杂、结构更合理的阶段演进，发展前景十分光明。

二、世界经济发展的风险和隐患来自西方发达国家

世界经济发展的确存在风险和隐患，但这种风险和隐患不是源于中国，而是源于西方发达国家。请看以下事实：

倾销新自由主义和西式民主给一些国家带来严重灾难。20 世纪 80 年代末 90 年代初，西方国家不遗余力地向全世界推销新自由主义，通过国际货币基金组织、世界银行等国际组织的有条件援助，借助西方主流经济学教科书的学术无国界的幌子，在众多转型国家推行经济上的全盘私有化、政治上的西式民主化。结果导致这些国家经济出现大幅下降，事关国家发展命脉的许多行业被"内部人"和外国战略投资者所控制，社会问题丛生，犯罪活动明显增加，不少国家因此分崩离析。西方强势输出的自由化、民主化政策给这些国家经济发展带来深重灾难，东欧转型国家历经数年痛苦衰退，到 1998 年平均加权国内生产总值也只达到转轨前的 67%；俄罗斯在

"休克疗法"之后用了 20 年时间才恢复到 1990 年的国民经济绝对值；还有很多拉美国家至今仍深陷泥潭无法脱身。

打着维护安全的幌子却成为世界和平稳定的最大隐患。经济安全是人类社会最基本的安全，脱离了经济安全，其他安全都无法得到保证。因此，很多问题说到底都是经济问题。从历史上的伊拉克战争、科索沃战争、阿富汗战争，到现如今东欧的反导系统部署、南海挑衅、朝鲜半岛动作，表面上虽然有着不同的目的，打着维护世界安全的口号，但背后的实质依然是为了攫取经济利益、维护经济霸权，试图按照自己的意愿将世界划分成一个个符合自身利益的区块，并根据自己的利益需要进行调配。某些国家以牺牲其他国家和地区和平稳定为代价满足自己的利益诉求，事实上已成为世界最大的不稳定因素和安全隐患。

各自为政、保护主义导致全球经济复苏缓慢。面对危机，一些发达国家奉行以邻为壑的短期政策，导致危机进一步扩散，拖累了世界经济增长。美联储于 2015 年 12 月启动近十年来首次加息，欧洲央行的量化宽松措施不断加码，日本央行一再下调负利率水平，主要经济体的政策分化大大增加了全球汇率、资金流动、贸易与经济形势的不确定性和波动性。经济全球化出现波折，保护主义、内顾倾向抬头。据世贸组织近期发布的报告，从 2015 年 10 月中旬到 2016 年 5 月中旬，二十国集团经济体出台的贸易限制措施高达 145 项，平均每个月出台近 21 项，创 2009 年以来的新高。在美国，总统大选中"反全球化"论调广受追捧，"自由贸易"反而成了备受攻击的对象。贸易、投资保护主义的横行，使得全球经济复苏举步维艰，增加了世界经济金融风险。

三、中国是世界经济增长的稳定器和动力源

化解风险，一靠治理，二靠发展。在这两方面，自 2008 年国际金融危机以来，中国已积累了丰富的经验，并成为推动世界经济增

长的稳定器和动力源。不仅如此，中国作为世界上最大的发展中国家和世界第二大经济体，在实现自身持续稳定发展的同时，积极为全球经济治理贡献中国方案。

中国以自身的持续发展为世界带来更多机遇。国际金融危机爆发以来，中国逐步成为世界经济增长的主要引擎，从 2008 年到 2015 年，中国贡献了全球 GDP 增长总量的 47%，是当之无愧的世界经济"火车头"。中国是全球最大的货物贸易出口国，为全球市场提供了大规模低价制成品，增进了进口国消费者的福利水平，有力地抑制了全球通货膨胀。中国又是全世界最具活力、增长最快的消费市场，一年的货物与服务进口额超过 2 万亿美元，为世界经济复苏增添了强劲动力。20 世纪 90 年代以来，中国一直是吸收外商直接投资最多的发展中国家，为各国提供了分享中国经济发展的机遇。同时，中国迅速崛起成为世界第三大对外投资国，为全球跨境投资增长注入了新活力，尤其是对发展中国家的投资，带去了适用技术，对其推进工业化、加快技术进步、扩大就业和减少贫困具有特殊意义。

中国以向国际社会提供公共物品实现大国担当。亚洲金融危机爆发时，中国坚持人民币不贬值，成为抵御金融危机的中流砥柱。2008 年国际金融危机爆发后，中国与国际社会密切配合，协调政策，积极参与应对金融危机。在巴黎气候变化会议上，中国主动承诺减排义务；为最不发达国家提供特惠贸易待遇，对来自最不发达国家的进口实行零关税；不断增加对外援助投入，主动减免发展中国家的债务，设立"南南合作援助基金"，增强其他发展中国家自主发展的能力。中国同沿线国家携手共建"一带一路"、出资设立丝路基金、倡导成立亚洲基础设施投资银行等一系列充满中国特色的公共产品，充实丰富了全球治理的手段与内涵。中国已经成为连接发展中国家和发达国家桥梁的构建者、推动经济全球化深入发展的促进者、构建全球经济治理体系中负责任的参与者。

中国以东方智慧为人类社会擘画新的发展愿景。随着经济全球化的深入发展，人类命运共同体和利益共同体逐步形成，全球治理体制变革迎来历史性转折点。是继续搞"赢者通吃"还是"和衷共济、和合共生"，是以邻为壑还是精诚合作共谋发展，是少数人说了算还是大家商量着办，成为决定未来走向的关键。中国把独有的东方智慧融入全球治理理念，积极推进高水平对外开放，积极参与国际经济合作和全球经济治理，推动国际经济秩序朝着平等公正、合作共赢的方向发展。在 G20 杭州峰会上，习近平主席庄严承诺："我们的目标是让增长和发展惠及所有国家和人民，让各国人民特别是发展中国家人民的日子都一天天好起来！"中国以创新、活力、联动、包容为世界发展开出药方，所倡导的新机制新倡议，不是为了另起炉灶，而是对现有国际机制的有益补充和完善；不是要一家唱独角戏，营造自己的后花园，而是要欢迎和支持各国共同发展。尤其值得强调的是，中国方案是理念、路径与目标的高度统一，发展思路清晰、具体，具有建设性和可落实性，无论是发达国家还是发展中国家，都能从中找到自己的位置和角色。中国方案已经取得了一系列成果，并开始实质性地促进地区经济的发展，成为推动世界经济走出泥潭、化解全球经济风险的一剂良方。

（《求是》2016 年第 22 期）

张维为：
中国正走在重返世界之巅的道路上

中国人有"大国情结"，因为这个国家曾领先世界上千年，后因内忧外患而跌入低谷，但通过长达百年的奋斗和牺牲，中国又快步赶了上来，正在重返世界之巅，中华民族伟大复兴的梦想从没有像今天这样离我们如此之近。80 年前，在日本大举侵华、中华民族处于生死攸关之际，毛泽东率领的中国工农红军完成了举世瞩目的万里长征，为打败日本法西斯，建立人民共和国奠定了根基；25 年前，苏联解体，东欧崩溃，社会主义陷入低潮，邓小平决定"两手都要硬"，加速改革开放，使人民共和国一举成为世界最大的经济体之一；近年来，世界经济持续低迷，逆经济全球化趋势蔓延，西方霸权在南海等地傲慢地挑衅中国，习近平主席展示了中国人民捍卫国家主权的坚定意志和强大信心，挫败了挑衅，并以 G20 杭州峰会为转机，开创了中国引领经济全球化的新格局。回望这 80 年的历程，我们看到中国正大踏步地重返世界之巅，看到中国软硬实力的全面崛起，这一切必将对国际秩序的未来演变产生广泛而深远的影响。

一、毛泽东：一定要自立于世界民族之林

从 1934 年开始到 1936 年结束的长征是人类战争史上的史诗般的奇迹，中国工农红军转战了十四个省，战胜了人间难以想象的艰

难险阻，突破了上百万敌军的包围封锁，把中国革命的大本营从南方转移到了西北，为建立统一战线，推动抗日战争和创建新中国奠定了基础。80 年前，毛泽东在瓦窑堡会议后说了一番惊天动地的话："我们中华民族有同自己的敌人血战到底的气概，有在自力更生的基础上光复旧物的决心，有自立于世界民族之林的能力。"① 傅作义将军后来回忆 1949 年北平和平解放时，曾引用毛泽东这段名言，感叹道，当年毛泽东说这番话的时候，他手下只有不到 8000 人呀。

在同一个讲话中，毛泽东详细分析了中国国内外时局和国内阶级关系的最新变化，提出要团结工人、农民、小资产阶级和民族资产阶级，建立最广泛的统一战线，联合一切可以联合的力量，投入抗日战争。他还谈了为什么要把"工农共和国"改为更具包容性的"人民共和国"："我们的政府不但是代表工农的，而且是代表民族的……因为日本侵略的情况变动了中国的阶级关系，不但小资产阶级，而且民族资产阶级，有了参加抗日斗争的可能性。"② 毛泽东还指出："中国百分之八十至九十的人口是工人和农民，所以人民共和国应当首先代表工人和农民的利益。但是人民共和国去掉帝国主义的压迫，使中国自由独立，去掉地主的压迫，使中国离开半封建制度，这些事情就不但使工农得了利益，也使其他人民得了利益。总括工农及其他人民的全部利益，就构成了中华民族的利益。"③

随之而来的历史巨变迅速印证了毛泽东的远见卓识，这个讲话发表后的短短 14 年间，人民战争摧枯拉朽，日本战败投降，国民党兵败如山倒。1949 年 10 月 1 日毛泽东主席登上天安门城楼宣告中华人民共和国成立，中国人民从此站起来了。这是一个经历了数千万人流血牺牲后真正获得了完全民族独立的人民共和国，这是人类历史上一个全新的国家，一个以人民整体利益为依归的超大型国家。

---

① 《毛泽东选集》第一卷，人民出版社 1991 年版，第 161 页。

② 同上，第 158 页。

③ 同上，第 159 页。

毛泽东主席还准确地预测："中国的命运一经操在人民自己的手里，中国就将如太阳升起在东方那样，以自己的辉煌的光焰普照大地，迅速地荡涤反动政府留下来的污泥浊水，治好战争的创伤，建设起一个崭新的强盛的名副其实的人民共和国。"① 尽管在重返世界之巅的探索中，中国也经历过无数艰难曲折，但我们最终以全方位的崛起震撼了世界。

二、邓小平：一定可以证明社会主义的优越性

1989 年中国发生了"政治风波"，1990 年东欧发生了剧变，1991 年 12 月 25 日苏联领导人戈尔巴乔夫宣布辞职，苏联解体，红旗落地，西方世界欢呼雀跃，美籍日裔学者福山宣布历史终结了，同时我们内部也充满悲观情绪，怀疑"红旗还能打多久"的大有人在。于是，有人主张放弃社会主义，全面接受西方的所谓"普世价值"，同时也有人呼吁"全面抵制"西方，认为在经济领域多一份外资就多一份资本主义。但沧海横流方显出英雄本色，邓小平在这场严峻的危机中看到了中国社会主义的机遇，苏联解体之后才 20 来天，他就以异乎常人的勇气和洞察力，决定开启划时代的 1992 年南方视察，他要向自己的人民做一个重大的宣告。

邓小平应该是中国高级领导人中最了解苏联及东欧和苏联模式的。他 1926 年曾在苏联留学近一年，1949 年之后又七次访问苏联，会见过当时苏联和东欧的几乎所有最高领导人。他的基本判断是，苏联和东欧首先失败在经济上，失败在人民生活水平停滞不前上，失败在他们的领导人动摇了对社会主义的信念上，所以邓小平在南方谈话中反复强调："不坚持社会主义，不改革开放，不发展经济，不改善人民生活，只能是死路一条。"② 现在一些人只说不改革开放

① 《毛泽东选集》第四卷，人民出版社 1991 年版，第 1467 页。
② 《邓小平文选》第三卷，人民出版社 1993 年版，第 370 页。

是死路一条，这是非常不准确的，邓小平把"坚持社会主义"放在最前面，他对此是深思熟虑的。

在南方谈话前，邓小平对苏联和东欧的事态发表了一系列评论。1989年9月4日，他表示："东欧、苏联乱，我看也不可避免，至于乱到什么程度，现在不好预料，还要很冷静地观察。"① 他还表示："在这些国家动乱的时候，中国要真正按计划实现第二个翻番，这也就是社会主义的一个成功。到下个世纪五十年，如果我们基本上实现现代化，那就可以进一步断言社会主义成功。"② 1990年7月11日，他向加拿大前总理特鲁多指出：西方对东欧的变化"不要高兴得太早，问题还复杂得很"。③ 1990年12月24日，东欧已经出现了剧变，苏联呈现一派乱象的时候，邓小平说："国内外形势比我们预料的要好。"④ 1991年8月20日，也就是苏联解体前四个月，邓小平说："现在世界发生大转折，就是个机遇。"⑤

回头来看，邓小平看到了机遇，但也看到了风险。他认为中国要大力"利用"外资，但外资只能是对中国社会主义经济的补充，是对中国整体实力的补充，中国决不能被外资控制，而是要通过引进外资和其他外部资源来壮大自己，最后反过来超越西方。邓小平对中国社会主义深具信心，1989年11月他对来访的外国客人说，"一个冷战结束了，另外两个冷战又已经开始。一个是针对整个南方、第三世界的，另一个是针对社会主义的。西方国家正在打一场没有硝烟的第三次世界大战……中国坚持社会主义，不会改变……只要中国社会主义不倒，社会主义在世界将始终站得住。"⑥ 同一年，他在总结1989年"政治风波"的教训时对党的第三代领导集体这样说："整个帝国主义西方世界企图使社会主义各国都放弃社会主

---

①② 《邓小平文选》第三卷，人民出版社1993年版，第320页。

③ 同上，第360页。

④ 同上，第365页。

⑤ 同上，第369页。

⑥ 同上，第344—346页。

义道路，最终纳入国际垄断资本的统治，纳入资本主义的轨道。现在我们要顶住这股逆流，旗帜要鲜明。因为如果我们不坚持社会主义，最终发展起来也不过成为一个附庸国，而且就连想要发展起来也不容易。"① 他还清醒地指出："现在国际市场已经被占得满满的，打进去都很不容易。只有社会主义才能救中国，只有社会主义才能发展中国。在这一点上，这次暴乱对我们的启发十分大，十分重要，使我们头脑更加清醒起来。不走社会主义道路中国就没有前途。"②

环顾世界，许多国家也实行了对外开放，但真正成功的不多，他们往往不是真正"利用"了外资，而是整个国家的经济命脉都被西方资本控制了，甚至百姓财富被华尔街金融大鳄洗劫一空。但中国不一样，我们有完全独立于西方的政治制度、国防体系、科研体系，有自己独特的历史和文化传承；有前30年所奠定的制度基础、工业基础和社会基础，包括妇女解放、土地改革、教育普及等伟大的社会革命，所以邓小平坚信中国有能力在开放中趋利避害，汲取西方和其他文明的长处，同时保持自己的自主性。随之而来的中国迅速崛起也印证了邓小平的远见和魄力：中国通过全方位的改革开放，通过社会主义市场经济模式，使整个国家面貌焕然一新，绝大多数国民的财富大幅增长，中国迅速成为世界最大的经济体（按购买力平价）、最大的贸易国、最大的外汇储备国、最大的游客输出国，形成了全世界最大的中产阶层，这与西方模式下多数民众财富20来年鲜有增长形成了鲜明的对照。中国还基本实现了全民养老和医保，虽然水平仍然参差不齐，但这样的社会保障美国还没有做到。中国成了世界经济增长的最大引擎，对世界经济增长的贡献几乎为美国的两倍，世界对中国道路和中国模式的关注也一浪高过一浪。虽然中国社会主义道路还面临诸多挑战，但在国际比较中已经明显胜出，这条道路将越走越宽广。

---

① ② 《邓小平文选》第三卷，人民出版社1993年版，第311页。

三、习近平：一定要实现中华民族伟大复兴的中国梦

自党的十八大以来，习近平主席多次强调"要准备进行具有许多新的历史特点的伟大斗争"，他指出，我们既要有"乱云飞渡仍从容"的战略定力，又要有"不到长城非好汉"的进取精神；我们要"把握世界大势，统筹好国内国际两个大局，在时代前进潮流中把握主动、赢得发展"；我们要实现"中华民族伟大复兴的中国梦"。2016年发生了两件大事，展现了习近平主席的远见、勇气和担当。它们既是"具有新的历史特点的伟大斗争"，又是中国重返世界之巅进程中具有深远意义的里程碑。

第一件大事是中美围绕南海仲裁案展开的尖锐斗争，包括军事斗争。

党的十八大以来，习近平主席明确要求把国防和军队建设放在实现中华民族伟大复兴这个大目标下来认识和推进，并为此作出一系列重大决策部署，指挥一系列重大军事行动。2016年6—7月间，也就是南海争议的关键时刻，美国竟派遣两个航母战斗群进入南海，公开叫嚣已做好开战准备。中国人民解放军直面这种挑战，向全世界宣布自7月8日起，在南海进行战役级的大规模演习，之后其他相关反制措施也一一到位。这些动作都明确地告诉对方：豺狼来了有猎枪！10个航母战斗群都开来也吓不倒中国。

这一次较量很好地体现了习近平主席近年来提出的"治军"思想：军队要"聚焦能打仗、打胜仗"。他强调能战方能止战，准备打才可能不必打。他将军事斗争准备的基点放在打赢信息化局部战争上，突出海上军事斗争和军事斗争准备，有效控制重大危机，妥善应对连锁反应，坚决捍卫国家领土主权、统一和安全。

许多境外媒体曾预测，美国航母编队在2016年7月12日仲裁法庭的决定出台后就可能立即闯入中国岛礁海域，结果却发现美国航母编队退到了菲律宾以东的海面。无疑，在中国强有力的反制措

施面前，美国退却了。中美围绕南海的斗争还会继续，但这场基于意志和实力的较量已证明，美国想以武力威胁来阻遏中国崛起的企图已宣告破产。这场斗争的伟大意义怎么评价都不会过分。

另一件大事就是 2016 年 9 月初中国作为主席国在杭州举行的 G20 峰会。代表世界经济总量 85%、世界贸易 80%、世界人口 60% 的 20 个成员国以及相关国际组织的领导人齐聚杭州，讨论并最终通过了习近平主席代表中国提出的解决世界经济难题的方案。如果说围绕南海的军事斗争代表了中国硬实力的强劲崛起，那么 G20 杭州峰会的进程则代表了中国软实力毋庸置疑的崛起。

一段时期以来，国际经济形势低迷，世界贸易持续下滑，各种形式的民粹主义、逆经济全球化、保护主义盛行。国际政治危机也此起彼伏，从欧洲难民危机到英国公投"脱欧"，很多国家的领导人根本无暇顾及全球经济治理难题，中国自己的经济也面临下行压力。许多西方媒体看好这次峰会的人不多，认为中国举办 G20 杭州峰会，等于接手了一个烂摊子，至少也是运气不好。但 G20 杭州峰会展示出的中国智慧、中国经验、中国方案，使整个世界眼前一亮，豁然开朗。无疑，中国软实力正以比原来预计更快的速度崛起，中国在重返世界之巅的进程中又迈上了新的高度。

当前世界软实力的总体格局仍然是"西强我弱"，但 G20 杭州峰会的成功经验说明，只要我们具有真正的道路自信，能够从人类的整体利益出发，以中国已经取得的成功经验为依托，把握时机，顺势而为，敢于发声也善于发声，那么改变"西强我弱"话语格局的进程可能大大加快。一个原因是西方软硬实力走衰的速度比我们想象得还要快，从英国"脱欧"公投到美国大选的纷繁乱象都说明了这一点。G20 杭州峰会的过程中已看不到西方真正有分量的倡议，更毋庸谈西方的道德感召力了。与此相反，包括西方国家在内的其他成员几乎都在期待中国方案，因为中国提出的倡议的确更符合世界上绝大多数国家的利益和愿望。在这个意义上讲，中国是"得道多助"。G20 杭州峰会有可能标志着在全球治理领域内，"西强我弱"

的话语格局已开始发生逆转。

习近平主席对 G20 杭州峰会的成功进行了言简意赅的总结："我们运用议题和议程设置主动权，打造亮点，突出特色，开出气势，形成声势，引导峰会形成一系列具有开创性、引领性、机制性的成果，实现了为世界经济指明方向、为全球增长提供动力、为国际合作筑牢根基的总体目标。在这次峰会上，我们首次全面阐释我国的全球经济治理观，首次把创新作为核心成果，首次把发展议题置于全球宏观政策协调的突出位置，首次形成全球多边投资规则框架，首次发布气候变化问题主席声明，首次把绿色金融列入二十国集团议程，在二十国集团发展史上留下了深刻的中国印记。"①

笔者前后六天作为央视嘉宾在北京和杭州关注和点评 G20 杭州峰会，近距离地观察了整个会议的进程，认为中国方案得到与会成员高度认可的原因大致有三：一是这些方案能够站在人类共同发展的高度，寻求大家能接受的最大公约数；二是中国设计的峰会主题背后是中国的成功实践，"创新、活力、联动、包容"四大主题其实就是中国理念和中国道路的一种概括。例如，会议提出的"创新"，主要指创新增长方式，这不同于过去 G20 搞的货币主义政策，而是中国创新增长方式的实践，而杭州本身就是这种实践的缩影：杭州在电子商务、普惠金融，移动支付等领域都走在中国的最前列，也走在世界的最前列；三是习近平主席在会议过程中展示出的坦诚自信，通过一次次的讲话和沟通，他以"人类命运共同体"的信念，为世界经济困境点出了问题，开出了药方，指出了方向，交流了经验，勾勒了前景。

G20 杭州峰会的最后一天，习近平主席代表二十国集团，宣布会议达成的共识：第一，我们决心为世界经济指明方向，规划路径。第二，我们决心创新增长方式，为世界经济注入新动力；第三，我们决心完善全球经济金融治理，提高世界经济抗风险能力。第四，

① 习近平：《中共中央政治局第三十次集体学习时的讲话》，新华社 2016 年 9 月 28 日电。

我们决心重振国际贸易和投资这两大引擎的作用，构建开放型世界经济。第五，我们决心推动包容和联动式发展，让二十国集团合作成果惠及全球。很难想象过去任何一个国际会议上能够发表一份如此"中国味儿"的会议公报，使用"规划路径""放眼长远""总体目标""开辟新增长点""综合施策""结构性改革"等一系列中国理念和中国话语。由此，我们可以认为，G20 杭州峰会可能是中国软实力崛起的一个分水岭，是中国重返世界之巅、实现民族复兴梦的一个里程碑。中国的声音，特别是中国在全球治理领域内的声音，以后将会越来越清晰，越来越得到重视。

从红军长征胜利到 G20 杭州峰会的成功举办，我们看到了中国正大踏步地重返世界之巅，看到了全面实现中国梦的伟大前景，看到了真正的道路自信和话语自信，看到了中国软硬实力的全面崛起，看到了我国领导人在历史发展的关键时刻所展示的远见、勇气和担当。这一切改变了中国，震撼了世界，必将深刻地影响未来世界秩序的演变。崛起的中国，将继续在经济全球化进程中搏击风浪，引领经济全球化的新浪潮，为人类作出更大的贡献，中国重返世界之巅的伟大进程也会因此而变得更为壮阔。

（《红旗文稿》2016 年第 24 期）

沈奕昕：
积极应对国际经济的新变化新趋势

2016 年 12 月召开的中央经济工作会议指出，2017 年是实施"十三五"规划的重要一年，是供给侧结构性改革的深化之年，要妥善应对风险挑战，促进经济平稳健康发展和社会和谐稳定，以优异成绩迎接党的十九大胜利召开。准确把握 2017 年世界经济的变化趋势是做好未来经济工作的重要内容。2016 年以来，世界经济虽然出现了一些积极变化，但总体延续缓慢复苏态势，加之政治、经济、地缘、民族等问题交织演化，世界经济更加纷繁复杂。

一是世界经济呈现结构性变化，增长动力依然不足。短期看，在发达经济体中，美国经济增长尚不稳固，美元升值和美联储加息等因素将给世界经济带来较大不确定性；欧洲经济走势依然较弱，由于经济分化严重，欧元区面临分裂的风险；日本经济难以摆脱日元升值、通缩压力等因素的拖累，经济难有起色。新兴经济体虽然是世界经济持续增长的重要动力源，但增长势头有所减弱。2017 年，一些新兴经济体还将可能面临大宗商品价格下跌、地缘政治冲突、货币贬值、资本外流等多重压力。总体上看，未来实际利率还将持续走低，政府、企业、个人资产负债表的修复尚需时日，上一轮科技革命带来的增长动能正在衰减，投资创新趋缓，新一轮科技产业革命尚未形成，世界主要经济体都还没有回到危机前的增长路径，也没有恢复到危机前的增长速度。世界经济将继续面临动力不足、需求不振、金融市场动荡、国际贸易投资低迷等多重风险的挑战,世界经济未走出长期停滞的阴影。

二是国际贸易环境严峻,经济全球化面临更大阻力。受全球经济疲弱态势影响,世界地缘政治紧张局面有增无减,贸易保护主义盛行,国际贸易体系日趋碎片化。2008 年至今,国际金融危机已经过去八年,但全球直接投资仍未恢复到危机前的水平。若以投资与贸易占 GDP 的比例来衡量,经济全球化指数处于停滞甚至下降之中。短期看,发达国家正试图通过提高主导贸易规则、再工业化,在国际产业竞争中取得新优势;新兴市场国家、发展中国家经济结构调整的压力进一步加大,对外贸易依存度依然较高。2017 年,在世界经济低增长、高波动的大背景下,全球贸易将持续低迷、国际竞争更加激烈、产业转移趋于放缓、汇率持续震荡,经济全球化进程面临更大阻力。另外,美国当选总统特朗普声称要退出 TPP(跨太平洋伙伴关系协定),但应清醒地看到,即使美国退出 TPP,也并不代表其重返亚太、制衡他国的立场发生了根本改变,贸易保护主义可能会更加盛行。

三是全球债务不断积累,金融风险逐步增大。虽然国际金融监管改革取得明显进展,但由于世界经济的不确定性较大,主要央行还在实施宽松的货币政策。但这些以需求管理为主的刺激政策,并未换来全球经济的结构调整、产业创新和发展,反而刺激了资本市场,增加了杠杆和债务水平,其效果和可持续性令人忧虑。事实上,国际金融危机后遗症还未完全解决,政策分化、资本剧烈流动、超高债务水平、超低利率引发危机的风险仍在积累,并不断冲击新兴市场国家汇率和市场稳定。一些经济体已经出现了低利率、低增长、高负债"有毒组合"不断积累的趋势。这意味着 2017 年爆发金融风险、造成市场动荡的可能性依然较大。

四是贫富差距日趋扩大,社会冲突和矛盾加剧。长期贫困是各种反社会思潮乃至极端主义滋生的土壤,特别是年轻贫困人口容易从生计困难转向对社会不满,接受极端主义甚至恐怖主义。这不仅会带来严重社会问题，而且会给经济发展带来严重后果。数据显示，全球最富有的 0.1% 的人群拥有全球 20% 的财富，最富的 1% 人群拥有全球 50% 的财富，最富的 10% 拥有 80%—90% 的财富，而全球一半人口的财富总和不足全球财富的 5%。这种自 2010 年以来全球财富不公平的程度，在某种程度上极类似第一次世界大战前 1910 年左右的财富差距。一段时期以来，"特朗普现象""桑德斯现象"的出现，恐怖主义、极端宗教势力的崛起，保守主义、民粹主义、民族主义、保护主义冲突不断，政治观点日趋分化和极端，其主要原因都是源于贫富差距加速扩大。这些问题如若处理不好，不仅国家对立情绪蔓延，社会分裂加剧，甚至会引发严重的局部冲突和社会动荡。

五是数字经济成长较快，但劳动就业面临较大压力。新一轮科技革命正在孕育之中，数字技术在全球大部分地区迅速推广。发展中国家拥有手机的家庭比有电或清洁用水的家庭还多，其中处于收入底层五分之一人口中有近 70% 拥有手机，近 10 年来，互联网用户从 10 亿增加到 32 亿，企业、个人和政府之间的联系紧密程度前所未有。这催生了"互联网+"、智能制造、分享经济等新科技、新经济、新业态，蕴含着巨大商机。但数字红利并未同步实现，推动经济增长的效果并未达到预期，而且还对传统产业造成巨大冲击，导致相关领域失业增加，2017 年全球范围内中低收入群体的失业问题可能更加突出。

六是大国关系分化重组，"走出去"面临更多挑战。当前，大国关系进入新一轮分化重组期，地缘政治因素更加突出，战略对峙、军备竞争抬头，各主要国家围绕国际秩序、国际规则、国家利益激烈博弈，合作需求上升。美国虽然仍在推行"再平衡"战略，但力不从心的窘态日益显现。欧洲经济不振、恐怖袭击、难民危机等多重挑战交织并发，进入内外交困的深度调整期，对外影响衰落。俄罗斯虽然政局稳定，但经济遭遇困难，日本政治则趋于保守。周边国家借力我国、搭顺风车，其经济发展步伐加快，经济投资潜力明显，但一些国家政局发生变化、政权更替、党派政治纷争、种族宗教冲突、叛乱等，都将给我国"一带一路"战略带来政治风险。

总的看，2017年世界经济、政治、安全等方面都存在较大不确定性，以宽松货币政策为主的刺激效果日趋递减，新的增长动力机制尚不明朗。针对出现的一系列新问题新特点新趋势，应着力做好以下几个方面的工作。

一是进一步加强各国宏观政策的统筹协调。面对世界经济的风险和挑战，需标本兼治，加强各国宏观政策的沟通与合作，综合施策，努力做各国宏观政策的统筹者，做中长期结构性问题的改革者，做全球高效经济金融治理的引领者，做构建合作共赢的全球价值链的协调者。运用好财政、货币、结构性改革等多种有效政策工具，既做好短期风险防范和应对，也要挖掘中长期增长潜力。凝聚共识，形成合力，为促进全球经济增长创造良好环境，促进世界经济强劲、可持续、平衡包容增长。

二是稳步推进全球治理，特别是国际金融体制改革。不断完善国际货币金融体系，优化国际金融机构治理结构，稳步推进人民币国际化，合理引导和处置人民币贬值预期，防范和化解系统性金融风险，降低"黑天鹅事件"冲击的频率和破坏性。稳定全球金融市场，深化汇率改革，避免汇市过度波动引发金融动荡。加强在金融监管、国际税收、反腐败领域合作，提高世界经济抗风险能力。

三是鼓励产业合作和技术创新，着力挖掘增长新动能。紧紧抓住创新、新工业革命、数字经济等新要素新业态带来的新机遇，以促进外贸快速增长为重点，带动发展理念、体制机制、商业模式等全方位、多层次、宽领域创新，推动产业、产品向产业链中高端跃升，塑造更多依靠创新驱动、更多发挥先发优势的引领性发展，提高全要素生产率，优化提高全球产业链上的分工和地位，增加有效供给，使供给体系更好适应需求结构变化。

四是推动贸易投资便利化，建设全面开放新格局。继续推动贸易投资自由化便利化，巩固多边贸易体制，构建平等协商、共同参与、普遍受益的区域合作框架，释放全球经贸投资合作潜力。增加新兴市场国家和发展中国家代表性、发言权，防止治理机制封闭化和规则碎片化。坚定不移破解区域互联互通瓶颈，促进基础设施、规章制度、人员交流互联互通，构建全方位、复合型互联互通网络，加强"一带一路"倡议同有关各方发展战略及合作倡议对接，为世界经济增长创造动力。

（《红旗文稿》2016 年第 24 期）

马朝旭:

勇当国际大变局的弄潮儿

习近平主席此行将向世界传递自信、开放、负责任、充满正能量的中国声音,展示稳中求进的中国外交形象,与世界分享实现长治久安、可持续发展与共同繁荣的中国智慧和中国方案

刚刚跨入 2017 年的世界正徘徊在艰难的十字路口。世界经济复苏缓慢,逆全球化浪潮来势汹汹,地缘政治争夺加剧,恐怖主义愈演愈烈,国际秩序和格局深刻演变。接连不断发生的"黑天鹅事件"使人们大跌眼镜。世界在混乱中似乎失去了方向,陷入了领导力缺失、治理模式失灵的困境。世界怎么了?人类怎么办?国际社会在迷茫中苦苦探求答案。

作为历史悠久的文明古国,中国如今正奋进在追求中华民族伟大复兴的中国梦的道路上。同西方的迷茫和沮丧形成鲜明对照,坚持走中国特色社会主义道路的中国焕发出勃勃生机,世界再次把目光投向中国。中国从国际事务的局外人和旁观者,日益走近世界舞台的中央,中国人民与世界人民的命运空前紧密地联系在一起。面对复杂多变的国际形势,在以习近平同志为核心的党中央坚强领导下,在习近平总书记外交思想指引下,中国在国际上更加自信,在全球治理中的大国担当和引领作用日益突出。

我们积极倡导构建人类命运共同体,旗帜鲜明地引领塑造以合作共赢为核心的新型国际关系。2015 年,习近平主席出席联合国成

立 70 周年系列峰会，从建立平等相待、互商互谅的伙伴关系，营造公道正义、共建共享的安全格局，谋求开放创新、包容互惠的发展前景，促进和而不同、兼收并蓄的文明交流，构筑尊崇自然、绿色发展的生态体系五个方面，阐明了构建人类命运共同体的重要思想。这些主张植根于源远流长、博大精深的中华文明，是中华民族"和""合"理念的继承和弘扬，与和平共处五项原则等中国优秀外交传统一脉相承，与世界各国人民和平、发展、合作的共同愿望相契合，顺应人类社会发展进步的潮流。人类命运共同体理念将在中国深化参与全球治理的实践中不断丰富发展。

我们积极引领世界经济和全球治理的前进方向。中国成功主办二十国集团领导人杭州峰会，为世界经济面临的根本性问题开出了"中国药方"，为全球经济治理指明了方向。在亚太经合组织利马会议上，习近平主席直面"逆全球化"、保护主义、区域合作碎片化等重大问题，发出强有力的中国声音，引领经济全球化进程向更加包容普惠的方向发展。这些主张为提振世界信心、凝聚全球共识发挥了积极作用。

我们坚持不懈地为中国人民和世界人民的福祉而努力。中国率先带动世界各国积极推进落实 2030 年可持续发展议程，中国的五大发展理念、"十三五"规划与国际议程和目标有机接轨。中国高度重视公共卫生和健康事业发展，有效抗击艾滋病与结核病，大力支持通过奥林匹克运动促进世界和平与发展。中国的"一带一路"建设与沿线国家发展战略逐步对接，连通了中国梦与世界梦，体现了共商、共建、共享原则，为欧亚大陆乃至世界经济发展注入新动力，带来新希望。

在充满不确定性的 2017 年新年伊始，习近平主席将出席主题为"领导力：应势而为、勇于担当"的世界经济论坛达沃斯年会，并访问联合国日内瓦总部、世界卫生组织和国际奥林匹克委员会。此行将向世界传递自信、开放、负责任、充满正能量的中国声音，展示稳中求进的中国外交形象，与世界分享实现长治久安、可持续发展与共同繁荣的中国智慧和中国方案。

"长风破浪会有时，直挂云帆济沧海。"和平发展的中国，必将为构建人类命运共同体、引领全球化趋势健康发展、推进全球治理体系变革作出新的更大贡献，勇当国际大变局的弄潮儿。

（《人民日报》2017 年 1 月 13 日）

华益文：

世界怎么了，世界怎么办？

新年伊始，中国国家主席习近平将赴瑞士达沃斯出席世界经济论坛 2017 年年会并发表主旨演讲。用世界经济论坛创始人兼执行主席施瓦布的话说，"达沃斯期待听到中国的声音"。

2017 年世界经济论坛最大的不同在于背景的变化。萦绕在人们心头的疑问首先是"世界怎么了"，接着就是"世界怎么办"？

当前，在经济金融领域，世界尚未走出国际金融危机的阴影，经济复苏和增长乏力，对世界的冲击和深层次影响依然存在，全球贸易和投资持续疲软，金融市场波动不断。经济全球化进程又遭遇逆风，质疑全球化的声音此起彼伏。在"反全球化"思潮抬头的背景下，民粹主义在一些国家形成了影响政局、政策走向的重要力量，导致贸易保护主义蔓延。英国"脱欧"以及"特朗普现象"给全球化进程带来很强的冲击波。在政治安全领域，不确定性在上升，大国战略博弈日趋激烈，恐怖主义、难民问题、气候变化等全球性挑战层出不穷，传统和非传统安全风险相互交织。变数多了，乱象大了。2016 年的世界本来就"乱""变"交加，2017 年会不会"乱子"更大，"变数"更多？

世界的"病根儿"何在？需要开出什么样的"药方"？一些人把世界面临的问题归咎于全球化。的确，全球化是一把"双刃剑"，给一些国家和群体带来挑战。但总体来讲，全球化有利于资本、技术、知识、资源等生产要素在全球范围内的优化配置，对于世界经济和各国发展的影响是利大于弊。全球化是几百年来的世界大趋势，这一趋势还会继续下去，其本身的不完美不能靠逆全球化来解决。

此外，世界并非所有问题都是全球化所致，把出现的问题都往全球化身上推恐怕是把错了脉，也因此开错了方子。比如，由华尔街发端的国际金融危机在很大程度上是资本无序逐利、缺乏监督造成的；中东等地区出现的乱局有很多是西方强行推动"颜色革命"所引发；世界政治经济领域存在的很多不公是世界规则制定权还被西方操纵所致。拿全球化议题做文章，把国内问题归罪于中国等国家，对外搞以邻为壑，采取贸易保护主义，并以此在国内政治中拉抬选情，这种做法非但不能解决问题，反而激化了矛盾，属于"病急乱投医"。

此次达沃斯年会的主题为"领导力：应势而为、勇于担当"，很切合当今世界的需要。年会邀请习近平主席出席并发表主旨演讲，正是要突出这一主题。施瓦布表示，当今世界正进入多极化转型时期，达沃斯期待倾听习近平主席诠释如何在国际事务中施展其有责任的领导力。

达沃斯为中国提供了阐述对世界和中国形势看法的讲台，提供了中国与世界就如何应对全球乱象进行沟通的平台，也提供了中国发挥积极影响的舞台。中国为世界和平稳定发展正发挥着积极作用，并愿意发挥更大作用。但中国不是要去填补谁留下的"真空"，不是去争夺什么"势力范围"，而是要同世界各国一道，共同应对全球重大挑战、促进世界健康稳定发展。

习近平主席将给达沃斯和世界带去正能量，为世界"怎么了"和"怎么办"带去中国答案和中国方案。

（《人民日报海外版》2017 年 1 月 13 日）

樊宇、刘丽娜：

新挑战·新格局——前瞻 2017 世界经济五大变量

意外连连，2016 年在世界经济低速增长中步入尾声。迷雾重重，2017 年世界经济如何发展，让人期待。

种种不确定性之中，有一点为大多数专家所认同：世界经济低增长、低贸易、低投资和低利率的状况在新的一年难有根本改观。

综合来看，至少有五大关键变量将对新一年世界经济的形与势产生重大影响。

关键变量一："特朗普新政"啥真容？

2017 年，全球第一大经济体美国将开启新一轮政治周期。新当选总统特朗普将以何种方式治理美国经济，各方都在密切关注。

IMF 前副总裁朱民日前说，目前市场不清楚特朗普将如何实施刺激经济方案，这成为全球经济最大的不确定因素。

金融危机后经过 8 年多休整，美国经济就业、赤字和增速三大指标都已明显改善，失业率已降至 4.6% 的健康水平；政府财政赤字占国内生产总值的比例从 10% 的峰值降至 3.2%；今年第三季度美国 GDP 年化增长率为 3.5%，IMF 预计美国经济 2017 年全年增长 2.2%，这在发达经济体阵营中算得上抢眼。

但以减税、基础设施建设和贸易保护为三大政策重点的"特朗普经济学"具体内容如何还有待观察，对美国经济的利弊还需时间检验。特朗普政治资本积累尚需时间，而且减税和基建投资都面临中期财政可持续性的现实考验。

不仅如此，排他性的贸易保护倾向往往会损人不利己。耶鲁大学杰克逊全球事务学院高级研究员斯蒂芬·罗奇指出，保护主义、储蓄不足与赤字开支组合在一起会成为"一杯格外有害的鸡尾酒"。

2016 年诺贝尔经济学奖得主、哈佛大学教授奥利弗·哈特近日表示，特朗普的经济计划令人担忧，他威胁退出贸易协定并可能开启保护主义时代，最终将不利于世界经济。

关键变量二：美元迷思如何解？

2016 年，美国经济向好和美联储加息预期引发美元汇率上扬，搅动全球市场。这令人再度想起美国前财政部长约翰·康纳利的那句名言："美元是我们的货币，却是你们的问题。"

美联储 2016 年 12 月中旬进行了本轮加息周期的第二次加息，目前市场预期明年美联储可能加息 3 次。

随着美联储货币政策小步回归正常，全球货币金融市场新周期到来。美元走强令非美元货币集体承压。统计显示，相对于发达经济体货币，美元目前比 2011 年的低点升值 40%，人民币对美元汇率贬至 2008 年以来最低水平。亚洲其他货币对美元的跌幅也是 1997 年至 1998 年亚洲金融危机以来所未见。

英国《经济学人》杂志认为，美国作为贸易强国的相对影响力在逐步下降，但美元作为交易和储值货币的优势地位依然如故。2014 年的一项估算显示，全球随美元浮动的货币仍覆盖世界 60% 的人口和 60% 的经济规模。

国际清算银行的最新统计显示，截至 2015 年年底，美国以外的各国政府和企业共发行了近 10 万亿美元计价的债券，其中约三分之一来自新兴经济和发展中国家。当美元升值时，偿还这些债务的成本随之增加。

由于美元作为贸易、金融和储备货币的地位仍很牢固，美元汇率走向对全球贸易以及金融和信贷市场有着深远影响。当然，强势美元对美国经济自身也并非全是福音，也可能带来挤压出口和贸易赤字扩大等负效应。

经济学家预计，美国经济复苏将造成利率与通胀交错回升之路，而强势美元可能给新兴经济体带来本币贬值、资本外流、偿债负担加重等多重挑战。而且美元是大宗商品计价货币，美元持续升值可能导致过去一年低位反弹的大宗商品价格再度承压。

可以说，美国货币政策路径是 2017 年全球经济一项重大外部性风险。也正因为如此，美联储政策的外部性犹需明辨，美联储在加息时不应忽视其全球责任。

关键变量三：欧洲政经再裂变？

如果说，英国公投"脱欧"引爆了 2016 年欧洲政治格局的新裂变，2017 年，预计会有更多政治不确定性考验欧洲的一体化，并对世界经济带来直接或间接的冲击。

未来 12 个月里，欧洲一些主要经济体如荷兰、法国和德国将举行大选，意大利大选也可能提前至 2017 年举行。此外，英国公投决定"脱欧"至今已近半年，清晰的"脱欧路线图"依然缺失。如何正式启动退欧程序，不仅将再度考验英镑汇率，也将考验欧洲经济的整体健康。

巨大不确定性笼罩下，作为欧洲经济"领头羊"的英国，未来几年的增长路线已被打乱，财政状况恶化、甚至有陷入衰退之虞。

自 2008 年全球金融危机以来，欧洲在世界经济中的形象一再受损，债务危机不断，欧洲经济一体化不断出现内伤。银行联盟、财政联盟等一系列助力一体化的机制恐怕会被搁置。内部的乱局也可能导致欧洲经济的对外保护主义增加，从欧盟最近采取的一些对外

贸易保护举措即可见端倪。

焦虑在世界人民心头升起，欧洲的政治周期是否会与全球金融和经济周期发生共振，哪些新的"黑天鹅"仍在路上？

关键变量四：新兴经济体能稳住？

在近年来的世界经济复苏进程中，新兴经济体一直扮演关键角色，但同时新兴经济体也面临增速下行的挑战。关于新兴经济体风光不再的言论时有出现。

事实上，新兴经济体的整体稳健势头并未改变，依然是世界经济中的亮丽板块。

中国作为世界第二大经济体依然保持稳健，且政策可预期性强。保持中高速增长，实施供给侧结构性改革，中国经济把握航舵，稳中求变。无论是就业，还是经济结构调整，一年来都交出了令人振奋的答卷。

耶鲁大学杰克逊全球事务学院高级研究员斯蒂芬·罗奇说，尽管经济增长放缓，但中国仍然是全球经济增长最大贡献者，在全球经济增长停滞不前的背景下，这样的贡献尤为重要。如果中国经济2016年实现6.7%的增长，将为全球经济整体增长贡献1.2个百分点。

尽管面临美联储加息带来的货币贬值压力和全球贸易保护主义升温的挑战，新兴经济体的整体势头在回升，抵御外部冲击的能力也有所增强。经历过以往危机的磨练，新兴经济体有了更多在低谷中艰难爬升的韧性、在困境中谋转型的动力和用改革寻求突破的紧迫感。

IMF的预测显示，许多新兴经济体2017年将实现增长，而非徘徊不前。明年新兴市场和发展中经济体的增速将从今年的4.2%升至4.6%。近几年遭遇寒流的俄罗斯和巴西经济均在触底回升，预计明年增速都将由负转正，分别实现1.1%和0.5%的增长；印度经济明年增速预计将升至7.6%。

关键变量五：全球经济治理谁引领？

在欧美一些国家"逆全球化"风潮加剧的情况下，全球化共识正遭遇挑战，面临滞步的风险。涉及 12 个国家的跨太平洋伙伴关系协定（TPP）可能被弃，而英国脱离欧盟将导致双方贸易及投资关系受损。

尽管如此，2016 年，全球经济治理领域记录了一些令人振奋的大事，尤其是二十国集团领导人峰会在中国杭州召开，为世界经济合作擘画了新的蓝图。

近年来，以中国为代表的新兴经济体逐渐成为全球经济治理改革的重要推动力量，中国在这一领域的表现日益受到瞩目。

美国石英财经网站发表题为《中国正在成为推动全球化的最强力量》的文章说，当西方欲从全球化"回撤"的时候，中国希望让全球化继续高歌猛进。中国社会科学院副院长蔡昉说，在预期的新一轮全球化大潮中，中国应该也必将发挥更加重要的引领作用，同时成为推动者和规则制定者。

新的一年，在世界经济的裂变与融合中，全球经济治理谁引领、谁主导、谁设计规则、谁来仲裁，各主要经济体之间的博弈张力将更加紧张。如何做到张而不崩，保持韧劲与弹力，将考验各方智慧。

（新华网 2016 年 12 月 26 日）

第二章
在开放中增强我国发展新动能

　　开放发展是中国五大发展理念之一，是准确把握国际国内发展大势的关键理念。在世界秩序的深度调整期和变革期，中国必须通过"双向开放"，统筹和利用好国际国内两个市场、两方面资源，适应和把握好两类不同的市场规则，塑造我国对外竞争新优势。当前中国的对外开放，已经进入全面开放、深度开放、高水平开放和对内、对外同步双向开放的新阶段。2016年，我国同40个国家和国际组织签署共建"一带一路"合作协议，亚投行也开业运营。这既有利于推动形成我国沿边、沿海、沿路互动开放的新布局，又为促进沿线各国共同发展提供了新动力。在"逆全球化"思潮和反自由贸易倾向抬头的背景下，中国的对外开放为优化、推进经济全球化提供了一种全新的思路。当前，我国必须坚定不移实施对外开放的基本国策、实行更加积极主动的开放战略，坚定不移提高开放型经济水平，坚定不移引进外资和外来技术，坚定不移完善对外开放体制机制，让高水平的对外开放增强我国发展新动能，为中国经济的发展注入新动力、增添新活力、拓展新空间。

高虎城：

适应新常态，实现新作为，加快构建开放型经济新体制

2015 年 9 月，中共中央、国务院发布了《关于构建开放型经济新体制的若干意见》（以下简称《意见》），对构建开放型经济新体制的基本原则、总体目标和重点任务作出了全面系统部署。《意见》既是对党的十八届三中全会关于构建开放型经济新体制改革目标的进一步深化和落地，也是指导当前和未来一个时期我国对外开放的纲领性文件。深入学习领会《意见》精神实质、加快构建开放型经济新体制，是贯彻习近平总书记提出的"四个全面"战略布局的重要举措，也是落实"四个坚定不移"的内在要求，意义重大、使命光荣。

一、坚定不移实施对外开放的基本国策

习近平总书记在中央全面深化改革领导小组第十六次会议上强调，要坚定不移实施对外开放的基本国策、实行更加积极主动的开放战略，坚定不移提高开放型经济水平，坚定不移引进外资和外来技术，坚定不移完善对外开放体制机制，以扩大开放促进深化改革，以深化改革促进扩大开放，为经济发展注入新动力、增添新活力、拓展新空间。习近平总书记关于"四个坚定不移"的重要论述，是我们党关于改革开放一系列重要论断的又一次理论升华，充分体现

了党中央站在历史峰峦洞察时代风云、全面推进改革开放的责任担当。

以史为鉴，可以兴邦。纵观数百年世界发展史，强国盛世必走变革开放之路。近代以来，荷兰、英国、法国、德国、美国、日本等国家相继崛起，一个共同原因是善于利用国际市场和资源实现自身发展。我国由历史上的汉唐盛世到清朝中期以后的逐步没落，一个关键性因素同样聚焦于能否坚持开放包容、摒弃保守停滞，能否推进多元交汇、摒弃闭关锁国。正是基于对中外历史的反复比较和深邃思考，习近平总书记指出，改革开放是决定当代中国命运的关键一招，也是决定实现"两个一百年"奋斗目标、实现中华民族伟大复兴中国梦的关键一招。

把握大势，与时俱进。新中国成立以来，我们国家历经风风雨雨，不断探索前行。1978年党的十一届三中全会作出改革开放的重大历史决策，开启了波澜壮阔的对外开放进程。从改革开放初期设立经济特区，到21世纪初加入世贸组织，从党的十八大以来建立上海自由贸易试验区，到开启中美、中欧投资协定谈判，我们党始终顺应时代潮流和人民期盼，不断解放思想、大胆实践、勇于探索，带领全国人民取得了举世瞩目的发展成就。一部改革开放史，丰富了我们对经济全球化条件下发展中国的认识，坚定了我们实施对外开放基本国策的信心。

攻坚克难，任重道远。当前，我国经济发展进入新常态，改革开放面临新形势、新挑战、新要求。习近平总书记指出，改革开放到了一个新的重要关头。我们在改革开放上决不能有丝毫动摇，改革开放的旗帜必须继续高高举起，中国特色社会主义道路的正确方向必须牢牢坚持。这就要求我们立足新的时代特点，进一步凝聚开放共识、增强开放自信，在百舸争流的全球化大潮中，实行更加积极主动的开放战略，不断为我国改革发展注入新的强大动力。

二、坚定不移提高开放型经济水平

坚定不移提高开放型经济水平，是建设开放型经济强国的必由之路。党的十八大以来，习近平总书记指出，现在不是要不要开放的问题，而是怎么使我们的开放水平更高的问题。他强调，必须实施更加积极主动的开放战略，创建新的竞争优势，在更大范围、更宽领域、更深层次上全面提高开放型经济水平。具体到工作实践中，我们体会主要包括以下方面：

以打造全方位开放格局为重点，在更大范围上提高开放型经济水平。党的十八大以来，以习近平同志为总书记的党中央统筹国内国际两个大局，运筹帷幄、主动谋划，提出了"一带一路"、京津冀协同发展、长江经济带等一系列重大开放战略。下一步，我们应以此为重点，按照共商、共建、共享原则，充分挖掘"一带一路"沿线国家和地区与我国相关省市在产业基础、资源禀赋、市场容量等方面的互补优势，通过扩大相互开放，加快推进区域贸易投资自由化便利化进程，通过发展特色产品贸易、生产加工、基础设施建设等合作，建成国际化的产业集群和特色产业链条，不断培育开放新支点，打造陆海内外联动、东西双向开放的全面开放新格局，在更大范围上提高开放型经济水平。

以推进多边和区域开放为依托，在更宽领域上提高开放型经济水平。近年来，在党中央、国务院领导下，我们积极参与世贸组织"后巴厘"谈判，加快实施自贸区战略，成功签署中澳、中韩自贸区协定，推动区域全面经济伙伴关系（RCEP）谈判取得积极进展，有效维护了国家发展利益，促进了区域经济融合，彰显了大国开放形象。当前，国际经贸格局面临深刻变化，我们应继续推动双边、多边、区域次区域开放合作，支持世贸组织在全球贸易自由化中的主导地位；同时加快自由贸易区建设，大胆探索、与时俱进，不断扩大服务业开放，开展环境保护、投资保护、电子商务等新议题谈判，在更宽领域上提高开放型经济水平。

以促进改革开放相辅相成为方向，在更深层次上提高开放型经济水平。习近平总书记指出，以开放促改革、促发展，是我国改革发展的成功实践。党的十八大以来，无论是上海等四个自由贸易试验区的设立，还是中美、中欧投资协定谈判的启动，都是新形势下党中央推进改革开放的重大举措。当前，我国经济发展步入新常态、改革开放进入深水区，一方面，不少改革任务最重的领域基本上都面临新的开放要求；另一方面，最迫切开放的领域也正是需要加大改革力度的领域。我们应以《意见》提出的"六个坚持"为指导，一方面借助更深层次的开放，破除国内垄断、市场分割、过度保护等改革"痼疾"，理顺政府和市场关系，激发市场主体活力；另一方面通过与开放型经济相关的体制机制改革，进一步简政放权、优化职能，促进资本、技术、人才等生产要素顺畅流动、高效配置，在更深层次上提高开放型经济水平。

三、坚定不移引进外资和外来技术

坚定不移引进外资和外来技术，是建设开放型经济强国的必然要求。2015 年 9 月，习近平主席在对美国进行国事访问期间发表演讲时指出，中国利用外资的政策不会变，对外商投资企业合法权益的保障不会变，为各国企业在华投资兴业提供更好服务的方向不会变。这"三个不会变"，彰显出中国实行更加积极主动开放战略的坚定决心，其本身也是构建开放型经济新体制的重要内容。

继续推动外资在参与中国经济建设中实现共赢。中国的改革开放一直是外资积极参与、彼此受益的过程。吸收外资给中国现代化建设提供了必要的资金、先进的技术、宝贵的管理经验、众多的国际化人才。数十万在华外商投资企业，贡献了中国纳税总额约 20%、进出口总额约 46% 和直接就业约 14%。与此同时，外资也分享到中国快速发展的红利，不少在华外资企业成为母公司全球业务的增长亮点和利润中心。2015 年中国美国商会白皮书显示，有超过 70% 的在华美资企业表示"盈利"甚至"利润很可观"。实践证明，外资已经成为中国经济不可或缺的组成部分。当前，中国正处于工业化、城镇化加速发展阶段，拥有世界上最富潜力、增长最快的市场，中国将继续坚定不移引进外资和外来技术，欢迎各国企业在参与中国发展进程中实现共赢。

着力发挥外资对中国经济提质增效的作用。今后一个时期，中国将以提高经济发展质量和效益为中心，把转方式调结构放到更加重要位置。在这一进程中，外资参与的重要性不言而喻，特别在技术引进、研发合作、服务业发展、商业模式创新、人才交流等各个领域，中国将继续致力于发挥外资企业的优势，鼓励外资以各种方式参与"一带一路"、京津冀协同发展、长江经济带等重大开放战略实施，获得更多合作机会，也为中国经济主动适应和引领新常态作出更加积极的贡献。

不断营造更加法治化、国际化、便利化的营商环境。高水平的外资更看重公平竞争的市场环境、一视同仁的政策环境和公正透明的法治环境，这对中国完善投资环境提出了新的更高要求。2015 年 3 月，中国发布的新版《外商投资产业指导目录》中，削减了一半以上限制外商投资的条目。中国自贸试验区试点从上海扩大到天津、广东、福建三个省市，并发布了统一的自贸试验区外商投资负面清单。中国充分利用 CEPA（中央政府与香港特区政府和澳门特区政府签署的《关于建立更紧密经贸关系的安排》）框架，在广东省对港澳基本实现服务贸易自由化；在北京市开展服务业扩大开放综合试点，率先推动六大重点服务领域扩大开放。在反垄断执法、创新政策、外资安全审查等方面，中国也在不断结合自身国情，积极借鉴各国成熟经验，推动相关措施更加完善。

四、坚定不移完善对外开放体制机制

坚定不移完善对外开放体制机制，是建设开放型经济强国的本质要求。作为我国经济发展进入新常态后出台的首份对外开放领域的纲领性文件，《意见》从顶层设计的高度，对党的十八届三中全会关于对外开放的各项改革举措进行了全面、综合、系统部署，从十个方面明确了构建开放型经济新体制的重点任务。结合商务工作，重点包括以下方面：

创新外商投资管理体制。《意见》指出，改革外商投资审批和产业指导的管理方式，向准入前国民待遇加负面清单的管理模式转变。下一步，我们将结合中美、中欧投资协定谈判，上海等自由贸易试验区工作，重点做好复制、推广准入前国民待遇加负面清单的管理方式，加快推进投资便利化进程。以修订外资"三法"、制定外资基础性法律为依托，统一内外资法律法规，营造规范的制度环境和稳定的市场环境。继续完善事中事后监管和外国投资安全审查机制，提升外商投资监管的科学性、规范性和透明度。继续发挥开发区的开放引领和带动作用，推动开发区转型升级和创新发展，使之成为培育吸引外资新优势的排头兵和推进改革创新的示范区。

建立促进走出去战略的新体制。《意见》指出，实施走出去国家战略，加强统筹谋划和指导。下一步，我们将根据国民经济和社会发展规划以及对外开放总体战略，编制实施好《对外投资合作"十三五"发展规划纲要》。研究制定境外投资法规，切实落实企业和个人的对外投资主体地位，实行以备案制为主的对外投资管理模式。鼓励企业创新对外投资合作方式，引进来和走出去有机结合，积极参与"一带一路"建设和国际产能和装备制造合作。完善对外投资合作国别指南、产业指引和投资经营障碍报告，做好突发事件处置工作，保障境外人员和资产安全。引导企业推进属地化经营，促进企业将履行社会责任常态化、制度化。加强事中事后监管，建立对外投资合作不良信用记录收集和发布机制，健全走出去信息服务系统。

构建外贸可持续发展新机制。《意见》指出，保持外贸传统优势，加快培育外贸竞争新优势，着力破解制约外贸持续发展和转型升级的突出问题。我们将继续把推进贸易便利化作为常态化、制度化工作，强化大通关协作机制，整合和规范进出口环节经营性服务和收费，推广国际贸易"单一窗口"试点。将培育外贸竞争新优势作为核心工作，在巩固传统优势的同时，顺应全球价值链分工新趋势，鼓励企业开展科技创新和商业模式创新，培育以技术、品牌、质量、服务为核心的新优势。提升服务贸易战略地位，着力扩大服务贸易规模，鼓励发展生产性服务贸易，促进服务外包升级，实现货物贸易与服务贸易协调发展。强化中央、地方、行业协会商会、企业四体联动的贸易摩擦综合应对机制，更好地维护国内产业、企业合法权益。

优化对外开放区域布局。《意见》指出，要推动形成全方位的区域开放新格局，以区域开放的提质增效带动经济的协调发展。下一步，我们将继续依托上海等四个自由贸易试验区，扩大服务业和先进制造业对外开放，形成促进投资和创新的政策支持体系。支持内陆沿边地区创新加工贸易发展模式，深化产业转移合作，形成横贯东中西、联结南北方的对外经济走廊。支持沿边重点口岸、边境城市、边境经济合作区发展，力争建成若干个跨境经济合作区，全面提升内陆沿边开放水平。增强"一带一路"建设对沿线省区的辐射带动作用，推动国内外市场、产业、项目有效对接，聚集商流、物流和人流，促进区域协调发展。

拓展国际经济合作新空间。《意见》指出，巩固和加强多边贸易体制，加快实施自由贸易区战略，积极参与全球经济治理。下一步，我们将积极落实世贸组织"巴厘一揽子协定"，争取尽早完成多哈回合谈判，务实推进 WTO 框架下的信息技术协定、政府采购协定和环境产品谈判。落实好中韩、中澳自贸区谈判成果，打造中国—东盟自贸区升级版，推动 RCEP、中日韩等谈判取得积极进展，加快构建面向全球的高标准自由贸易区网络。协同推进中美、中欧投资协定谈判，为完善全球投资规则作出贡献。强化中非、中阿、中拉等合作机制，深化同发展中国家经贸合作。依托联合国、G20、APEC、金砖国家会议等国际平台，主动提出新主张、新倡议和新行动方案，促进国际经济秩序朝着平等公正、合作共赢的方向发展。探索完善国际经贸谈判机制，提高对外谈判力度和有效性。

建立健全开放型经济安全保障体系。《意见》指出，要大力加强对外开放的安全工作，在扩大开放的同时，坚持维护我国核心利益。我们将按照《意见》要求，牢牢把握习近平总书记关于坚持总体国家安全观的要求，在扩大开放的同时，切实提升维护国家安全的能力。统筹运用国家安全审查、反垄断审查、贸易救济、出口管制、产业安全预警等手段，逐步建立系统完备、科学高效的开放型经济安全保障体系，有效防范系统性风险。同时，加强与开放相关的各个领域人才队伍和战略智库建设，做好智力资源储备，更好地服务于决策需要。

新起点，新征程。当前，构建开放型经济新体制既面临难得机遇，也面临巨大挑战。我们要按照习近平总书记关于对外开放"四个坚定不移"的重要指示精神，以更加积极有为的行动，认真贯彻落实《意见》关于构建开放型经济新体制的各项工作部署，以对外开放的主动赢得经济发展的主动、赢得国际竞争的主动，为实现"两个一百年"奋斗目标、实现中华民族伟大复兴的中国梦作出贡献。

（《求是》2015 年第 21 期）

陈文玲：

在开放中增强我国发展新动能

"十三五"期间乃至今后一个更长的历史时期，中国的对外开放将进入全面开放、深度开放、高水平开放和对内、对外同步双向开放的新阶段。中国应主动引导和主动为之，在开放中增强发展新动能、增添改革新动力、增创竞争新优势，推动我国对外开放进入全面创新发展、全面引领发展、全面增强动能、全面提升质量的新时期。

一、坚持以开放促改革促发展，推动我国从区域性大国迈向全球性大国

开放发展是准确把握国际国内发展大势的关键理念。开放带来进步和发展，封闭导致落后和僵滞。习近平总书记指出："以开放促改革、促发展，是我国改革发展的成功实践。""中国将贯彻创新、协调、绿色、开放、共享的发展理念，继续全面深化改革，坚持开放发展，顺应中国经济深度融入世界经济的趋势，奉行互利共赢的开放战略，发展更高层次的开放型经济。"中国已经建立并不断完善开放型经济框架，成为世界第二大经济体、第一贸易大国、第一制造业大国和第二大对外投资国，是世界经济增长的重要引擎，肩负更多的国际责任和期待。中国正在以全新的面貌和能力书写中华民

族伟大复兴的现在进行时。

对外开放是抓住全球化机遇加快发展的必由路径。中国 30 多年高速发展，靠的就是改革开放。中国作为追赶者需要开放，成为世界潮流的引领者更需要开放。站在新的历史起点上，开放发展理念为提高我国对外开放的质量提供了行动指南，必将进一步拓宽实现"两个一百年"奋斗目标的发展道路，拓展实现中华民族伟大复兴中国梦的发展空间。2016 年 9 月，中国举办了 G20 杭州峰会，弘扬了新发展理念，提升了改革开放的世界意义，标志着中国大步迈向世界舞台中心。

改革和开放相辅相成、相互促进。改革必然要求开放，开放也必然要求改革。以扩大开放促进深化改革，以深化改革促进扩大开放，为经济发展注入新动力、增添新活力、拓展新空间。以开放促改革、促发展，既是我国改革开放发展的成功实践，也是今后推动我国发展的根本动力。

二、通过双向开放统筹和利用好国际国内两个市场、两种资源、两类规则，塑造我国对外竞争新优势

坚持"引进来"和"走出去"并重，通过双向开放形成更高层次的资源配置、产业转移和要素重组，是开放型经济发展到更高阶段的重要特征，也是更好统筹和利用国际国内两个市场、两种资源、两类规则的有效途径。20 世纪 80 年代我国抓住世界产业革命和产业转移的机遇，通过"引进来"承接国际资本和国际产业，使中国成为全球要素重组和产业集聚的平台和载体，也使我国的综合国力特别是制造业能力上了一个大台阶。

当前，世界经济进入深度调整期和变革期，各国既存在携手应对发展中的共性问题和全球化进程中共同挑战的需求，又存在抢占新一轮创新发展、开放发展的制高点的激烈竞争。因此，以重塑全球价值链、重建新经济新业态、重构国际经贸规则为核心内容的世

界经济变革对我国开放提出了更高的要求。我国不能满足于"坐等成交""守株待兔""引进来"的开放方式，需要主动迈向国际市场学会优化和配置资源，在更宽广的领域获取更高层次开放带来的"新红利"。正如习近平总书记指出的："历史的机遇往往稍纵即逝，我们正面对着推进科技创新的重要历史机遇，机不可失，时不再来，必须紧紧抓住。"

近年来，我国对外开放的基础和条件发生了根本变化，"走出去"的规模渐渐接近"引进来"的规模。"十二五"期间我国累计实现境外投资 5000 多亿美元，2015 年实现 1456.7 亿美元，基本与吸引外商直接投资规模相当。我国货物贸易出口总额占全球比重达到 13.8%，进口增幅连续多年超过出口增幅。2016 年 10 月 1 日，人民币正式加入国际货币基金组织特别提款权货币篮子。因此，必须以新视野、新思路、新举措提升我国的国家竞争力、综合国力和生产力，既充分发挥我国资源、市场、制度等优势，又更好利用国际国内两个市场、两种资源、两类规则，以开放促改革、促发展、促创新，实现与世界各国互利共赢、共同发展。

三、主动适应、积极对接、努力引领全球更高标准的贸易与投资规则，为发展和改革营造良好外部环境

围绕国际经济规则的重构和修订，以美国为代表的发达国家试图主导和引领新一轮规则，以"跨大西洋贸易与投资伙伴关系协定"等为标志，争夺更高标准贸易规则和投资规则制定的制高点，发展中国家也积极谋求更大的话语权。国际标准和国际规则重构的过程，将是不同利益诉求艰苦博弈、不同文明理念碰撞交流的过程。国际规则之争是发展权之争，也是制度力和领导力之争。在过去对外开放进程中，我们一直处于对国际标准、国际规则的学习、承认、参与与应对的状态。随着经济体量增大、经济实力增强、国际影响力提升，中国不可能做"躲在蚂蚁身后的大象"，必须主动抢占国际标

准和国际规则重构的制高点，推动建立更加公正合理、更具前瞻性的国际标准和规则体系。

为了主动适应、积极对接、努力引领全球更高标准的贸易规则与投资规则，我国连续推出上海、广东、福建和天津四个自由贸易试验区，2016 年又推出第三批七个自贸试验区试点，在把握国际通行规则的基础上，加快形成与国际投资、贸易通行规则相衔接的基本制度体系和监管模式，探索具有引领性的新经济新业态，提升在我国具有先发优势的领域的国际规则制定权。我国与美国进行了 25 轮双边投资协定谈判，与欧盟开启了双边投资协定谈判，为我国企业"走出去"抓紧建立符合国际投资保护协定的制度化安排。我们既要充分发挥市场在资源配置中的决定性作用，又要更好地发挥政府作用，尽快形成一批可复制、可推广的新制度，在促进投资贸易便利、监管高效便捷、法制环境规范等方面努力先试出首批管用、有效的成果。可以预见，我国将建立贸易便利化体制机制，全面实施单一窗口和通关一体化；创新外商投资管理体制，实行准入前国民待遇加负面清单管理制度；完善境外投资管理体制，清理取消束缚对外投资的各种不合理限制；加快构建开放安全的金融体系，完善涉外法律法规体系，建立健全我国更高水平对外开放风险防控体系。

四、"一带一路" 建设既推动形成我国沿边、沿海、沿路互动开放的新布局，也为促进各国共同发展提供新动力

"一带一路"倡议具有深刻的现实意义和深远的历史意义，既是具有重大创新性的发展思路突破和发展理念突破，也是对我国更高水平对外开放布局重心的重构。通过这一双向开放的载体，我国将加强与沿线国家的互联互通，寻找和扩大各方合作的利益契合点，积极与相关国家的发展战略、重大规划和重大工程对接，凝聚合作共识、共商共建共享、共襄发展盛举，构建各方融合发展的大格局。

推进"一带一路"建设已经成为众多国家和地区的共同行动。目前中国已经与匈牙利、土耳其、波兰等30多个国家签署了共建"一带一路"谅解备忘录，与俄罗斯签署了《关于丝绸之路经济带建设和欧亚经济联盟建设对接合作的联合声明》，与蒙古、俄罗斯签署了《建设中蒙俄经济走廊规划纲要》，与哈萨克斯坦签署了《关于加强产能与投资合作的框架协议》，与塔吉克斯坦签署了《关于编制中塔合作规划纲要的谅解备忘录》，与捷克签署《关于共同编制中捷合作规划纲要的谅解备忘录》。"一带一路"与欧亚经济联盟、蒙古"草原之路"、印尼"海洋强国"、哈萨克斯坦"光明之路"、巴基斯坦"愿景2025"、德国"工业4.0"等国家的发展战略对接，有力促进了沿线国家和地区对"一带一路"认同程度、响应程度和参与程度不断加深。随着合作意愿持续升温，通过政策沟通、设施联通、贸易畅通、资金融通、民心相通，"一带一路"建设正在推动形成对外开放战略新布局。

"一带一路"打造内外互动、海陆统筹的区域开放新布局。"一带"和"一路"形成了新时期中国对外开放的"两翼"，成为中国阔步走向世界的两个翅膀。在区域开放布局上，我国在相当长的时期要以"一带一路"建设为统领，逐步将中国沿海、沿边开放战略和西部大开发战略融入这一大战略之中。在沿海地区和中西部地区将建设并形成一批"一带一路"的桥头堡和前沿阵地，比如，建立若干边境经济合作区、跨境经济合作区和跨境产业园区，形成带动周边发展的先进制造业聚集区。通过"一带一路"完善对外开放区域布局、对外贸易布局、对外投资布局，是形成对外开放新布局的重要内容。

五、构建面向全球、立足周边、链接"一带一路"的自贸区网络体系，形成我国独具特色的比较优势

实施自由贸易区战略，是党中央为推进新形势下改革开放提出

的一项重大举措。自第一个自由贸易协定——中国—东盟自由贸易协定诞生以来，中国已经签署 14 个自贸协定，涉及 22 个国家和地区。这些自贸协定除我国与周边的自贸协定外，主要是渐进式、点状分布的布局。作为对外开放的重大举措，我国需要加快实施自由贸易区战略，推进"区域全面经济伙伴关系协定"谈判，推进亚太自由贸易区建设，着力构建面向全球、立足周边、链接"一带一路"的高标准自由贸易区网络。

推进实施自贸区战略，将从多条路径构建我国独具特色和不可复制的比较优势。一是加快推进与"一带一路"沿线国家设立自由贸易区。在"一带一路"沿线的 60 多个国家中，我们率先同与我国贸易关联度高、联系紧密的国家启动自由贸易区谈判，这既是对"一带一路"建设的丰富，也是对贸易畅通和资本融通的深化。二是从尽快谈判达成双边投资协定入手，使美、欧和其他与我签署双边投资保护协定的经济体，能够在公开透明公正的环境中相互开放投资和市场，为相关企业在对方国家投资创造更好的环境。三是积极推动以中国为主导的其他多边和区域次区域合作伙伴关系的建立。如把与周边国家设立的跨境经济合作区和跨境产业园区等升级为自贸区，推动两个国家对等开放。四是推动亚太地区"区域全面经济伙伴关系协定"等自由贸易安排相互促进，推进亚太自由贸易区建设，在实现更高标准全球化的进程中扛起反对保护主义的旗帜。

（《求是》2016 年第 23 期）

何亚非:
推进全球化,引领全球化

近年来,全球化与全球治理领域发生了许多巨大的历史性变化,大国之间地缘政治矛盾以及对全球化主导权的争夺也日趋激烈,世界经济持续下滑,难见"隧道尽头的曙光",世界正在经历大动荡、大变革、大调整的新时期。

一

英国"脱欧"、美国总统大选"特朗普现象"、意大利修宪公投失败、法国等欧洲国家右翼政党力量上升、许多国家民粹主义思潮泛滥,这些被许多专家称之为"去全球化"或"逆全球化"的现象,其实是全球化进入新时期的表象。历史从来不是线性发展的,总是充满跌宕起伏和曲折,全球化进程也不例外。

如果简单定义目前全球化的变化为"反全球化"显然过于狭隘,有必要用马克思主义的历史唯物主义和辩证法来客观认识全球变局和全球化新时期的特征。

全球变局产生的原因何在?一是全球化给世界带来经济繁荣不是"普惠性"的,有"赢者和输者"。国家之间如此,一国内部也是如此。全球化条件下生产要素的自由流动导致全球生产链的转移,使美国等西方国家中低端产业转移到发展中国家,造成部分工人的就业和收入受到冲击，中产阶级地位难以维持。而长期生活在"象牙塔"里以资本为核心的统治精英却无视百姓诉求，社会贫富差距不断扩大，底层百姓与精英阶层矛盾终于爆发。二是资本主义内在的根本性矛盾日益激化，即马克思说的资本与劳动的对立。2015年，法国经济学家皮凯蒂的《21世纪的资本论》引用大量历史数据把近代资本主义国家资本与劳动的收益作了详细、精确的比较，发现资本的收益一直远远超过劳动的收入，而且这种"剪刀差"越来越大。全球化最大受益者是资本，特别是金融资本，其触角已伸到世界各个角落。贫富差距不断扩大，资本精英与工人阶层矛盾是最根本的矛盾，也是资本主义自身无法克服的矛盾。

特朗普就是准确把握了这一历史的变化和大趋势而取得白宫宝座的。这并非历史的偶然，而是历史的必然，是美国国内政治矛盾激化与全球化变局相互作用的结果。而且，我们将目睹今后十年欧洲一些发达国家将会"复制"特朗普现象，步美国的后尘。一批左右翼政党将成为执政党。这是全球变局的最主要变数之一，必然会影响全球化走向和大国关系的演变。

这个全球变局对美国及其自由民主制度和经济新自由主义有什么影响？未来美国是否会重返孤立主义？特朗普采取一些与目前全球化背道而驰的行动是否会削弱乃至颠覆全球自由贸易和投资体系？其对中美关系又有哪些重要影响？这些问题目前都没有明确的答案，属于未知数，需要我们冷静观察、深入思考、做好准备。

之所以要冷静，要有战略定力，是因为中国自身的发展成果和势头。近40年来，中国通过改革开放，乘势而为，融入全球化进程，成就斐然。中国的发展道路和发展模式之成功给全球治理提供了新的模式和路径，吸引了很多国家的关注。中国在实现经济腾飞的基础上，以理论、道路、制度和文化自信为依托，不仅积极参与全球治理，而且开始发挥引领作用。最明显的例子就是，2016年9月中国举办G20杭州峰会，牵头为世界经济增长和全球治理提供了很多有价值的建议和方案。这些成果将有助于克服"去全球化"对

全球化和全球治理的消极影响,促进国际秩序和社会的公正、公平。

二

美国无疑还是全球化主导力量。然而,美国对全球化和全球治理态度在发生转变,核心是美国想改变全球化的格局,制定新的国际规则,以重新掌控全球化利益的分配权。

"全球化就是美国化"是美国推动这一轮全球化的核心理念。但当前美国朝野(在这点上精英与底层百姓看法是一致的)都认为,全球化已偏离了"美国化"的轨道,美国得利减少,中国等新兴大国获利过多。

为此,特朗普振臂疾呼"美国第一"和"实现美国复兴"的口号,发出新一届美国政府将推动改变全球经济治理规则的强烈信号,包括废弃 TPP 和 NAFTA 等多边自由贸易协定和重启双边自由贸易协定谈判,通过减税等办法鼓励制造业重返美国、花巨资重建美国基础设施和加强美国军事力量建设等。这些能否完全落实还要看美国国内政治和国际力量的博弈,但是大方向已经确定,只是速度和时间跨度问题。

历史不会重演,但相似情形时常发生。美国全球战略的收缩和重心转移始于 2009 年初奥巴马政府上台,这种趋势看来在特朗普任期内会延续,但侧重、内容和力度都会有很大不同。美国这一轮战略紧缩和调整会加大经济和贸易的分量,会减少美国需要出钱出力的国际行动。"美国第一"和"实现美国复兴"一旦成为美国新政府的政策,将给全球化、全球治理和大国关系发展带来新的范式和框架。

譬如从军事角度看,美国加强军事力量将对中俄加大战略压力。特朗普改善美俄关系将影响中美俄大三角关系,美俄走近是否有离间中俄关系的考量?这些都需要冷静观察。还有就是美国在特朗普领导下将毫无疑问在全球治理部分领域"开倒车",包括退出对巴黎气候协定的承诺和废弃 TPP 等。这无疑将加大国际社会对中国引领全球治理的期望值。对中国而言机遇与挑战并存。目前看，中国思想、中国方案将让中国在全球化和全球治理中发挥更大作用，深刻影响全球化走向。我们需要坚定地沿着全球化的道路往前走，也要适当进行调整，谨慎应对。

从积极面看，全球化本身不可能一夜之间消失。过去几十年，全球化大大促进了世界各国的经济增长，前所未有地使不同国家的利益交织在一起，在这个相互联通的网络里形成了谁也离不开谁的相互依赖和共同利益。关于全球化变局的讨论，应该是"再全球化"或者"优化全球化"，给予全球化"再定义"，来更好地规划全球化新时期的国际合作，而不是悲观地认为全球化即将就此消亡。

换言之，特朗普担任美国总统是个标志性事件，意味着世界进入了全球化新的时代。原来人们习以为常的传统国际贸易投资在这个新时代里会有较大的变化，国际合作也将出现新的范式和模式。核心一点是作为全球化主导国家的美国会更多关注自身的利益，凡是与此相悖的事情，特朗普执政后很可能会力争改变。

当然，全球治理的事也不是美国一家完全能说了算的，有的美国可以执意为之，有些国内外都会有阻力。毕竟全球治理事关各国共同利益。第二次世界大战以后逐步建立起来的国际体系还会继续存在并发挥作用，无非需要做些调整和改革而已。其实，本来国际秩序就需要调整和改进。

各国需要付出更多努力来解决"全球治理不足"和"碎片化"的问题，特别是努力促进社会公正、公平，缩小贫富差距，以消弭社会分裂。同时，国际社会需要深入思考资本和劳动之间的关系和资本主义制度内在的矛盾。这个根本问题如果不去想办法解决或者缓解，美国等社会的深度分裂就会出现更大的裂缝，社会阶层的对立将使许多问题无法解决。

三

特朗普执政后中美关系如何发展，不仅事关中美两国根本利益，也关系到整个世界的前途。

从历史观点看，中美关系基本面不会改变，它并不取决于谁入主白宫。"钟摆"理论还是常态。选举中候选人会说一些抨击中国的话，一旦入主白宫，未必就是既定政策。美国对华关系和政策已经经过了几十年的考验，从竞选的偏激和抨击中国，到上任后政策钟摆逐步摆向中间，这几乎已经成了规律。克林顿和小布什两位总统就是很好的例子。

特朗普在竞选中发表过很多针对中国的过激言论，相信他上任后会有一些举动，目前尚难预测，但他作为美国总统不可能完全无视美国利益，我行我素，颠覆中美关系的基石。那么，特朗普上任后有可能做些什么呢？现在只能做些预测，虽然大家都知道预测最难，而且往往猜错。

其一，如果特朗普努力将美国的制造业迁回本土，中美之间贸易摩擦、倾销和反倾销案件将会增加。传统的双边贸易可能下降。中国将不得不与美国重新谈判双边贸易协定包括即将完成的《双边投资协定》。从积极的角度讲，特朗普希望修复美国基础设施的意愿为中国企业的海外投资提供了新的机遇。

其二，如果特朗普撤回就气候变化巴黎协定所作承诺，巴黎协定将岌岌可危，中国与美国如何在全球治理其他方面加强合作将成为未知数，其他国家对大国合作提供全球公共产品的信用会产生怀疑。全球治理将进入动荡期。世界对中国继续引领全球治理的期望值将加大，中国的作用将广受关注。

其三，特朗普领导美国，有可能降低意识形态在外交中的分量，务实地发展美国国内经济，维护美国利益，中美之间在意识形态包括人权等方面的分歧可能不会像过去那样过多困扰中美双边关系。

中美之间政治摩擦有可能通过双方多渠道的积极磋商而得到减缓。

其四，地缘政治上，基于特朗普"让美国再次伟大"的理念以及增加美国军事力量的决心，美国全球战略收缩与加强亚太再平衡战略将并行进行，而在亚太特别是西太平洋和南海，美国将继续增强军事威慑，以震慑中国。美国将继续增加和其亚洲军事同盟的关系，尽管美国会要求同盟国承担更多的安全开支。如果这样的话，中国东海和南海的紧张局势不太可能得到缓和。很多专家学者预测特朗普乃一介商人，因此不会有太多地缘政治的考虑。但实际情况正如老话所说，世界上没有真正的朋友，只有永恒的利益。美国的全球战略基本面应该不会改变。

那么，中国能做什么？应该做些什么呢？

首先，中美关系是世界上最重要的双边关系之一。中美两国应当深入了解对方的战略意图和核心利益，共同确定两国关系的发展框架。

其次，中国应当鼓励美国继续扮演在全球治理中的重要角色，并积极参与联合国、G20、亚太经合组织等多边活动，共同应对气候变化，促进全球自由贸易和投资，实现联合国2030年可持续发展目标，以造福各国特别是发展中国家。

再次，在推进全球治理过程中，中国要更积极地领导讨论和谈判，来制定新的治理规则或修改现有一些规则，以更好地维护全球治理体系，同时倡导渐进式的改革，使治理体系更好地适应全球化新时代的需要。从G20杭州峰会中我们得出这样的结论：中国需要积极地与包括美国在内的G20成员国和其他国家展开广泛的磋商、讨论与合作，共同创新全球治理理念，开创国际合作新模式。世界不能重新回到"自扫门前雪"的相互割裂状态，唯有合作共赢才是出路。

中国政府"一带一路"倡议的关键字就是共同发展、合作共赢。近来，美国方面对于中国"一带一路"的态度有一些变化。有美国学者建议特朗普政府不要完全拒绝"一带一路"，而要仔细研究美国在其中可能获得的利益。美国学者提供了两方面标准去判断，一是"一带一路"不能动摇美国在世界范围内的霸权地位，二是必须有利于美国盟友的经济发展。符合的就接受、支持，否则就反对。这自然反映了美国的霸权心态和高高在上看问题的良好感觉，但起码说明它不得不开始思考中国提出的新思想、新思路了。

总之，全球化是一个不断发展演变、充满跌宕起伏的过程。在这个过程中不可避免地会出现波折和起伏。中美建交近40年的历史也是如此。今天我们面对的全球化新时期，机遇与挑战并存。在全球治理中，我们需要同其他国家尽可能多地寻找利益共同点，追求更多、更深层次的合作。中国不要被美国竞选中的一些言论所"蒙蔽"，我们要冷静观察它以后的政策和实际行动。同时，双方要努力增加互动和对话，塑造新型大国关系和"新全球化"，以创新全球治理的未来。中国现在比以往任何时候都需要付出更多艰辛的努力，优化全球化、引领全球化。

（《学习时报》2017 年 1 月 11 日）

刘振亚：

加快能源、信息、交通三网融合发展，打造实体经济增长新动能

我们认真学习领会中央经济工作会议精神，深刻认识到，实体经济是我国经济发展、在国际经济竞争中赢得主动的根基，解决当前经济发展面临的突出矛盾和问题，必须牢牢抓住实体经济这个根基，依靠创新把实体经济做大、做强、做实。结合近年来以特高压电网推进中国电力转型、以全球能源互联网推进世界能源转型的研究和实践，我认为，以推动能源转型为突破口，加快构建全球能源互联网，推进全球能源、信息、交通三网融合发展，对于促进实体经济创新发展具有重大意义，将为中国和世界经济转型创造新机遇、注入新动能、实现新发展。

一、三网融合发展是经济转型升级的必然要求

全球能源、信息、交通三网融合发展，是基于中国特高压电网和全球能源互联网的成功实践，提出的推进全球经济转型发展的理论创新。总的思路是：以世界能源转型和信息技术革命为契机，以全球基础设施互联互通为保障，发挥网络经济和规模经济优势，加快形成全球能源、信息、交通即"瓦特（Watts）、比特（Bits）、米特（Meters）"三（特）网融合发展的新格局，推动世界经济转型

升级，实现高度电气化、高度智能化、高度全球化、高度人本化的发展目标。

三网融合是生产力发展的客观要求。以电力为动力、以数据为纽带，现代能源网、信息网、交通网呈现相互交叉、相互支撑、相辅相成的发展态势，这是三网融合发展的根本内因。能源、信息、交通在经济社会发展中发挥着基础保障、经济支柱和创新引擎的重要作用，这是三网融合发展的根本动力。三网的互联互通、协同发展，可以创造巨大的规模经济和网络经济效应，这是三网融合发展的价值源泉。

三网融合是技术创新的必然结果。特高压、智能电网等能源技术日趋成熟，物联网、大数据等信息技术广泛应用，电气化高速铁路、电动汽车等交通技术蓬勃兴起，推动电力光纤通信、车联网、自动驾驶等跨界融合技术不断创新，"互联网+能源""互联网+交通"等新业态、新模式不断涌现，为三网融合发展奠定了技术基础。依靠技术创新，能源网、信息网、交通网已进入大范围互联互通的发展阶段。全球220千伏及以上输电线路长度超过250万公里，为近60亿人提供了电力供应；全球信息网通过250多条海底光缆、700多颗通信卫星实现了互联互通，服务人口超过35亿人；全球铁路里程超过130万公里、覆盖150多个国家，全球高速公路超过23万公里、覆盖80多个国家，铁路网、公路网以及航空、海运基本实现了主要国家和地区的互联互通。

三网融合发展价值巨大。一是推动全球经济转型。将有力促进绿色能源、互联网经济、智能交通等领域产业创新发展，激发新的市场需求、催生新的经济业态，打造全球经济增长的新引擎。二是降低社会发展成本。有利于实现网络设施和服务的开放共享、高效利用，有利于减少资源消耗，降低发展成本，取得巨大网络规模效益。三是创造智能美好生活。以更智能、可持续的方式，让人人享有清洁绿色能源和便捷高效的信息与交通服务，将促进智慧家庭、智慧城市、智慧国家、智慧地球发展。四是促进世界共同发展。将有力推动基础设施的全球覆盖和广泛应用，缩小地区差异，促进区域协调发展，实现各国政策沟通、设施联通、贸易畅通、资金融通、民心相通，成为人类社会进步的强大动力、世界和平的重要纽带。

二、三网融合发展为实体经济打造强大新动能

推进三网融合，既提升能源、信息、交通基础设施水平，又发展壮大新兴产业，为实体经济发展打造新动能、释放新活力、创造新增长，将有力促进经济发展质量和效率的本质提升，对于深化供给侧结构性改革具有重大意义。

推进三网融合，能够实现"创效""创新"巨大价值。"创效"的本质是提升现有经济发展质量，三大基础设施通过发挥各自优势，不断扩大连接范围、提升输送能力、拓展服务功能，实现通道、设施、服务的高效共享，显著降低全社会发展成本，提升能源、信息、要素的流通和配置效率，创造更大的社会价值；"创新"的本质是提高经济发展潜力、开拓经济发展空间，实现网络经济指数型叠加效应。通过三网融合发展，促进能源流、信息流、人流和物流相互协同、高效配置，重塑产业价值链、创造市场新需求、催生经济新业态。

推进三网融合，能够促进实体经济转型升级。推进三网融合，首先是推动能源、信息、交通从传统产业形态向绿色低碳能源、新一代信息通信、高速电气化交通产业的升级发展；同时，发挥三网互联互通和聚合效应，能够促进我国制造业创新发展，从传统机械制造向现代智能制造转型升级，实现"中国智能制造2025"发展目标；能够促进全球治理体系建设，推动全球经济一体化发展；能够显著提高实体经济的电气化、信息化和清洁化水平，进入用能更清洁、生产更智能、流通更便捷的经济发展新阶段，实现我国实体经济从"量"到"质"的双提升。

推进三网融合，能够为我国在国际竞争中赢得主动和先机。加

快推进三网融合是全球基础设施互联互通和全球经济一体化的重要内容。全球各国对于基础设施建设及其互联互通发展都有很强的意愿和巨大的需求，"一带一路"沿线国家基础设施投资总需求高达6万亿美元，将为我国实体经济转型升级拓展新空间。我国在能源、信息、交通等基础设施建设方面拥有技术优势和较强实力，特高压输电、智能电网、新一代互联网、高速铁路等技术全球领先并广泛应用。加快三网融合，有利于扩大国际产能合作空间、带动相关产业走出去，对于提高我国经济地位和国际竞争力具有战略意义。

三、加快构建全球能源互联网，推进三网融合发展

2015年9月26日，习近平主席在联大发展峰会上发表重要讲话，倡议探讨构建全球能源互联网，推动以清洁和绿色方式满足全球电力需求，得到了国际社会的高度赞誉和积极响应。全球能源互联网是以特高压电网为骨干网架、全球互联的坚强智能电网，是未来能源网的基本形态，是有效解决世界能源问题的中国方案。

能源网、信息网、交通网就像人的"血管系统""神经系统"和"四肢系统"。目前，"神经系统""四肢系统"基本实现全球主要国家和重点城市的互联，正在向农村和边远地区发展与延伸，但"血管系统"的互联互通明显滞后，尚未形成全球互联的能源网络平台。造成这种差距，一方面是由于发展理念的落后。一些国家和地区能源发展过度依赖化石能源，电力发展长期就地平衡为主，对清洁能源开发和大范围配置的认识不足、重视不够，电力的作用没有得到充分发挥；另一方面是由于输电技术的制约。当前世界电网仍以超高压输电为主，其输送能力和输电距离有限。

推进三网融合，要抓住能源网这个关键和短板，尽快实现全球能源互联网的创新突破。当前，世界能源发展面临资源紧缺、环境污染、气候变化三大挑战，根本出路是加快构建全球能源互联网。现阶段，特高压、智能电网等关键技术日趋成熟，清洁能源发电经

济性快速提升，应对气候变化已成为各国共识和共同行动，构建全球能源互联网的技术、经济、政治条件已经具备。我们要抓住机遇，推进中国倡议落地，到 2025 年基本建成我国能源互联网，到 2050 年基本建成全球能源互联网。

构建全球能源互联网，推进三网融合发展，需要凝聚各方智慧和力量，共同推动。一要加强战略规划。发挥规划统领作用，深化世界能源、信息、交通等领域重大战略问题研究，开展三网融合发展规划研究和顶层设计，发挥中国的综合优势，持续引领发展。二要推进技术创新。发挥创新驱动的关键作用，加强新技术、新设备、新材料的研发，在能源、信息、交通领域实现关键技术突破，特别要注重交叉学科、跨界融合技术的创新发展，在柔性直流输电、大容量储能、能量路由器、信息物理融合、大数据、物联网、自动驾驶、车联网等方面尽快取得一批创新成果。三是深化国际合作。推动有关国际组织、社会团体、能源企业、科研机构共同参与三网融合研究和发展，打造跨国界、跨领域、跨专业的国际合作平台。将全球能源互联网、三网融合发展纳入"一带一路"建设和全球基础设施互联互通框架，加快推进、尽早见效。

我们将坚决贯彻落实中央精神，开拓创新、攻坚克难，大力推进三网融合，为推动中国和世界经济转型、实现可持续发展作出新的贡献。

（《人民日报》2017 年 1 月 10 日）

张幼文：

我国开放发展具有鲜明时代特征

　　开放是国家繁荣发展的必由之路。改革开放以来,我国深入把握经济全球化的发展趋势,立足自身实际扩大对外经贸交流合作,积极融入世界经济,开放发展呈现鲜明的时代特征、清晰的发展方向和独特的体制优势。

　　第二次世界大战结束后,随着经济全球化深入发展,生产要素跨国流动日益频繁。技术、品牌、专利、管理等高级生产要素以资本为载体从发达国家流向发展中国家,并与发展中国家的劳动力、土地等资源要素相结合,跨国生产一体化不断发展。

　　我国在改革开放之初大力发展出口贸易,顺应了经济全球化的潮流。当时,尽管我国拥有大量廉价劳动力,但生产的产品质量和档次较低,难以打开国际市场。为了突破这一瓶颈、开拓国际市场,我国开始大力引进外资。外资的流入带来了技术、品牌等高级生产要素,推动我国加工贸易快速发展,进而带动出口高速增长。这是一种反映当时的时代特征、适应我国发展阶段的"要素合作型"发展模式,利用了经济全球化条件下生产要素跨国流动加快的有利条件。与此同时,市场取向的经济体制改革打破了计划经济体制下生产要素难以流动、闲置浪费或低效使用的局面,创造了新的体制优势。于是,劳动力源源不断地从农村流向城市、从中西部地区流向东部地区,其他资源要素也从生产率低的行业流向生产率高的行业。

正是这种以开放引进先进要素、以改革动员存量要素的双重战略促进了要素集聚，推动了我国经济持续快速增长。

值得指出的是，我国的体制优势从两个方面强化了这种要素集聚型增长。一是从兴办经济特区开始，我国建立了一大批开发区、保税区、出口加工区、高新技术园区等，与之相关的产业配套、政策优惠等措施为内外资企业投资经营创造了良好条件。二是在改革的推动下，各地政府根据本地实际制定规划、优化政策、引进项目、服务企业，营造了有利的营商环境。

一个国家的开放发展水平需要随着经济发展阶段的提升而提升。"要素合作型"发展推动我国经济加入了国际分工，但因处于产业链和价值链的中低端，只能获得较低收益。随着我国成为世界第二大经济体、第一大货物贸易国和第二大对外直接投资国，迫切需要发展更高水平的开放型经济，并形成支撑高水平开放和大规模"走出去"的体制机制。适应新的时代要求，我国大力实施创新驱动发展战略，着力优化要素结构，提升在全球产业链和价值链中的地位；推进自由贸易试验区建设，开启新一轮以开放促改革进程，努力在新的发展水平上增创参与经济全球化的新优势。

今天，我国从引进外资开始的对外开放走到了"引进来"与"走出去"并重的发展阶段，参与经济全球化的主动权更大、空间更广阔。对外并购有利于我国企业利用国际高级生产要素，加快中国制造与国外品牌、营销网络的结合，推动制造业升级，带动国内产品出口。"一带一路"建设是我国在开放发展新阶段为促进世界合作共赢、共享发展机会而提供的公共产品，是我国全面提升开放型经济发展水平的重要标志。在"一带一路"建设中，我国各类企业在政策沟通、设施联通、贸易畅通、资金融通、民心相通中"走出去"，同沿线国家企业共同提升发展能力，进而实现我国与沿线国家共同发展、合作共赢。"一带一路"建设不是中国一家的独奏，而是沿线各国的合唱。这一全新的合作方式和要素流动模式，将对经济全球化进程产生深远影响，为世界经济发展注入强大正能量。

习近平同志指出，"和平、发展、合作、共赢的时代潮流滚滚向前"。我国开放发展之所以能取得举世瞩目的成绩，就是由于顺应了时代潮流、反映了时代特征。今天，顺应和平、发展、合作、共赢的时代潮流，我国将在更高水平上融入经济全球化，拓展发展新空间。

（《人民日报》2016 年 12 月 15 日）

经济日报评论员：
深化双向开放，实现合作共赢

开放是国家繁荣发展的必由之路。面对新形势新变化，中国需要进一步拓展对外开放的广度深度，实行更加积极主动的开放战略，加强统筹谋划，注重协调内外，更好地以开放促发展、促改革、促创新。中央经济工作会议强调推进更深层次更高水平的双向开放，对于我国深化全方位对外开放、形成深度融合的互利合作格局具有重要指导意义。

经济发展新常态下，我国开放思路发生了从对外开放到"双向开放"的新变化。党的十八大以来，我国对外开放水平不断迈上新台阶，开放型经济对经济社会发展的贡献日益突出，境外经贸合作区建设、基础设施建设、对外承包工程亮点纷呈，对外直接投资快速增长。与此同时，我国加大外商投资管理体制的创新力度，先后编制了《境外投资管理办法》《"十三五"实施走出去战略专项规划》等，积极搭建合作平台，"引进来"与"走出去"的双向投资布局日渐完善。

新时期的开放，是在全球经济版图上的谋篇布局，是坚持统筹国内国际两个大局基础上的"双向开放"，在内外需协调、进出口平衡、"引进来"和"走出去"并重、引资引智引技并举等各个方面要更好利用两个市场、两种资源，推动互利共赢、共同发展。

推进更深层次更高水平的双向开放，要加快构建开放型经济新体制。"十三五"时期，我国与世界经济关系更加紧密。加快推进"一带一路"建设，加强国际产能和装备制造合作，建设立足周边、面向全球的高标准自由贸易区网络，都要求加快体制机制创新，通过陆海内外联动、东西双向开放，打造高水平对外开放新格局。

面对当前国内外环境的深刻变化，我们要主动作为，立足于完善法治化、国际化、便利化的营商环境，健全有利于合作共赢并同国际贸易投资规则相适应的体制机制的总体要求，推进落实好建立贸易便利化体制机制、创新外商投资管理体制、完善境外投资管理体制、有序扩大服务业对外开放、构建开放安全的金融体系、完善涉外法律法规体系、建立健全风险防控体系等主要任务。通过进一步深化双向开放，不仅促进中国自身发展，也进一步增强对国际经济社会发展的带动作用，增加各国人民福祉，赢得国内发展和国际竞争的主动。

（《经济日报》2016 年 12 月 22 日）

赵龙跃：
新一轮全球化呼唤中国引领

2016 年以来，反全球化势力回潮，国际社会甚至有人怀疑经济全球化的不可逆转性。实际上，人们既不能硬推全球化，也不可能阻挡全球化，只能改善全球化。

目前的全球化是非均衡发展的全球化。它一方面促进了世界经济的增长，另一方面也给世界带来了严重的不平衡：首先是发展的不平衡和利益分配的不平衡，包括国家之间的不平衡，国家内部地区之间、产业之间和社区人群之间的不平衡；其次是资源环境消耗的不平衡；更严重的是制度规则的不平衡。长期以来，国际规则主要是在美欧国家的主导和操纵下形成的，首先体现的是美欧等发达国家的利益和需要。这些规则不但没有考虑发展中国家的实际情况，而且有些规则还是专门针对甚至用于限制具有后发优势的发展中国家。

国际金融危机爆发以来，国际社会所面临的问题不仅是经济的恢复与发展，还有治理机制和国际规则的重构与创新。目前我们需要研究的是如何重构与创新国际规则、完善国际治理机制、克服全球化的弊端，推进更加均衡、包容和公正发展的新一轮经济全球化。

新一轮经济全球化呼唤中国的引领。G20 杭州峰会的历史意义，就是制定和规范国际治理的原则和方向，开启了由中国引领新一轮经济全球化进程的新时代。中国对新一轮经济全球化的引领作用主要体现在：

首先，重构国际规则引领。如果按照主要推动力来划分，非均衡发展的全球化大致经历了两个阶段：19世纪之前的全球化可以算作第一个阶段，其主要推动力是技术；到目前为止的全球化是第二个阶段，其主要推动力是技术和资本。由中国倡导推动的新一轮全球化，其主要推动力将是技术、资本和规则。

其次，"一带一路"路径引领。"一带一路"倡议的共商共建共享、互联互通、合作共赢是推进新一轮全球化的重要理念和路径。

第三，科学技术创新引领。中国努力研究全球科技发展方向，在引领未来高科技领域标准和规则的制订方面作用日渐扩大；实施海外人才引进倍增计划，进一步加大对外国专家来华工作或创业的支持力度。

第四，强化国际投资引领。中国对外投资的国际影响力日益增强，2015年中国对外非金融类直接投资已经达到1200亿美元，对外直接投资存量首次突破万亿美元大关。

第五，开放国内市场引领。中国经济结构的调整和增长方式的转变将对世界经济和全球贸易发生重大影响，中国不仅是世界最大的商品出口国，也是世界最大的商品进口国之一，年度商品与服务进口已经接近3万亿美元，为新一轮经济全球化提供了广阔的市场。

最后，布局全球人才引领。新一轮全球化在国际组织机构、区域组织机构、全球治理机制和平台等领域悄然启动，唯有尽快选拔输送一大批熟悉中国国情、具有国际视野和专业知识的高端人才，参与这些机构的改革和管理工作，才能真正把中国引领新一轮经济全球化的政策主张和发展理念落实到位，取得实质性效果。

（《人民日报海外版》2017年1月9日）

陈江生：
新形势下更要贯彻开放发展理念

　　根据国家海关总署 2016 年 3 月 8 日发布的数据显示，2016 年前两个月，我国进出口总值比 2015 年同期下降 12.6%。其中，出口下降 13.1%，进口下降 11.8%。无论是由于什么原因，这一趋势如若任其发展，必然影响我国 2016 年，乃至于"十三五"经济发展任务的完成。因此，学习习近平总书记"要坚定不移实施对外开放的基本国策、实行更加积极主动的开放战略，坚定不移提高开放型经济水平，坚定不移引进外资和外来技术，坚定不移完善对外开放体制机制，以扩大开放促进深化改革，以深化改革促进扩大开放，为经济发展注入新动力、增添新活力、拓展新空间"的重要讲话，对于全面贯彻开放发展理念，提高开放型经济水平，铸就新常态下中国经济的辉煌非常重要。

　　首先，贯彻开放发展理念要勇于改革。基于开放发展的改革国家有个总体设计：丰富对外开放内涵，提高对外开放水平，协同推进战略互信、经贸合作、人文交流，努力形成深度融合的互利合作格局。但是具体的举措却是需要从个人、企业到行业、部门提出办法，去尝试、去开拓。如果没有尝试，就不会有总结，就不会有新经验和新经验的推广。即使改革的大方向知道了，但具体的突破口在哪里弄不清楚，如何突破弄不清楚，改革还是会停在那里，没办法推进。所以会有从上海自贸区的点开始的尝试；会有一系列与开放发展相关的，小到单个人流动的管理办法，大到货币制度的安排的尝试。可以说，勇于尝试，鼓励尝试，保护合理尝试（基于总体设计下的尝试），就是在具体问题上的勇于改革。

其次，贯彻开放发展理念要善于创新。固然，所有的尝试都是创新突破的基础，但如果所有的改革都采用试错的办法，其成本会高得无法承受。因此善于创新非常重要。一要善于总结历史经验。我国对外开放已经搞了三十多年，哪些办法在当前阶段还管用，哪些在当前阶段已经不太管用或者用起来成本太高，应该多加总结，从中发掘出一些适应当前阶段的办法。二要善于学习国际经验。当然国际经验很多并不适应我们变化了的具体情况，但是这并不意味着我们把这些经验拿来加以改良、加以中国化就一定找不出其中一些有用的办法。三要善于向实践学习。我们那么多人在开放的第一线，在具体操作中不可能会没有一些好办法，把这些好办法总结出来，加以提炼，一定能找出很多的创新点。另外，还需要善于运用好理论，思想理论、经济学理论、世界经济理论都能够给我们很多的启发，帮助我们跟上时代，找到突破口，做好四个"坚定不移"。

再次，贯彻开放发展理念要主动作为。中央做了示范，给出总体设计；提出"一带一路"战略；宣布要积极参与网络、深海、极地、空天等新领域国际规则制定……我们参与开放发展的个人、企业、行业、部门和地区怎么办？是在大时代、大设计、大战略下积极进取，提升自己的思想能力、竞争能力，把自己融入主动追寻中国梦的潮流中？还是甘于落后，或者躺在功劳簿上慢慢沉沦，或者在寻找理由的过程中渐渐被时代所淘汰？显然，我们没得选择，决胜小康的要求、民族伟大崛起的要求，都在等待我们按照前者的逻辑去运行。我们所能做的只有上下一心，全力以赴，主动去尝试、努力去探索、积极去开拓。提高开放型经济水平，必须主动创新体制机制，必须主动寻找新动力、新活力、新空间。

最后，我们要清醒地看到，我国发展仍处于近代以来难得的重大战略机遇期中。虽然我们遇到了很多困难，但在当前阶段，无论

是国内各要素状况，还是我们所处的国际大环境，总体上还是非常
有利于我们实现大发展的。因此，坚定信心、主动作为，勇于改革、
善于创新，我们就一定能够再铸经济的辉煌。

（《学习时报》2016年3月28日）

李锋、鲍捷:
中国发展为全球化注入动力

12 月 7 日至 8 日,博鳌亚洲论坛在澳大利亚墨尔本举行主题为
"全球化未来"的国际会议。来自 10 多个国家的 300 多位政商学界
代表,共同探讨经济全球化的前景和新增长动力,中国作用成为会
议关注的一大热点。与会嘉宾普遍认为,在当前经济全球化势头减
缓,反自由贸易倾向有所抬头的背景下,中国提出的"一带一路"
倡议等为经济全球化提供了全新的思路。

一、反全球化不如多练内功

在过去几十年间,以贸易和投资为推动力的经济全球化在促进
全球增长、改善民众福祉方面发挥了至关重要的作用。然而 2008 年
国际金融危机的爆发,不仅把原本一路高涨的世界经济推向低谷,
也使经济全球化进程遭遇了挫折。

最近几年,对经济全球化的质疑和反对之声不绝于耳,并有愈
演愈烈之势。美国民众对经济全球化的负面情绪甚至对美国政治和
总统选举都产生了直接影响。在被誉为经济一体化标杆的欧盟,在
希腊债务危机和英国"脱欧"等事件的冲击下,其一体化进程遭受
重大挫折,压力短期内难以化解。

博鳌亚洲论坛副理事长、中方首席代表曾培炎在论坛开幕式上

表示，从总体上看，目前出现的反经济全球化思潮不过是经济全球化进程中的曲折和回调，是国际规则制度、经济金融分配机制和各经济体内部结构调整与经济全球化深入发展不相适应造成的。

中国投资有限责任公司董事长兼首席执行官丁学东指出，之所以会出现反经济全球化的声音，是由于各国民众受益程度不同。美国中产阶级萎缩，蓝领工人收入不但没有增长，甚至有所减少，所以对经济全球化产生抵触情绪。在欧洲，大批涌入的难民引发了反移民思潮。

在印度观察家基金会主席苏廷德拉·古尔格勒尼看来，亚洲和发展中国家的兴起改变了全球格局，美国等发达国家因丧失了优势地位而感到不安，反经济全球化不过是借口。在经济全球化新形势面前，"美国应该练内功，将陈旧的基础设施现代化，加强对劳动力的培训，而不是遏制经济全球化的新趋势"。他认为，中国提出的"一带一路"倡议意义重大，将惠及包括南亚国家在内的亚太地区。

二、中国贡献获得广泛认可

澳大利亚财政收入和金融服务部长奥德怀尔告诉与会人士，贸易意味着增长，没有贸易，澳大利亚就没有未来。她特别强调中澳自贸协定的意义。"中澳自贸协定的签署和实施可谓恰逢其时。协议生效一年来，澳大利亚农业、服务业尤其是金融业受益匪浅，而潜力更是不可限量。"

澳大利亚维多利亚州州长安德鲁说，国际社会今后应通过公开对话、讨论构建所有人受益的伙伴关系，化解对经济全球化的质疑和反对之声。

牛津大学中国增长中心主任岳琳达在接受本报记者采访时表示，在过去 30 多年间，中国的发展使数亿人摆脱贫困。中国作为世界第二大经济体，在促进全球经济增长方面发挥着显著作用，在经济全球化进程中扮演重要角色。"中国在促进经济开放方面的贡献已经得到越来越多国家的认可和欢迎。"

出席会议的澳大利亚一家人力资源公司首席执行官贝塔普告诉本报记者，一旦打开国门，中国很快就实现了跨越式发展。虽然中国也在承受经济全球化带来的负面影响，但不可否认的是，中国成为全球第二大经济体离不开参与全球化。

与会人士认为，经济全球化作为一种趋势是不可逆转的，因为全球价值链和国际分工已然形成。新的技术手段如大数据、互联网等会在更广范围内推动经济全球化的发展。但经济全球化进程中的制度重建和结构调整确实需要经历磨合过程。各国政府应正视这一现实，积极加以应对和调整，而不是因噎废食、诿过于人，更不能情绪化地反对经济全球化。

三、寻求互惠包容的新思路

中国领导人在多个国际场合阐述了携手构建人类命运共同体理念，描绘了全球增长新蓝图，为经济全球化进程注入新动力。与会嘉宾认为，人类命运共同体应作为经济全球化发展的最终目标，而经济全球化也是实现人类命运共同体的重要途径。

二十国集团领导人杭州峰会提出了创新、活力、联动、包容的发展理念，成为包括发展中国家在内的世界主要经济体领导人的共识。中国作为主席国，为经济全球化提出了一条开放创新、互惠包容的新思路。

新西兰前总理希普利认为，不应在旧有思维方式的窠臼中规划经济全球化的未来，经济全球化要有新的思路，比如"一带一路"和亚投行。澳大利亚、新西兰和许多国家选择加入亚投行是与时俱进的体现，因为亚投行是推动经济全球化的创新之举。

博鳌亚洲论坛研究院执行副院长杨希雨在接受本报记者采访时说，健康和可持续的经济全球化应该是开放、包容、均衡和普惠的，只有将全球化进程之外或边缘化的地区和人群融入进来，经济全球化才可持续。而新技术、新经济的兴起，为更具包容性的经济全球化提供了可能。

博鳌亚洲论坛秘书长周文重认为，在不久前闭幕的亚太经合组织领导人非正式会议上，各成员领导人表示要共同推进亚太自贸区建设，到2020年实现亚太地区贸易自由化。这表明，亚太自贸区已成为亚太各国区域合作的远景目标和共识。

希普利告诉本报记者，中国已经发展成为非常开放的经济体，并在寻求更高质量的增长。通过与相关国家签署自贸协议、推动"一带一路"建设、成立亚投行等，中国在与地区其他国家实现互利共赢方面显示出强大的领导力，所以"我对经济全球化的未来完全持积极态度"。

（《人民日报》2016年12月9日）

第三章
向世界展示中国理念和中国方案

    2008 年爆发国际金融危机以来，中国贡献了全球 GDP 增长总量的 40% 以上，成为世界第二大经济体和对外投资国、最大的贸易国和制造业大国，同时也为世界各国提供了一个最具活力、增长最快的消费市场，成为世界经济增长的主要引擎，对世界经济的复苏起到了助推器的作用。这是实现中华民族伟大复兴的物质基础，同时也意味着更多的国际责任和国际期待。在世界变局之中，一个向世界展示中国理念和中国方案的时代到来了。中国领导人在多个国际场合，阐述了携手构建人类命运共同体理念，描绘了全球增长新蓝图，为经济全球化进程注入新动力。2016 年 G20 杭州峰会上达成的"放眼长远、综合施策、扩大开放、包容发展"的"杭州共识"，为世界经济的未来发展指明了方向，峰会公报中"凡所承诺，定将落实"的承诺，体现了各国落实中国理念和中国方案的决心。2017 年 1 月，习近平总书记在世界的期待中，首次出席世界经济论坛 2017 年年会并发表主旨演讲，提出了解决全球经济问题的四条建议，再次向世界展示了中国方案。

王　毅：
为世界经济治理提供中国方案

　　二十国集团领导人杭州峰会是 2016 年我国最重要的主场外交，也是新中国成立以来我国主办的层级最高、影响最深远的多边峰会。杭州峰会以"构建创新、活力、联动、包容的世界经济"为主题，发表了具有里程碑意义的领导人公报，核准了《二十国集团创新增长蓝图》等多份含金量十足的文件。国际舆论高度关注杭州峰会，普遍认为这是二十国集团历史上成果最为丰富的一届峰会，会议主题和成果有雄心、有视野、有创新，具有开创性、方向性、标志性意义，为摆脱当前世界经济困局提供了新思路，为深化国际经济合作指明了新方向，体现了中国的广阔战略视野，展现了中国领导人的博大气度与胸怀。

一、杭州峰会对世界和中国都意义非凡

　　对世界而言，杭州峰会恰逢其时。国际金融危机至今已经八年，但世界经济仍未重回正轨，旧问题尚未解决，新挑战不断涌现。在世界经济增长乏力、国际金融市场波动、大宗商品价格震荡、贸易投资低迷的表象之下，增长模式、动力来源、治理结构等深层次、结构性问题亟待解决，来自经济全球化进程中被边缘化的国家与弱势群体的呼声值得重视。与此同时，地区热点问题不靖，地缘政治

因素凸显，气候变化、难民危机、恐怖主义等全球性挑战突出，更增加了全球经济的不稳定性和不确定性。

面对世界经济迷局，各方高度关注杭州峰会能否为世界经济指明方向，从根本上解决增长乏力的世界性难题？能否在纷繁复杂的国际形势下重振同舟共济的伙伴精神？能否推动二十国集团在后危机时期成功转型、引领国际经济合作、完善全球经济治理？对这些问题的回答，事关二十国集团所有成员切身利益，牵动世界经济整体发展。

对中国而言，杭州峰会亦是恰逢其时。杭州峰会正值我国实施"十三五"规划开局之年和全面深化改革关键之年，我国发展站在新的历史起点上。习近平主席在二十国集团领导人杭州工商峰会开幕式上指出："这个新起点，就是中国全面深化改革、增加经济社会发展新动力的新起点，就是中国适应经济发展新常态、转变经济发展方式的新起点，就是中国同世界深度互动、向世界深度开放的新起点。"杭州峰会为中国与世界的进一步交流互鉴、合作共赢打开了新的窗口、提供了重要平台，有利于将对外经济合作同深化国内改革发展紧密融合，为中国经济转型和扩大开放营造更加良好的外部环境。主办杭州峰会对推动我国经济社会发展、增强我国全球治理话语权和制度性权力、运筹同主要各方关系，都具有重要现实意义和深远战略影响。

杭州峰会成果高屋建瓴、引领未来。杭州峰会通过的由中方起草、主导的《二十国集团领导人杭州峰会公报》是峰会最重要的纲领性文件。这一公报反映了习近平主席提出的关于创新发展、协调发展、绿色发展、开放发展、共享发展的中国理念，体现了推动解决世界经济增长所面临根本问题的中国方案，融汇了倡导构建人类命运共同体以及完善全球经济治理的中国主张，并将这些理念、方案、主张上升为国际共识。其中，峰会"构建创新、活力、联动、包容的世界经济"的主题植根于中国改革开放的伟大实践，顺应并引领世界经济和国际经济合作潮流，堪称五大发展理念的国际版。

这一公报丰富了国际社会关于全球经济治理和国际经济合作的共识，获得二十国集团各方广泛支持，是二十国集团发展史上的重要里程碑。

二、为二十国集团各领域合作留下中国印记

在中方主持下，各方近一年来围绕峰会主题和各项重点议题深入讨论、凝聚共识，交出了一份令人满意的答卷。

推动创新世界经济增长方式。当今世界正处于新一轮科技革命和产业变革前夜，创新在推动生产力跨越式发展、实现经济强劲增长方面发挥着关键作用。二十国集团作为国际经济合作主要论坛，必须敏锐把握世界经济的最新脉动，敢为人先、善为人先，抓住新经济、新要素、新业态，从中挖掘增长新动力。在中方推动下，杭州峰会以创新为主线，以科技创新为核心，带动发展理念、体制机制、商业模式等全方位、多层次、宽领域的大创新，瞄准穴位，着眼实效，着力从根本上解决世界经济增长乏力问题，力求集各方之力引领世界经济实现新一轮增长。杭州峰会开创性地制定了《二十国集团创新增长蓝图》以及《2016年二十国集团创新行动计划》等文件，就结构性改革的优先领域、指导原则和指标体系达成共识，结构性改革首次同财政政策、货币政策并列为三大政策工具，并最终写入领导人公报。这些在二十国集团历史上均属首创之举，真正做到了有理念、有机制、有行动，为充分挖掘全球经济增长新动能作出了重要贡献，打造了二十国集团合作的新典范。

推动完善世界经济金融治理体系。习近平主席在二十国集团领导人杭州工商峰会开幕式上的主旨演讲，系统阐述了以平等为基础、以开放为导向、以合作为动力、以共享为目标的全球经济治理观，并提出了合作重点领域和任务，为完善全球经济治理体系描绘了路线图。中国接任二十国集团主席国以来，推动加强各国宏观经济政策协调取得新进展，成功促成人民币加入特别提款权货币篮子，推

动国际货币基金组织落实了延迟多年的改革方案，沉寂多年的国际金融架构工作组得以重启，使二十国集团在完善全球经济金融治理中的旗帜作用得到更好发挥。在杭州峰会上，各方一致同意加强落实各项金融改革举措，密切监测和应对金融体系潜在风险和脆弱性，深化普惠金融、绿色金融领域合作，共同维护国际金融市场稳定；深化国际税收合作，有效打击逃避税，促进全球投资和经济增长；在能源可及性、可再生能源、能效等领域制订行动计划，进一步提升全球能源治理有效性。

推动重振国际贸易与投资。贸易与投资是世界经济增长的重要引擎。一段时间以来，全球贸易增长乏力，增速已连续四年低于全球经济平均增速，多边贸易谈判步履维艰。国际投资领域被3200多个双边协定所分割，不利于开展跨境投资合作。为扭转这一局面，杭州峰会开拓性地将贸易投资问题摆在突出位置，成功实现贸易和投资工作组机制化，推动制订《二十国集团全球贸易增长战略》，致力于扭转贸易增长下滑态势。各方一致同意加强多边贸易体制，将不采取新的保护主义措施的承诺延长至2018年。同时，杭州峰会成功推动各方制订的《二十国集团全球投资指导原则》，成为世界范围首份就多边投资政策制订的纲领性文件，填补了全球投资治理领域空白，实现了历史性突破。

推动包容和联动式发展。作为最大发展中国家，中国高举发展旗帜，对发展问题的关注和重视贯穿办会始终。在中方精心设计和全力打造下，杭州峰会成为二十国集团历史上发展中国家参与最广泛、发展特色最鲜明、发展成果最突出的一次峰会，实现了二十国集团历史上多个"第一次"：第一次将发展问题置于全球宏观政策框架的核心位置；第一次制定《二十国集团落实2030年可持续发展议程行动计划》，率先在落实2030年可持续发展议程上迈出步伐；第一次就支持非洲工业化采取集体行动，发起《二十国集团支持非洲和最不发达国家工业化倡议》，助力非洲减贫和实现可持续发展。此外，峰会还邀请了东盟主席国老挝、非盟主席国乍得、非洲发展新伙伴计划主席国塞内加尔、七十七国集团主席国泰国以及埃及、哈萨克斯坦等国与会，发展中国家的代表性超过历届二十国集团领导人峰会。在中方推动下，二十国集团发布了历史上第一份气候变化问题主席声明，各成员国一致承诺率先签署和落实气候变化《巴黎协定》，声明作为第一次走入联合国的二十国集团文件在联大向所有会员国散发。这些均彰显了中国在国际气候变化合作领域的贡献和领导力。

三、展示中国推进改革开放和寻求互利共赢的决心

在中国举办这场关于世界经济的重量级会议，自然少不了外界对中国经济的关注。很多人都在问：中国经济能否避免落入"中等收入陷阱"？能否坚持推进改革？能否实现可持续稳定增长？能否让世界继续从中国发展中获益？习近平主席通过一系列讲话，鲜明展示了中国的道路自信、理论自信、制度自信和文化自信，提出了"四个进程"和"五个坚定不移"，回答了中国经济发展从哪里来和向何处去的问题。关于中国在新的历史起点上如何向前发展，习近平主席提供了清晰有力的答案，那就是中国的改革不会放慢，我们将坚定不移地全面深化改革，开拓更好发展前景；中国的开放不会停步，我们将坚定不移扩大开放，实现更广互利共赢。我们将坚定不移地推动创新发展、绿色发展、共享发展，释放更强增长动力、谋求更高质量效益、增进更多民众福祉。中国改革发展步伐越走越好，将对世界经济作出更大贡献。

杭州峰会见证了中国与二十国集团其他成员关系的深入发展。杭州峰会期间，习近平主席密集开展33场双边会见活动，积极运筹大国关系，同周边国家和发展中国家领导人共商合作，取得突出成果。习近平主席会晤美国总统奥巴马，双方同意继续共同努力构建中美新型大国关系，一道把握方向、增进互信、拓展合作、管控分歧，共达成35项合作成果。习近平主席同俄罗斯总统普京举行年内

第三次会晤，双方就深化中俄全面战略协作伙伴关系深入交换意见，一致同意扩大贸易、投资、能源等重点领域合作，推进"一带一路"建设和欧亚经济联盟建设对接。在金砖国家领导人非正式会晤中，习近平主席引导金砖国家坚定信心、保持定力、加强团结，把金砖合作做实做强，得到各方积极响应。在会见哈萨克斯坦、印度、印尼、韩国等周边国家领导人时，习近平主席与各方就增进互信、管控分歧、扩大合作、维护周边和平稳定大局达成广泛共识。

杭州峰会赢得国际社会高度评价。各成员、嘉宾国领导人和国际组织负责人纷纷赞赏中方在担任二十国集团主席国期间展现的卓越领导力和雄心。杭州峰会也引发国际媒体热议，各方均给予高度评价。俄新社称，中国通过给全球经济和地缘政治提供解决方案，展现了大国智慧和担当。加拿大《新闻报》认为，杭州峰会对中国来说是展示自我的重要机会，足以证明中国是一个能够与全球主要力量和谐相处的负责任大国。许多国外媒体和学者认为，中国的改革发展理念正在成功"全球化"，加强创新与结构性改革是中国为世界经济开出的"中国药方"，这一理念基于中国自身发展理念与经验，同峰会主题以及中国的五大发展理念一脉相承。不少欧洲媒体认为，中国以既权威又公平的方式主导会议进程和成果文件磋商，最终形成了一份公平的会议公报，使所有二十国集团成员欣然接受。杭州峰会已载入史册，但它的影响犹如气势磅礴的钱塘江大潮，将推动中国改革开放奋勇前行，推动中国在更高层次、更广范围、更深程度上参与全球经济治理，推动二十国集团实现转型发展，推动世界经济走上强劲、可持续、平衡、包容增长轨道。

（《人民日报》2016 年 9 月 20 日）

韩庆祥、黄相怀：

为人类对更好社会制度的探索提供中国方案

　　1956 年，毛泽东同志指出：进入 21 世纪，中国的面目要大变，中国应当对人类有较大的贡献。60 年后，习近平总书记在"七一"重要讲话中首次提出："中国共产党人和中国人民完全有信心为人类对更好社会制度的探索提供中国方案。"深刻理解这一重大论断，对于从全球和人类高度理解中国发展的当前和未来，奋力推进改革开放和社会主义现代化建设事业，坚定中国特色社会主义道路自信、理论自信、制度自信、文化自信，具有十分重要的意义。

一、提出中国方案重大命题的国际背景

　　近年来，以美国为代表的一些西方国家出现了经济困境、民主乱象、民生困难、安全困局，构成了提出中国方案重大命题的国际背景。

　　资本主导是导致西方困境的总根源。资本主义性质和基因决定了西方国家在各个领域必然遵循资本主导的逻辑。自资本主义在西欧兴起以来，一部世界近代史，就是一部资本主导逻辑驱动下的资本主义全球扩张史。历史地看，资本创造了近代工业文明，推进了世界发展。然而就其实质来讲，资本的本性是通过运动实现价值增值，而资本的运动是无休止的，哪里能够实现价值增值，它就会出

现在哪里。资本主导的逻辑以在全世界范围内追逐和攫取剩余价值为目的，而当西方从其主导的世界体系中过度攫取并挥霍超额利润，使得全球市场出现社会需要严重不足时，当某个阶段市场空间和技术创新的红利被攫取殆尽时，资本主义就必然出现困境。2008 年国际金融危机以后，以美国为首的西方国家的困境就是在这种情况下出现的。这种困境，在经济领域体现为实体经济不振，在政治领域体现为调节无力，在社会领域体现为贫富差距拉大，在意识形态领域体现为虚伪性暴露。

西方困境说到底是以资本为主导的逻辑所导致的制度缺陷造成的，是基因型、制度性缺陷，这恰恰为"中国方案"的出场提供了宏大的世界性场景。中国及时启动改革开放，参与经济全球化，仅用 30 多年就取得了举世瞩目的发展奇迹。其主要原因，就是中国在中国共产党的坚强领导下，以人民为中心，坚持和发展马克思主义，开创和发展中国特色社会主义道路、理论、制度、文化；中国利用资本但不被资本所俘虏，运用资本但限制资本，不让资本占主导，等等。所有这些，使得中国成为迄今为止体量最大、历史最悠久、以非西方化的方式、最成功地推进社会主义现代化的国家，使得中国共产党和中国人民有条件、有信心为人类对更好社会制度的探索提供中国方案。

二、中国为什么能为人类对更好社会制度的探索提供中国方案

习近平总书记提出的中国方案，具有深厚的文化滋养、历史渊源、现实根基、理论基础和理想支撑。

深厚的文化滋养。从文化上讲，中国方案是一种倡导世界大同、协和万邦、和而不同理念的方案。这些理念深深植根于中国传统文化之中。中国优秀传统文化在中国方案中具有基因的地位和作用，因为文化是中华民族的血脉和精神家园，是人的一切行为活动的深层原因。中国传统文化向世界展示了贵和尚中、和而不同、天人合

一的"仁义""和合"文化。这种文化更具有世界道义性，更具有世界魅力，更有利于世界和平。中国的崛起，实际上代表着中国文化精神的崛起；中华民族的伟大复兴，实际上意味着中华文明的复兴；中国的成功，实际上表达着一套价值观念的成功。这是一套能够解析中国道路、破译中国奇迹的文化密码，是一套完全不同于新教伦理和资本主义精神的价值体系，是一套相对西方自由民主具有比较优势的精神财富。

深厚的历史渊源。中国方案是中国共产党团结带领全国各族人民，在革命、建设和改革各个历史时期，坚持从中国实际出发，走自己的路而提出的一种现代化方案。这种方案，是在中国近现代历史发展中孕育生成、在推进现代化进程中形成的方案。"历史"是中国方案合理性的基础。西方最先完成现代化任务，"西方模式"往往被认为是现代化的理想选择，甚至是唯一选择。现代化的方向无法绕开，但道路可以选择。在一定意义上，中国式的现代化与西式现代化具有共同点，但其现代化的实现方式与西方有所不同。中国应该实现什么样的现代化？中国共产党人一开始就有自己的独立判断和选择——实现中国特色社会主义的现代化，而不是简单复制西方模式。中国方案是在当代中国的历史性实践中逻辑地生成的，是具有完全自主知识产权的"中国智造"。

深厚的现实根基。中国方案是中国共产党人带领中国人民探索并找到的，促进中国走向成功的，以中国道路、中国理论、中国制度、中国文化为核心内容的方案。中国共产党在推进社会主义制度自我完善和发展中，不仅开创了中国道路和中国理论，而且在经济、政治、文化、社会、生态文明和执政党建设等各个领域形成了一整套相互衔接、相互联系的中国特色社会主义制度体系。它集中体现了中国特色社会主义的特点和优势，有效保障了国家主权安全，是当代中国发展进步的根本制度保障。包括这些社会制度的中国方案，是中国成功的根本秘诀所在。

深厚的理论基础。中国方案是一种以马克思主义为指导、具有社会主义性质、可以破解中国问题且指导中国实践的理论方案。马克思主义尤其是当代中国马克思主义为"中国方案"提供了坚实的理论基础。马克思主义中国化的最新成果，即党的十八届六中全会指出的"习近平总书记系列重要讲话和治国理政新理念新思想新战略"，使当今中国获得了强大的理论创造力、思想主动性和理论自信。把马克思主义和中国实际结合起来的中国方案，这种选择本身就包含人类对更好社会制度的探索。

深厚的理想支撑。中国方案是一种对未来理想社会具有崇高追求且能树立起人的理想信念的精神方案。中国共产党深知精神、信仰的力量对于治国理政的极端重要性，把理想信念作为战胜千难万险、取得成功的精神法宝。它既强调中国特色社会主义是从科学社会主义生长出来的，又强调坚持中国特色社会主义共同理想，就是为实现共产主义远大理想奠定坚实的现实基础，还强调中国特色社会主义的发展方向就是实现共产主义远大理想。而作为中国共产党人的精神支柱和政治灵魂的这"两种理想"，对解决当今人类发展进程中出现的某些精神迷失，具有重要启示意义。

三、中国为人类发展提供了什么样的中国方案

中国方案是一套既注重中国特色又尊重世界文明多样性的方案。中国尊重人类社会发展道路的多样性，尊重世界各国自己选择的制度模式和发展道路，无意将自己的制度和道路强加于人。"为人类对更好社会制度的探索提供中国方案"这一命题，重在坚定对中国发展的自信，且以一种标识性、榜样性、展示性的姿态，强化中国发展的正当性，同时也为其他国家提供社会制度的多样化选择。习近平总书记指出："为人类不断作出新的更大的贡献，是中国共产党和中国人民早就作出的庄严承诺。""新的更大的贡献"必然包含中国方案。

中国方案是一套实事求是的方案。中国方案在既不封闭僵化又

不改旗易帜的情境下，坚持实事求是，从客观实际出发，立足本国国情，走出一条符合本民族实际的发展道路。中国方案是一套积极、稳妥的治国理政方案。其积极之处在于，在中国方案的指引下，中国始终坚定不移地积极追求实现现代化和民族复兴，保持强烈的开放意识和发展热情；其稳妥之处在于，中国在实现现代化的进程中，始终不以牺牲我国基本的制度和文化特性为代价，而是从中国具体国情和实际出发，成功地走出一条符合自身实际的发展道路。

中国方案是一套注重"结合"的方案。中国方案强调中国特色社会主义建设进程中基本矛盾双方的结合和协调，避免左右摇摆。基于中国特色社会主义建设实践，当代中国积累起了把坚持马克思主义基本原理同推进马克思主义中国化结合起来，把坚持四项基本原则同坚持改革开放结合起来，把尊重人民首创精神同加强和改善党的领导结合起来等十个方面结合的重要经验。这些结合是中国特色社会主义建设的一个基本特征和基本方式。

中国方案是一套注重自主创新的方案。实施创新驱动发展战略，使中国人一刻也不懈怠。在中国建设社会主义，建设中国特色社会主义，本身就意味着自主创新。这体现在理论上，就是指导思想的不断与时俱进；体现在实践中，就是重大战略、方略、决策部署的不断展开，等等。自主创新是中国共产党长期积累的基本经验，是不断探索得出的基本结论，也是中国方案的应有之义。自主创新是中国方案的内生动力。

中国方案是一套注重调动各方积极性的方案。中国方案注重在政府与市场、社会关系中，着力解决人民群众日益增长的物质文化需要与落后的社会生产这一社会主要矛盾，使党政主导力量、市场力量、人民主体力量都得到充分发挥，并形成合力，避免瞎折腾。其优势在于可以让一切创造财富的源泉涌流，让一切创新能力迸发，从而使中国取得巨大成就。

中国方案是一套富有建设性的方案。中国方案可以为人类发展提供诸多治国理政上的借鉴。近代以来，中国是唯一不以殖民、侵略和战争手段实现崛起的大国。随着中国国际话语权的不断扩大，中国必然对世界越来越发挥建设性作用。因此，近年来，中国越来越多地向国际社会提出中国方案，比如基于合作共赢、和平发展和构建人类命运共同体的理念；推动构建以合作共赢为核心的新型国际关系；谋划和实施"一带一路"合作倡议；筹建亚投行等区域金融机构等，都是中国对完善全球治理提供的中国方案。

在制度选择和发展道路上，"西方中心论"一直坚持西方的就是最好的，而中国方案则揭示了"没有最好，只有更好"！中国方案作为一种全新的现代化路径，打破了西方对于现代化道路解释权的垄断，把世界现代化道路从单选题变成了多选题，坚定了许多发展中国家"走自己的路"的信心和决心。

（《求是》2017 年第 1 期）

成新轩：

自由、开放、协同——世界经济治理的中国方案

自 2008 年以来，世界经济发展一直处于低速增长阶段。根据国际货币基金组织 2017 年 1 月 17 日发表的《世界经济展望》报告，2016 年第三季度的全球产出增长率估计约为 3%（折年率），2017-2018 年发达经济体以及新兴和发展中经济体的经济活动预计都将加快，将分别达到 3.4% 和 3.6%，表明世界经济增长处于增长率 3.7% 以下的发展将持续七年。虽然 2016 年第三季度表现出了触底回升的发展态势，但由于欧盟经济一直疲软以及难民问题、新兴市场经济国家增速减缓、一些发达国家倡导国家主义等因素的影响，世界经济依然存在很大的不确定性，需要进一步采取措施重建世界经济秩序，规制世界经济发展的方向，以中国视角开出"药方"。

一、以地理连接推动全球贸易的便利化

贸易便利化是多哈会议中谈判的"新加坡议题"中的一项内容，WTO、UN、OECD 以及亚太经合组织都对此都有一个定义，本质是简化和协调贸易程序，加速要素跨境的流通。贸易便利化是降低关税壁垒、逐渐消除非关税壁垒后继续扩大贸易额、提高贸易效率的重要工具，将有利于全球贸易自由程度的提升，有利于生产要素在全球配置效率的改善。《2016-2017 年全球竞争力》报告中，新加坡

位居第二，主要原因就来自于贸易便利化程度非常高。WTO 在 2013 年 12 月在巴厘岛签署了贸易便利化协议，这是 1995 年之后多边贸易谈判签署的第一个协议，但它的执行效果还要进一步加强。在当今世界经济发展依然乏力的情况下，需要成员国以地理联动加大贸易便利化的推行。习近平总书记在 2013 年提出了欧亚贸易路线，从中国的重庆延伸至德国的杜伊斯堡，全长达到 11179 公里，把亚洲和欧洲联系起来。这被黑尔佳·策普 - 拉鲁什（Helga Zepp - LaRouche）于 2014 年 11 月提出的报告称为"新丝绸之路变成了世界陆地之桥"，涉及了六条国际经济走廊：新亚欧大陆桥、中蒙俄、中国—中亚—西亚，中国—巴基斯坦，孟加拉—中国—印度—缅甸，中国—中南半岛。这些贸易路线的沿边国家可以说已经触摸到了世界各个角落，依靠这种地理联系形成了紧密的贸易关系。如果在货物流动过程中协调沿线国家之间的贸易政策，简化相关手续，提高贸易便利化的程度，将会有利于推动全球贸易的增长，降低贸易成本，提高商品国际流动的速度和规模，改善资源配置的效率，最终起到推动世界经济发展的目的。

二、以区域贸易协定推动投资自由化

亚当·斯密曾在《国富论》中提出，资本不是任何一个国家的国民，永远追求的是最高利润。但目前，投资还受到各种限制，资本不能自由流动到效率高的地区，制约了投资的数量，对世界经济增长的推动作用没有得到充分发挥。根据联合国贸易和发展会议 2017 年 2 月 1 日发布的报告，2016 年全球外国直接投资流量约为 1.52 万亿美元，下降 13%。流入发达经济体的外国直接投资总量从 2015 年的历史高位下降了 9%，约为 8720 亿美元。但流入美国的外国直接投资从 2015 年的 3480 亿美元增加到 2016 年的 3850 亿美元，增长 11%。英国外国直接投资流入量更是从 330 亿美元激增到 1790 亿美元，增长了近 6 倍。中国利用外资依然保持稳定增长，较上年增加 2.3%，达到 1390 亿美元。可见，直接投资总量在下降，虽然各个经济体的情况参差不齐，但总体拉低了世界经济的增长速度。据此，世界经济的稳定增长还需要提升投资的规模和质量，区域贸易协定可以成为重要的载体。截止 2016 年底，全球已经建立了 423（向 WTO 通知并执行的）个区域贸易协定，应该在协定中加大投资自由化的条款，减少投资部门的限制，降低资金流入的门槛，提高投资中产生争端的解决效率。通过双边或多边的贸易协定带动投资增长，既避免全球化的风险，又可以通过以商品流动带动资本流动，使资本流向效率高的地区，便于直接投资实现蓬勃发展，起到敦促世界经济发展的作用。

三、以放松原产地规则降低跨国公司生产全球化的成本

在全球化的推动下，跨国公司的生产已经遍布全球各个角落。为了降低生产成本，追逐最大的利益，跨国公司把产品的每个零部件甚至每道工序放置在不同的国家或地区，以充分利用当地廉价的原材料、劳动力等优势条件，实现全球成本最低。但原产地规则原本是判定一种产品国籍的法定标准，随着生产分割程度的提高，原产地规则逐渐影响了原材料、生产地点的选择，演变成了一种非贸易壁垒。而且原产地规则的严格程度越高，对生产的分布影响越大。为了使跨国公司成为世界经济发展的主要推动力，各国或区域需要对于原产地规则进行放松，消除对生产工序地点、原材料选择等的负面影响，这样一方面降低了跨国公司的生产成本，另一方面提高了跨国公司生产全球化的程度，进而可以带动世界各地的经济发展，实现共同繁荣。

四、加强发展中国家在国际经济规则制定权中的话语权

自 1986 年乌拉圭回合谈判后，随着世界经济格局的变化，发展

中国家的经济实力的提升，在国际经济规则制定权中的影响力在不断加强，但话语权还没有得到充分体现，这使国际规则不能代表出各方面的利益。但在近十几年的发展中，新兴市场经济国家发展增速较快，对世界经济的复苏起到了重要的支撑。虽然 2016 年增速有些降低，但从全球整体看，依然是增速较高的地区。根据国际货币基金组织的预测，目前估计新兴市场和发展中经济体 2016 年增长 4.1%，预计 2017 年的增长率将达到 4.5%，2018 年加快到 4.8%。特别是，中国 2017 的增长预测上调升至 6.5%。而且，据德国之声电台网站日前报道，国际货币基金组织相信，2016 年度，中国为全球经济增长贡献了 1.2 个百分点。相反，美国只贡献了 0.3 个百分点，欧洲的贡献更只有 0.2 个百分点。这意味着中国的贡献率远超所有发达国家之和。自 2009 年以来，中国一直是世界经济的贡献大国。虽然当一个高度成熟的经济体由低收入向中等收入过渡时，由于边际资本报酬递减，技术水平与发达国家逐渐缩短，以及低生产率的农业向高生产率制造业重新分配的劳动力逐渐减少等问题，将会导致经济增速的放缓。艾肯格林（Eichengreen, Park, and Shin, 2014）发现 2011 年中国已经接近缓慢增长国家的收入水平。但我国推行了再平衡发展战略，即一方面注重出口导向，另一方面扩大内需消费，生产产品的资本、技术密集度在不断提高，而且正在逐渐加大与需求相关服务部门产品的进口。这种再平衡发展战略不仅是一种结构性转型，而且是一种可持续性发展模式，将有利于我国保持可持续性较高增长态势，对世界经济发展继续做出贡献。另外，中国推出的"一带一路"、建立的亚洲基础设施投资银行、加入国际货币基金组织中的特别提款权等，都体现出一个第二大世界经济体在国际经济发展中的重要地位和影响力，并且也证明了发展中国家有能力在国际经济规则制定中充当强有力的角色。世界经济的发展越来越离不开发展中国家，国际经济规则也同样需要新兴经济体和发展中国家的重要参与。

总之，全球化、区域化是当今世界经济发展的主题，任何一个国家如果选择纯粹的国家主义、民族主义，都是短视行为，长期一定会受到损失。《2016-2017年全球竞争力报告》指出，过去十年间，各经济体开放程度出现下降，这直接影响到全球的增长与创新。世界经济论坛创始人兼执行主席克劳斯？施瓦布表示："全球经济开放程度的下降正在危及竞争力，使领导者更难以推动可持续、包容性增长。"因此，需要所有的国家或地区，无论是发达国家、发展中国还是最不发达国家，都要参与到世界经济治理中来，共同努力提高经济发展的自由程度、开放程度和透明度，各国之间注重财政、货币政策以及结构调整政策的协调，多维度、多层面地进行综合性改革，以推动世界经济的繁荣，进一步促进经济和社会发展的平衡，实现财富分配的公平和公正。

（中国社会科学网 2017 年 2 月 13 日）

郭 纪：
向世界展示中国理念和中国方案

"浩渺行无极，扬帆但信风。"二十国集团领导人杭州峰会是近年来我国主办的级别最高、规模最大、影响最深的国际峰会，实现了为世界经济指明方向、为全球增长提供动力、为国际合作筑牢根基的总体目标，向世界展示了中国精神和中国力量，在二十国集团发展史上留下深刻中国印记。杭州峰会向世界宣示，拥有 5000 年文明史的中华民族，经过不屈不挠的艰苦努力，已经迈向世界舞台中心。

一、峰会主题体现中国发展理念

峰会"构建创新、活力、联动、包容的世界经济"的主题是针对世界经济复苏乏力、动力不足等深层次问题提出的战略指引，它深深植根于我国创新、协调、绿色、开放、共享的新发展理念，堪称新发展理念的国际版。

峰会主题提出创新和活力，希望为世界经济开辟新的增长源泉。中国和世界都面临增长动力新旧转化、新一轮科技革命蓄势待发的发展环境。习近平主席指出："创新是从根本上打开增长之锁的钥匙。"创新和活力作为峰会主题，目的是向创新要动力，向改革要活力，推动各国把实施创新政策的力量汇集一处，顺应并引领世界经

99

济发展潮流。

峰会主题提出联动和包容，引导各国凝聚互动合力，夯实共赢基础。中国的发展理念坚持以人民为中心的发展。习近平主席指出，发展为了人民、发展依靠人民、发展成果由人民共享，这是中国推进改革开放和社会主义现代化建设的根本目的。峰会把发展问题置于全球宏观政策框架突出位置，强调在经济全球化时代，各国发展环环相扣，协调合作是必然选择。习近平主席指出："我们希望向国际社会传递这样一个信号：二十国集团不仅属于二十个成员，也属于全世界。"联动和包容实质是中国发展理念开放和共享的体现。

杭州峰会主题充分体现了中国的发展理念，国际社会对此积极评价。许多国外媒体和学者认为，中国的改革发展理念正在成功"全球化"。

二、中国方案引领世界经济开创新局

长期低迷的世界经济，迫切需要振兴方案。为推动世界经济走上强劲、可持续、平衡、包容增长之路，中国发展理念首次在全球经济治理的主要平台上转化为发展方案，有力推动了二十国集团从危机应对向长效治理机制转型。

建设创新型世界经济。杭州峰会以创新为主线，以科技创新为核心，带动发展理念、体制机制等的大创新，制定了创新增长蓝图、行动计划和结构性改革共同文件，推动各国通过创新、结构性改革、新工业革命、数字经济等新方式，为世界经济开辟新道路、拓展新边界。

建设开放型世界经济。峰会为扭转贸易增长下滑态势和打破国际投资被3200多个双边协定所拖累的困局，制定了全球贸易增长战略和全球投资指导原则，巩固多边贸易体制，重申反对保护主义承诺，为世界经济重振贸易和投资这两大引擎。

建设联动型世界经济。峰会推动各国注重政策规则的联动，倡导交流互鉴；发起全球基础设施互联互通联盟倡议，夯实基础设施的联动；增进利益共赢的联动，推动构建和优化全球价值链，扩大各方参与，让世界经济在共振中实现联动发展。

建设包容型世界经济。峰会聚焦发展问题，着力减少全球发展不平等、不平衡问题。峰会首次就落实 2030 年可持续发展议程制订行动计划，首次就支持非洲和最不发达国家工业化开展合作等等，为各国特别是发展中国家营造一个良好、公正的外部环境。

中国方案为从根本上解决世界经济的深层次问题开出了"对症之方"。国际舆论认为，恐怕找不出比中国更适合的国家来传递对于世界经济未来的信心。

三、中国全球经济治理观引发国际共鸣

难以适应世界经济新格局的全球经济旧秩序，迫切需要用新的思路来治理。在杭州峰会上，习近平主席首次提出了中国的全球经济治理观，即以平等为基础，以开放为导向，以合作为动力，以共享为目标。

全球经济治理以平等为基础，就是要增加新兴市场国家和发展中国家代表性和发言权，更加平衡地反映大多数国家意愿和利益；以开放为导向，就不能自我孤立和以邻为壑，不能搞远近亲疏和排他性安排，不能以意识形态和价值观画线，要坚持理念、政策、机制开放；以合作为动力，就是要发扬同舟共济的伙伴精神，加强沟通和协调，照顾彼此利益关切；以共享为目标，就是要使增长和发展惠及所有国家和人民，不搞一家独大或者赢者通吃。

习近平主席在峰会上还提出了全球经济治理的重点，即共同构建公正高效的全球金融治理格局，维护世界经济稳定大局；共同构建开放透明的全球贸易和投资治理格局，巩固多边贸易体制，释放全球经贸投资合作潜力；共同构建绿色低碳的全球能源治理格局，推动全球绿色发展合作；共同构建包容联动的全球发展治理格局，

以落实联合国 2030 年可持续发展议程为目标，共同增进全人类福祉。

中国的全球经济治理观反映了世界格局的新现实，回应了广大发展中国家改革现行不公正、不合理的治理体系的期待，不仅是对二十国集团向长效治理机制转型的重大贡献，也是对现行全球治理体系的有益补充。中国提出全球经济治理观，强调权利平等、机会平等、规则平等，不仅改变着"强权即公理"的全球治理潜规则，也刷新了人们对国际秩序的认识。

四、中国领航杭州峰会达成"杭州共识"

杭州峰会通过的公报在提炼中国新发展理念精髓的基础上形成了"放眼长远，综合施策，扩大开放，包容发展"的"杭州共识"，为世界经济的未来发展指明了方向。这是峰会最重要成果之一。

各国的发展环境和国家利益不完全相同，因而集众智、聚合力、达成共识，从来都不是容易的事。"杭州共识"的达成，是所有参会国家共同努力的结果，中国作为东道主和主席国，更是发挥了不可替代的领航作用。

中国秉承开放、透明、包容的办会理念，走进联合国，走进非盟总部，走进最不发达国家、内陆国家和小岛国，倾听各方利益诉求。中国还主办工商峰会、劳动会议、智库会议、青年会议、妇女会议以及民间社会会议等一系列配套活动，倾听社会各界声音。在充分听取各方意见的基础上，中国积极引领方向、求同化异，为"杭州共识"的最终达成发挥了负责任大国的引领作用。波兰学者瓦尔德玛尔·加科指出，在中国积极推动下达成的"杭州共识"，凝聚着中国智慧，找到了世界经济持续健康发展之路。

"杭州共识"凝聚了全球各国的智慧和力量，展现了二十国集团成员同舟共济、共渡难关的信心。"凡所承诺，定将落实"，峰会公报这八个字强调了杭州峰会对行动力的注重。二十国集团要做行动队而非清谈馆，要在"杭州共识"的指引下，引领世界前进的步伐，构建创新、活力、联动、包容的世界经济，开创全球经济增长和可持续发展的新时代。

"横空出世，莽昆仑，阅尽人间春色。""杭州共识"的达成，在二十国集团发展史上具有里程碑的意义，也标志着中国发展理念上升为国际共识，成为推动世界经济在历史新起点上继续前进的"领航标"。走向世界舞台中心的中国，必将为人类共同繁荣和进步作出更大贡献！

（《求是》2016 年第 21 期）

范黎波、原馨：

中国认知和中国方案凝聚国际共识

一、"杭州共识"为世界经济走出"新平庸"
提供中国方案

国际货币基金组织（IMF）于2016年7月发布的《世界经济展望》中预测，2016年全球经济增速为3.1%，可能创下2009年以来的新低。世界贸易组织（WTO）于2016年4月将2016年全球贸易增速预期从3.9%下调至2.8%。如果说2008年全球金融危机标志着世界经济出现了战略拐点，八年后的2016年世界经济仍然深陷"新平庸"状态。为治理"新平庸"，两股力量非常值得关注和破解：一是各国政府普遍采取了经济干预政策，只是程度上存在差异；二是反全球化和贸易保护主义抬头，大大延缓了世界经济复苏的步伐。

在全球化失序的背景下，各国政府如果延续"各扫门前雪"的政策做法，不能以共识和联合行动来提升全球治理的领导力、决策力和执行力，只会导致失序问题进一步恶化。总之，世界经济亟待从"新平庸"向"大稳健"格局转变，迫切需要能够重新赋予世界经济生命与活力的解决方案。在此关键时点上，G20杭州峰会为世界经济提出了一份标本兼治的中国方案。

实践先于理论，中国方案的提出首先得益于中国在世界经济

"久病未愈"的情况下探索前行、真抓实干、率先转型的结果，来源于对改革开放以来经济快速增长、深化改革、消除贫困巨大成就的自信总结，为破解世界经济"新平庸"状态提供了中国思路和中国智慧。作为历届峰会中成果最丰富的一届，杭州峰会通过了《二十国集团领导人杭州峰会公报》，并核准了《创新增长蓝图》等 28 份含金量十足的成果文件，决心通过"加强政策协调、创新增长方式、建设更高效的全球经济金融治理、促进更强劲的全球贸易和投资、推动包容和联动式发展"来构建"创新、活力、联动、包容"的世界经济新蓝图。这份中国方案蕴含了三个战略基本点：切入点、增长点和制高点，"三点合一"酿制了"杭州共识"。

二、包容发展是"杭州共识"的战略切入点

2009 年匹兹堡峰会确立的世界经济"强劲、可持续和平衡增长框架"具有里程碑意义，然而当前全球基尼系数已高达 0.7，国际货币基金组织也指出了令"新平庸"状态雪上加霜的事实："增长一直绕过了许多低收入者并且增加了人们对于全球化的担忧、恶化了改革的政治气候。"为了应对世界经济发展中的不平等、不公正问题，杭州峰会第一次将"包容发展"作为崭新的切入点纳入世界经济增长框架。

包容发展的含义包含国内和世界两个层面。在国内层面上，杭州峰会重视保护经济全球化和国内政策实施过程中弱势群体与草根民众的利益，通过关注妇女和青年、支持平等获取资金的机会、创造高质量就业、促进包容的劳动力参与、让中小企业融入全球价值链等方式实现国内层面的包容发展。在世界层面上，以往由西方国家主导的全球化模式存在许多不合理、不公正的弊端，全球化的红利基本都被发达国家攫取，而消极作用则主要由产业链低端的发展中国家承担。"强劲、可持续、平衡和包容增长"不应当是"零和博弈""赢者通吃"，只有占全球人口五分之四的发展中国家也实现

包容发展,才是世界和平与发展的基础。因此,杭州峰会第一次制订落实了联合国 2030 年可持续发展议程行动计划,致力于让处于全球价值链不同位置上的国家都能发挥自身优势,共享发展机遇。只有当国际经济秩序走向公正合理,世界经济的健康发展才有深厚根基;只有当 G20 的成果和红利扩展到非成员发展中国家,G20 在全球经济治理中的地位才能够得到提升。

三、创新驱动是"杭州共识"的战略增长点

世界经济为何复苏乏力?是因为当今世界经济已走到了一个关键路口,表现为上一轮科技进步带来的增长动力显著衰减,现有经济治理机制和架构的缺陷逐步显现,而新一轮科技和产业革命尚未形成势头。因此,创新是从根本上打开增长之锁的钥匙,对经济增长的动力作用是革命性的。

改革与创新密不可分,创新主要是技术创新,而改革则是体制机制的创新。杭州峰会强调结构性改革对提高生产率、潜在产出以及促进创新增长的关键作用。金融危机爆发后,各国实施的大规模宽松甚至是非常规的货币财政刺激措施在短时期内对扭转经济下行发挥了积极作用,然而后危机时期的全球低增长困境昭示世人,仅仅依靠需求刺激政策难以推动全球经济摆脱危机并再造繁荣。当前短期需求管理政策工具越来越少、实施空间越来越小,与之相伴的是金融市场风险上升和债务水平提升的阵痛。合理稳健的政策框架应体现短期需求管理政策和长期结构性改革政策的互相配合,提高经济潜在增长能力和失衡调整能力。各国必须各自以及共同使用所有政策工具,包括货币、财政和结构性改革政策,在提振全球需求以支持短期增长的同时,消除供给侧制约以持续提升劳动生产率,拓展生产的边界,释放中长期增长潜力。杭州峰会还确定了结构性改革九大优先领域,制定了 48 条指导原则,推出了一套包括政策性指标和产出指标的核心指标,为 G20 各成员推进结构性改革提供参考。

四、国际经济治理新秩序是"杭州共识"的战略制高点

动荡与危机往往是国际经济治理框架进行技术性修正的良机，世界经济"新平庸"状态反映出现行国际经济治理框架已落后于经济全球化的发展，急需重塑国际经济治理新秩序，从战略高度引领全球经济发展新方向。需要指出的是，重塑国际经济治理新秩序不是挑战现有的多边国际治理秩序，而是对现有机制的补充和完善，目标是凝聚更多共识，富有与时俱进的特征。

杭州峰会提出的国际经济治理新秩序具有以下三方面特征：由短期策略向长效机制转变、由单打独斗向联动协调转变、由西方主导向东西方共同主导转变。

首先，国际经济治理新秩序不再是对短期危机的简单回应，而是向确保世界经济长期稳定增长的长效机制转变。"强劲、可持续、平衡和包容增长"关注解决深层次、结构性、根本性难题，以创新和可持续的方式推动经济转型。

其次，以往各国单打独斗的经济干预政策往往有以邻为壑的一面，导致了一系列利益冲突和矛盾问题，收窄了世界经济发展空间，最终导致双输的局面。全球经济形势实质性的改变不可能止于单边动作，必须倡导人类命运共同体意识，加强各方政策联动，保持经济治理政策的连续性、稳定性和协调性，避免负面溢出效应，巩固全球经济复苏基础，实现真正的共同发展。

最后，随着世界经济版图已发生根本性变化，新兴市场经济占全球经济的比重从 1999 年的 19% 上升到 2015 年的 39%，当前世界经济治理秩序已不能反映多元化的呼声和利益，急需由西方主导向发达国家和新兴经济体共同主导转变。杭州峰会主张国际经济治理新秩序要提升新兴市场和发展中国家成员的话语权，改变其在旧的世界经济治理框架中的"被全球化"地位，充分调动其积极性和经济增长潜力，实现发达国家与发展中国家互利互惠和平等对话，提

升世界经济抗风险性，确保全球化背景下的经济增长能够惠及更多人、得到公众的普遍支持。

五、当好 G20 的推动者和领跑者

"杭州共识"产生了哪些效应？

一是提高了 G20 的合法性地位。2008 年金融危机后，发达国家组成的 G7 无力继续承担其大家长角色，世界经济治理秩序开始松动，由西方主导模式向东西方共同主导模式的新秩序转型。然而，当前全球经济治理架构仍无法充分反映广大发展中国家的利益，发展中国家的话语权和代表性严重不足，G20 仍是一个主要由美国选定成员的大国集权俱乐部，无视小国的国际权利，这也是导致世界经济政治问题的深层次原因之一。杭州峰会扩大了发展中国家的参与度，为改善全球治理提出建设性的、负责任的且更具包容性的政策，有效减少了宏观经济政策的负面外溢效应，让世界人民都能感到与 G20 议程紧密联系在一起。

二是反对贸易保护主义，促进了自由贸易发展。理论和实践证明，自由贸易在长期可以通过优化资源配置、提高劳动生产率、降低成本惠及所有参与者，但短期难以避免利益不均衡的现象。超过 90% 的发达国家的失业问题并非自由贸易所致，而是来自于技术进步和产业结构调整，应当通过国内改革来解决，而不是归罪于贸易和投资自由化。杭州峰会重申了自由开放对经济发展的重要性，敦促各成员规避贸易保护主义陷阱，成功制定了《二十国集团全球贸易增长战略》和全球首个多边投资规则框架《二十国集团全球投资指导原则》，同时倡议和首创了 G20 贸易和投资工作组及工作机制，为促进全球贸易投资增长提供了机制保障。

三是提升了中国的软实力。英国新生代国际战略分析家 Mark Liona 在 2016 年出版的著作 "*What does China Think*" 中，指出西方世界不能仅坚持"西方想法"，必须思考中国在想什么，这种意识在传

统的西方社会中是不可能的。Mark Liona 新作的动机意在提醒西方必须全面理解中国这一全新的合作伙伴，其是一个多边主义者，是协商谈判机制的倡导者和推动者。

六、结语

杭州峰会已落下帷幕，中国通过讲述"故事"和"机遇"，很好地诠释了"中国认知"，耐心细致地解读了"中国方案"，为世界经济治理赋予了新内涵。当然，落实"杭州共识"也存在着世界政治形势不确定、增加支出困难重重、改革说易行难等种种挑战，将美好蓝图化为现实图景依然任重道远。每个国家破除"新平庸"状态的解决方案必须根据本国国情及政治经济可行性来具体规划，综合使用货币政策、财政政策和结构性改革政策，对此，中国方案无法提供一种所谓的通用模式，但其提出的世界经济新蓝图、实现路径与原则必定能够鼓舞各国政府凝聚共识，进一步思考本国能够实现的目标和举措。

（《光明日报》2016 年 10 月 19 日）

何自力：

中国方案：世界经济复苏的助推器

G20 杭州峰会已经落下帷幕，构建"创新、开放、联动、包容"型世界经济的"中国方案"得到国际社会广泛认同，推动世界经济走上强劲、可持续、平衡、包容增长之路的新机制开始运行，极大地提振了国际社会对世界经济复苏的信心。

一、后危机时代世界经济失去增长动力

2008 年国际金融危机的爆发，使经济全球化迅猛发展的势头戛然而止，贸易保护主义抬头，全球治理机制失灵，世界经济陷入持续低迷状态。

1. 发达经济体遭受重创。2008 年国际金融危机重创发达经济体，世界经济因此受到严重拖累。据世界银行统计，美国、日本、欧元区的经济增长率分别从 2007 年的 2.2%、2.1% 和 2.7% 下降到 2008 年的 1.1%、-0.7% 和 0.7%，2009 年又分别下降为 -2.5%、-5.4% 和 -4.0%。世界经济的增长率从 2007 年的 3.6% 下降到 2008 的 1.9%，2009 年则降为 -2.2%。危机至今，发达经济体经济复苏缓慢。从 2010 到 2015 年的 6 年间，美国的经济增长率依次为 2.53%、1.6%、2.32%、2.32%、2.4%、2.4%，日本为 3.9%、-0.5%、1.8%、1.6%、0.2%、0.4%；欧元区为 1.7%、1.6%、

−0.7%、−0.5%、0.8%、1.5%。

2. 国际贸易和投资增速持续低迷。长期以来，贸易和投资一直是全球经济增长的两大重要引擎，但是2008年国际金融危机以来，全球贸易增速明显放缓，已经从1990年到2008年间平均增长7%，降至2009年到2015年间平均增长3%的水平。跨国公司的发展和对外直接投资增速也持续放缓，至今未恢复到危机前的水平。贸易和投资增速持续呈现低迷状况，也反映出世界经济复苏和增长的动能不足。

3. 保护主义抬头。自2008年国际金融危机爆发以来，发达经济体普遍陷入空前严重的经济衰退，为了实现经济复苏，一些国家纷纷采取保护主义措施。曾经的投资自由化和贸易自由化政策被束之高阁，代之以严格的投资限制和严密的贸易壁垒，如限制别国商品进入本国市场，从别国撤回企业以挽救本国经济，对来自别国的投资活动以种种借口加以阻挠，以本国内部法律规定限制国家间的经济交往活动等。保护主义严重阻碍国际贸易和投资的扩大，延缓世界经济的复苏。

4. 排他性、封闭性、碎片化区域安排纷纷出笼。为了维护自身利益，确保自己的霸权地位不动摇，美国在现有国际规则和世界贸易组织之外拼凑和构建新的多边协议，启动"跨大西洋贸易与投资伙伴关系协定"（TTIP）和《跨太平洋伙伴关系协定》（TPP）谈判，其目标是通过这两个协定建立起一整套协作机制，引领世界贸易、投资规则制定。这两个协议的参与国以发达经济体为主，以中国为代表的广大新兴经济体和发展中国家则被排除在外，具有明显的封闭性和排他性。美国这样做的目的很明确，就是想继续主导制定国际经济运行规则的话语权。这种既想为国际社会定规矩，又刻意将广大发展中国家排除在外的霸道做法违背时代潮流，使本来就极不确定的世界经济复苏前景变得更加扑朔迷离。

5. 各国宏观经济政策缺乏协调，世界经济面临诸多风险。国际金融危机爆发后，自2009年起，美联储连续启动三轮量化宽松货币政策，欧洲央行、英国央行、日本央行也紧随其后启动了宽松的货币政策，其目的是制止经济衰退，推动经济复苏。除了货币政策，欧元区实施紧缩的财政政策，削减福利支出，以求避免发生债务危机。受发达经济体经济政策的影响，许多发展中国家不得不采取应对策略，以防止利益受到损害。发达国家所实施的经济政策产生了严重的负面效果，如引发股市和楼市泡沫，推高发展中国家的通胀和金融风险，导致债务风险扩大，挑起货币战争等。在发展中国家，受美联储货币政策特别是加息政策的影响，股市下跌、通货膨胀、货币贬值、资本外流，经济波动剧烈。可以说，世界各国宏观经济政策缺乏协调性，使国际经济金融形势充满不确定性，严重影响了世界经济的复苏。

二、中国为世界经济开出标本兼治新药方

面对后危机时代世界经济复苏乏力的局面，国际社会对 G20 杭州峰会表达出高度期待。基于对世界经济发展状况和经济全球化逆转态势的科学判断，中国提出了建设"创新、开放、联动、包容"的世界经济的新理念，全面表达了对世界经济的发展思路、发展方向和发展着力点的中国观点。中国给世界经济开出的"药方"，是把握世界经济发展大势，引领经济全球化迈向新阶段，推动世界经济实现强劲、可持续、平衡、包容增长的伟大战略抉择。

一要解决发展的动力问题。目前推动世界经济发展的传统动力已经减弱，新的动力还未形成，培育新动力和实现动力转换是当务之急。这要求国际社会共同努力推动以制度创新、科技创新为主要内容的各方面创新，塑造更多依靠创新驱动的发展。

二要解决一体化发展问题。开放是充分利用全球资源，实现各国共同发展和繁荣的必由之路。实现开放发展就是要克服世界经济发展规则和发展路径的排他性、碎片化和封闭性弊端，构建世界经济一体化发展的良性制度环境。

三要解决发展方式问题。在经济全球化背景下，各国经济高度联系在一起，一损俱损，一荣俱荣，谁也不能独善其身。为此，世界各国要高度警惕和防止保护主义抬头，积极开展创新和产能合作，努力实现全球基础设施互联互通，主动对接各自发展战略和规划，大力推动政策协调和联动，提高全球经济共赢。

四要解决公平正义问题。包容是实现世界经济可持续发展的重要途径。包容就是要努力破除制约发展中国家发展的各种体制和机制障碍，推动发展中国家走上工业化道路，形成自我发展能力，同时要扩大全球公共产品的供给能力，先进带后进，富国帮穷国，让经济增长惠及所有人。

"创新、开放、联动、包容"体现了世界经济发展的大趋势，具有很强的针对性和可操作性，无疑是解决当前世界经济发展面临的主要矛盾和主要问题的有力手段。

三、中国方案助推世界经济走上强劲、可持续、平衡、包容增长之路

全面贯彻和落实"创新、开放、联动、包容"的新理念，必将推动世界经济走上强劲、可持续、平衡、包容增长之路。

其一，建立创新驱动发展模式，打造世界经济发展新动力。中国倡导二十国集团成员国积极调整政策思路，做到短期政策与长期政策相结合，需求侧管理与供给侧改革并重，通过创新、结构性改革、新工业革命、数字经济等新方式，为世界经济开辟新道路，拓展新边界。这种把创新置于推动全球经济复苏的首要位置的观点，既是对世界经济发展规律的科学认识，也是对中国自身经济发展经验的总结和推广，有助于世界经济彻底摆脱复苏乏力、增长脆弱的局面，为世界经济迎来新一轮增长和繁荣打下坚实基础。

其二，加强宏观经济政策协调，维护经济和金融稳定，共同促进全球经济增长。中国倡议二十国集团成员国要结合本国实际，统

筹财政、货币、结构性改革政策，努力扩大全球总需求，全面改善供给质量，为实现全球经济复苏和稳定发展奠定坚实基础。这一主张无疑是科学务实的，对国际社会加强合作，协调经济政策，共同应对经济和金融危机，推动世界经济释放活力，实现强劲、可持续、平衡、包容增长，具有重要指导意义。

其三，反对贸易保护主义，推动全球经济进一步开放、交流、融合。此次 G20 杭州峰会把贸易和投资放在优先考虑的位置，提出了重振贸易和投资的重大政策构想和合作机制，首次决定启动贸易部长定期举行会议的机制，并提供了中方倡议的《二十国集团贸易投资工作组工作职责》，为二十国集团更好发挥全球经济治理作用，促进贸易投资增长提供了长期稳定的机制保障。为了实现降低贸易成本、促进贸易和投资政策协调、推动服务贸易、加强贸易融资、促进电子商务发展、处理贸易和发展问题等重大贸易和投资发展目标，在中方引领下，峰会达成了《二十国集团全球贸易增长战略》。这一纲领性文件的提出，为促进全球贸易和经济可持续发展指明了方向。

其四，提高全球治理能力和治理水平。中国提出建设创新、开放、联动、包容型世界经济，旨在倡导所有国家不分大小，一律平等的国际关系准则，积极打造人类命运共同体，促进国际经济秩序朝着平等公正、合作共赢的方向发展。积极贯彻"创新、开放、联动、包容"的理念，就是要推动国际规则和治理体系改革，提高发展中国家在规则制定中的话语权；就是要构建系统完备、惠及所有国家的国际规则，不搞排他性、封闭性和碎片化安排，反对一家独大和赢者通吃，力求使所有国家共商规划、联动发展、共享成果；就是要规划世界各国共同发展愿景，加强各国宏观经济政策协调，提高全球治理能力和水平。

其五，打造人类命运共同体，实现包容性发展。据统计，现在世界基尼系数已经达到 0.7 左右，超过了公认的 0.6 "危险线"。全球约有 1/3 人口每天生活费不足 2 美元。要实现世界经济复苏、释放增长活力，就必须消除贫困和饥饿，推动包容和可持续发展。中国积极倡导合作共赢国际关系新准则，主张构建人类命运共同体，将发展问题置于全球宏观政策框架核心位置，推动国际社会合作支持非洲国家和最不发达国家工业化，呼吁各国关心不同阶层和群众特别是困难群众的需要，讨论公共管理和再分配政策调整。中国的倡议反映了经济最不发达国家要求摆脱贫困和落后的强烈愿望，体现了发展中国家迫切要求实现工业化的诉求。

其六，积极落实"一带一路"战略，努力开拓实现世界经济复苏新途径。"一带一路"战略契合了中国、沿线国家和世界经济发展的需要，顺应了区域和全球合作的潮流，得到60多个沿线国家和相关国际组织的积极呼应和热情参与。通过"一带一路"，将沿线国家紧密联系在一起，通过建设基础设施实现互联互通，在此基础上开展金融、贸易、投资等各方面广泛合作，既能够促进沿线各国的发展，又增进各国间的相互联系，为世界经济复苏和强劲增长注入强大动能。

通过G20杭州峰会，中国为实现世界经济复苏提出标本兼治、综合施策的中国方案，充分显示了中国作为最大的发展中国家和负责任大国的担当和使命感。在中国方案强有力引领和推动下，在国际社会的通力合作和共同努力下，世界经济必将走上强劲、可持续、平衡、包容增长之路，我们对此充满期待，也充满了自信。

（《红旗文稿》2016年第18期）

郭　言：

中国是全球包容发展的贡献者

国家主席习近平在访问拉美三国并出席 APEC 利马会议期间强调，中国坚定不移走和平发展道路，奉行互利共赢的开放战略，倡导开放包容互惠发展，推动构建人类命运共同体。这种开放创新精神、互惠包容发展理念，是指引经济全球化沿着正确方向发展的"中国思路"。

当前，世界经济仍然在深度调整，复苏动力不足，增长分化加剧。作为世界经济的重要阵地，亚太地区孕育着无限希望。面对新形势新挑战，习近平主席在 APEC 利马会议上提出了"4 个坚定不移"的有力举措，推动发展创新、活力、联动、包容的世界经济。引领经济全球化进程、提升亚太开放型经济水平、破解区域互联互通瓶颈、打造改革创新格局，这四点主张不仅是中国的政策主张，更是中国的实际行动。中国坚持走共同发展道路，奉行互利共赢的开放战略，积极践行正确的义利观，乐意将自身发展经验和机遇同各国分享，欢迎世界各国搭乘中国发展的"顺风车"，一起实现共同发展。

中国是全球包容发展的贡献者。一个世人皆知的事实是，中国当前对世界经济增长的贡献率超过 25%，而在国际金融危机初期更是高达 40%。2016 年 9 月初举行的 G20 杭州峰会，中国充分发挥主席国作用，与各方达成"杭州共识"，在创新增长方式、完善全球经济金融治理、促进国际贸易和投资、推动包容联动发展方面取得一系列重要成果。"中国方案"为世界经济复苏注入了新动力，为世界经济增长开辟了新道路。包容互惠发展的"中国思路"同时也为亚太巨轮驶向繁荣之路找准了航向。

"仁者，以天地万物为一体。"中国主张，通过世界各国的共同努力，建立平等相待、互商互谅、互惠互利的伙伴关系，构建开放创新、包容互惠的发展前景。拉美各国是中国在太平洋彼岸的"邻居"，中国同拉美各国通过发展战略对接，推进合作换挡加速，形成深度融合的互利合作格局，使合作成果惠及中拉人民。在全球范围内，中国正与周边国家、非洲国家、阿拉伯国家等携手构建命运共同体，把中国梦同各国人民过上美好生活的愿望、同地区发展前景对接起来，实现包容互惠发展，推动建设人类命运共同体。

人类命运共同体理念，是中国基于对当今世界全球格局的积极解读，彰显了中国作为负责任大国的包容互惠发展观。近年来，"一带一路"作为一个包容性的发展平台，从更大范围、更高水平、更深层次上推动着区域合作，把中国在发展经验、管理人才、外汇储备、技术设备等方面的优势，与沿线各国的发展愿望高度契合起来，促进了经济要素有序自由流动、资源高效配置和市场深度融合，一个开放、包容、均衡、普惠的区域经济合作架构一步步形成。

中国历来"以至诚为道，以至仁为德"。当前，中国正以创新、协调、绿色、开放、共享的发展理念为指引，着力实施供给侧结构性改革，与世界各国编织更加紧密的共同利益网络，实现包容发展，"美美与共，天下大同"。

（《经济日报》2016 年 11 月 24 日）

刘昀献：

"中国方案" 将怎样影响世界

二十国集团（G20）领导人杭州峰会上，国家主席习近平呼吁为世界经济开出一剂标本兼治、综合施策的 "药方"，让世界经济走上强劲、可持续、平衡、包容增长之路。此前，习近平在二十国集团工商峰会上发表主旨演讲，向世界描绘了站上新起点的中国经济，也为擘画全球经济增长新蓝图开出 "中国方案"——在创新中开辟增长源泉，在开放中拓展发展空间，在联动中凝聚互动合力，在包容发展中夯实共赢基础。

事实上，"中国方案" 已在多个场合被提及。它昭示了中国作为一个负责任社会主义大国的历史使命和责任担当，同时也是对戴着有色眼镜看中国甚至妄言 "中国崩溃论" 者的有力回击。

一、凝聚实现中国梦的磅礴力量

从中国古代的 "大同世界"，到古希腊柏拉图的 "理想国"，再到空想社会主义的 "乌托邦"，人们对理想社会制度的追求从来就没有停止过。但只有在马克思主义诞生后，马克思、恩格斯在历史唯物主义的基础上，通过科学的研究和严谨周密的论证，才为人类指明了建立社会主义、共产主义制度的共同奋斗目标。

中国共产党一诞生就肩负实现中华民族伟大复兴的重任，就确立了实现共产主义的崇高理想。95 年来，我们党紧紧依靠人民取得了革命建设和改革开放事业的伟大胜利。尤其是，我们使一个贫穷落后的东方大国变成了全球第二大经济体，赢得了世界瞩目和赞誉。今天的中国，已凝聚起实现中华民族伟大复兴中国梦的磅礴力量；今天的中国，比历史上任何时期都更接近实现中华民族伟大复兴的目标。我们完全有信心、有能力为人类对更好社会制度的探索提供"中国方案"。

从毛泽东同志提出中国"应当对于人类有较大的贡献"，到习近平总书记提出中国"有信心为人类对更好社会制度的探索提供中国方案"，体现了道路自信、理论自信、制度自信和文化自信。这种自信建立在我们党对社会发展规律深刻认识之上，建立在 60 多年来的伟大实践之上，建立在中国特色社会主义集中力量办大事、和衷共济解难事、提高效率办好事的独特优势之上，因而具有牢固、坚实的基础。

二、正在走出国门影响世界

20 世纪以来，人类经历了两次世界大战。在对战争原因不断反思的同时，人们追求更加美好社会制度的愿望也愈加强烈。在马克思主义的指导下，社会主义先后在欧洲、亚洲、拉美等地的一系列国家取得胜利，并形成了世界社会主义体系。新生事物尽管生机无限，但成长总会伴有艰难曲折。苏东剧变使世界社会主义一夜之间仿佛跌入了深谷。一些西方政客和文人弹冠相庆，妄言"历史已经终结"。

但是，历史没有终结，也不可能被终结。经过 20 世纪末的大洗礼，在世界社会主义低潮中中国特色社会主义异军突起。特别是2008 年国际金融危机爆发后，中国特色社会主义显示了旺盛的生命力和巨大优势，不仅抗击住风险，而且领跑全球经济发展。2015年，中国经济占全球经济比重达到 15.5%，对世界经济增长的贡献率超过 25%。同时，中国科技整体水平加速提升，一批重大科技成果达到世界先进水平，载人航天、探月工程、深海潜器、超级计算、北斗导航等战略高精尖技术领域取得重大突破，高铁、4G 移动通信、核电、电动汽车、特高压输变电、杂交水稻等重大创新成果加速应用，科技进步对经济增长贡献率达 55.1%。

在自身发展的基础上，中国积极参与国际事务，发挥负责任大国作用，共同应对国际金融危机、气候变化、恐怖主义等全球性挑战。中国积极参与区域经济合作，签署中澳、中韩自贸协议，加强上合组织国家经贸合作，发起设立亚投行、金砖国家新开发银行和丝路基金，推进"一带一路"建设，构建全方位对外开放新格局。中国坚定奉行独立自主的和平外交政策，全方位推进大国、周边、发展中国家、多边和各领域外交。加强中俄全面战略协作伙伴关系，全面开展中美战略对话，推动构建不冲突、不对抗、相互尊重、合作共赢的新型大国关系。中国的国际地位日益提升，已从世界舞台的边缘走向世界舞台的中心。

20 世纪下半叶，以美国为首的西方国家为进行发展模式输出，提出所谓"华盛顿共识"，其核心是"市场化""自由化"和"私有化"。在它们看来，发展中国家的现代化如果偏离西方模式就没有成功的可能性。对于中国的另辟蹊径，他们一直不看好，一再花样迭出地鼓吹"中国崩溃论"。然而，"中国道路"成就了中国的和平发展，"中国方案"对国际社会越来越具有吸引力，实现了对西方发展模式的超越，正在并将继续改变西方发展模式主导全球发展的垄断局面。

反观"华盛顿共识"的业绩，人们则不禁黯然失神。欧美许多国家经历了 20 世纪 30 年代以来最严重的经济金融危机，至今仍然低迷徘徊；拉美国家连续发生经济政治危机；中东至今战火未灭。可以说，新自由主义在全球泛滥，令不少国家饱尝苦果。

事实唤醒了意识。曾经鼓吹"历史终结论"的美国学者福山，2009 年初坦承："客观事实证明西方自由民主可能并不是历史进化的终点，随着中国的崛起，所谓'历史终结论'有待进一步推敲和完善，人类思想宝库需要为中国传统留有一席之地。"由中国共产党治国理政经验汇集而成的"中国方案"正在走出国门、影响世界，无疑有可能成为人类对更好社会制度探索的最新设计、最新成果。

三、体现中国特色社会主义魅力

近代以来，西方国家通过工业革命崛起，"西方中心论"随之产生。然而，"中国方案"的形成打破了"西方中心神话"，彰显了中国特色社会主义的魅力和人类发展道路的多样性。

"中国方案"是植根于中华文化沃土之中的中国特色社会主义方案。这一方案既坚持科学社会主义的基本原则，又根据我国实际和时代特征赋予了鲜明的中国特色。

一是坚持马克思主义的指导地位，坚持把马克思主义基本原理同当代中国实际和时代特点紧密结合起来，推进理论创新、实践创新，不断把马克思主义中国化推向前进；

二是把以经济建设为中心同四项基本原则、改革开放这两个基本点，统一于发展中国特色社会主义的伟大实践；

三是把坚持社会主义基本制度同发展市场经济结合起来，发挥社会主义制度的优越性和市场配置资源的有效性，使全社会充满改革发展的创造活力；

四是坚持经济建设、政治建设、文化建设、社会建设、生态文明建设"五位一体"全面推进、协调发展；

五是坚持全面建成小康社会、全面深化改革、全面依法治国、全面从严治党一体推进，把"四个全面"的要求贯穿到各项工作的全过程、各环节；

六是牢固树立并切实贯彻创新发展、协调发展、绿色发展、开放发展、共享发展的理念，着力破解发展难题、增强发展动力、厚植发展优势；

七是坚持人民主体地位，一切为了人民、一切依靠人民，充分发挥广大人民群众积极性、主动性、创造性；

八是坚持走共同富裕道路，使发展成果更多更公平惠及全体人民；

九是坚持走和平发展道路，奉行互利共赢战略，实现对外开放与坚持独立自主、维护国家主权的统一，既通过争取和平国际环境发展自己，又以自身发展维护和促进世界和平。

"中国方案"是现代化世界进程多样性的一个样本，具有深远的国际影响和世界意义。

第一，中国作为当今世界最大的发展中国家，用短短60多年时间，减少6.6亿贫困人口，实现了从农业大国到工业大国、从低收入国家到中高收入国家的历史跨越。中国的发展既为世界和平发展提供了稳定性、建设性因素，也为其他发展中国家探索自己的发展道路提供了有益的经验借鉴。

第二，"中国方案"摒弃了传统大国崛起的发展模式，选择了一条与20世纪大国争霸截然不同的和平发展之路，将开创人类和平发展的新纪元。

第三，中国特色社会主义的现代化发展道路，本身就是对世界共产主义运动的有益探索，同时也为其他社会主义国家的改革发展提供了经验。

第四，中国在应对全球性危机、促进社会稳定发展、维护社会公平正义等方面的经验，对一些深陷债务危机、两极分化、社会持续动荡的国家同样具有重要借鉴意义。

当然，中国特色社会主义方案并不是封闭的、僵化的，而是开放的、发展的。"中国方案"在与世界的互动交流中，必然会不断吸收世界各国发展的有益经验，以不断充实和发展自身。同时，随着改革开放和社会主义现代化事业的不断发展，中国特色社会主义会越来越完善，尤其是在治国理政与制度建设方面会越来越成熟。

（《解放日报》2016年9月6日）

王俊岭：
中国是世界经济的正面角色

2017 年 1 月 9 日，国家统计局公布了对 2015 年中国 GDP（国内生产总值）数据的最终核实结果。不久之后，2016 年中国经济的初步核算数据亦将出炉。相比于前些年的高速增长，近年来中国经济增速的放缓让一些观点将中国视为"世界经济复苏乏力"的原因。对此，不少海内外学者均指出，世界经济疲软成因复杂，既有周期性因素，更有结构性、体制性矛盾的叠加，主要原因并不在于中国。就实际经济表现而言，中国不仅没有拖世界经济后腿，反而为世界经济贡献了大量的增长、商机与希望。

一、外需不振内需活跃

任何一个精明的生意人都喜欢两种人：一是能带来订单的客户，二是能为自己提供物美价廉商品的其他卖家。毕竟，这两种人能够让自己生活得更好。

对于世界上很多经济体而言，中国显然扮演着这种正面角色。从生产的角度来看，中国的产业升级和创新发展需要大量进口机电和高新技术产品，这为发达国家的高端产品提供了广阔市场。同时，中国对初级产品的旺盛需求也成为拉动相关发展中国家经济增长的重要力量。从消费角度来说，尽管世界经济疲软导致外需不振，但

123

旺盛且不断升级的内需在稳定中国经济的同时，更为其他经济体带来了生意。

相关数据显示，2016 年前三季度，中国进口消费品 6866.5 亿元人民币，较 2015 年同期增长 11.1%。其中，中国从新西兰、日本、欧盟和美国的进口分别增长 15.8%、12.4%、10.8% 和 8.8%。特别是医疗保健品、肉类、水产品、服装等涉及消费升级的领域均出现较好增长。专家认为，这些亮丽的数据与全球贸易的徘徊不前，形成了鲜明对比。

二、增长贡献首屈一指

那么，世界经济复苏乏力的原因究竟是什么呢？

中国国际经济交流中心副总经济师徐洪才在接受人民日报记者采访时指出，分析世界经济形势及问题需要从更长的时间、更广的视角来全面把握。当前世界经济表现不佳，既有着深刻的周期性原因，也有自身的结构性问题。

"从纵向来看，20 世纪六七十年代以来形成的新技术、新产业、全球分工体系、规则体系支撑全球经济强劲增长的动力已经减弱，而新技术、新产业和新的规则体系却正在酝酿，充满不确定性，尚未发挥出强劲作用。从横向来看，美欧日等发达经济体进入了后工业化和老龄化时代，增长动能趋缓；而新兴经济体虽然潜力较大，但却受产业结构较为低端、效率不高、外需不振等因素困扰，难以迅速发力。可以预计，全球经济的疲软还将延续很长一段时间。"徐洪才分析。

逆水行舟，方显动能可贵。国际货币基金组织（IMF）发布的一份最新报告显示，2016 年中国为全球经济增速贡献了 1.2 个百分点，而美国贡献 0.3 个百分点，欧洲贡献 0.2 个百分点。这意味着，中国对世界经济增长的贡献超过发达国家之和，为全球经济增长贡献约 39%，在全球首屈一指。

不仅如此，中国经济结构的优化升级也为世界带来了更多商机。据商务部研究院区域经济合作中心主任张建平介绍，随着中国创业投资以及私募基金的活跃，外资在中国轨道交通、智能制造、IT、节能环保以及新能源汽车这些热门领域中的前景非常好。

三、积极转型拓展潜力

俗话说："授人以鱼不如授人以渔。"中国对世界经济的贡献还体现在发展理念方面。有学者指出，中国提出的"创新、协调、绿色、开放、共享"五大发展理念，在 G20 的框架下升华为"强劲""可持续""平衡""包容性增长"等共识，从而在更高维度上体现了中国对世界发展的独特贡献。

在实践中，中国也以这些理念为指引，主动改革，积极适应世界及自身发展新常态，从而拓展更多经济增长潜力。

"需要看到，中国作为世界经济的重要组成部分，过去那种强劲增长的势头确实正在减弱。尽管如此，综合分析总量和增速的话，中国依然是世界经济最重要的引擎。"徐洪才表示，未来中国对世界经济的贡献将主要体现三个方面：一是新型城镇化建设和经济转型将带来居民收入提升，日益增加且多元化的需求有利于相关国家对华出口；二是中国海外投资扩大将为当地带来税收和大量就业机会；三是在保护主义抬头的背景下，中国坚定对外开放步伐将形成强烈的正面示范效应，助力经济全球化。

分析人士指出，中国有丰富的人力资源、雄厚的资金实力和不断提高的技术水平。从生产要素供给和改革前景来看，中国完全有能力保持较高的经济增长水平并为世界经济贡献更多正能量。

（《人民日报海外版》2017 年 1 月 10 日）

第四章
以新发展理念塑造中国形象

习近平多次强调，要讲好中国故事，加强我国国际传播能力建设，争取国际话语权。在全球变局中实现发展，中国已经提出了自己的理念和方案，同时更应该增强国家软实力建设，以新发展理念塑造中国形象。只有这样，才能塑造中国"负责任大国"的国家新形象，清晰表达出中国构建以合作共赢为核心的新型国际关系的愿望，取得世界各国的信任，促进世界各国获得合作共赢、共享发展机会。中华文明是世界上唯一未曾中断的文明，中国有着悠久而丰富的传统文化，中国特色社会主义建设取得举世瞩目的成就，这些都是我们坚守文化自觉、保持文化自信、实现文化自强的根基。我们也应该看到，某些西方大国打着"民主、人权、自由"的幌子，大搞意识形态输出，垄断国际话语权，威胁着我国意识形态安全。我们要大力推动文化软实力建设，打破西方大国的话语霸权，向世界传出"中国好声音"、展现中国新形象，以软实力对内凝聚全民力量，对外传播中国理念和中国方案，与世界人民一起为打造人类命运共同体共同努力。

滕文生：
关于亚洲文明的历史贡献和亚洲价值、东方智慧的研究

关于亚洲文明的历史贡献、关于加强对亚洲各国各地区文明在交流互鉴中共同形成的亚洲价值和东方智慧的研究这两个问题，我想谈一些个人认识。

一、关于亚洲文明的历史贡献

习近平主席提出的"一带一路"发展战略，受到了国际社会的广泛关注，特别是受到了"一带一路"沿线的亚洲、非洲、欧洲国家的政府和人民的普遍赞同与积极支持。习近平主席还在不同场合发出关于召开亚洲文明对话大会的中方倡议，呼吁加强对亚洲价值、东方智慧的研究和运用。习近平主席发表这样具有战略性的倡议和呼吁，目的是要通过推动"一带一路"建设，为促进沿线各个国家的共同发展、共同繁荣，为建立公正合理的世界多极秩序，为缔造合作共赢的利益共同体和命运共同体作出积极努力。

亚洲作为世界的一个大洲，占全球陆地总面积的 29.4%，占世界总人口的 60%，现已超过 40 亿人。古往今来，亚洲的各个组成部分，无论是东亚、东南亚，还是南亚、西亚、中亚地区的文明形成和发展的历程，尽管不尽相同，各有特点和优势，但都为亚洲文明的形成和发展作出了各自的贡献，也都为世界文明的形成和发展发

挥了各自的作用。

亚洲是人类最早的定居地。在远古时期，亚洲各个地区有不少大河之滨的冲积平原，古代农业率先在这些地方产生和发展起来，那里的人们就是在农业经济的基础上立家、立族、立邦、立国的。由于农业经济和农家生活比较安定平稳，有利于文明的形成和发展，因而亚洲成为人类文明的重要发祥地，最先产生了著名的西亚两河文明、东亚中华文明、南亚印度文明等几大古文明，而且它们对欧洲古代的希腊文明、罗马文明的形成也产生了重要影响。美国历史学者威尔·杜兰特指出："希腊文明，世所称羡，然究其实际，其文明之绝大部分皆系来自近东各城市"，"近东才真正是西方文明的创造者"。希腊前总理帕潘德里欧也说过："古希腊从印度、波斯、埃及等其他文明古国学习到许多东西，希腊城邦像海绵一样，吸取不断涌入的新知识和先进经验。"

亚洲不仅对古代世界文明贡献巨大，而且从公元前后至 19 世纪中叶的将近两千年间，亚洲尤其是中国、印度的经济总量在世界经济总量中一直占有绝大部分，在经济上和科学技术上一直是推动世界发展的最重要力量。据统计，到公元 1750 年，在当时世界经济总量中，中国占 32%，印度占 24%，而欧洲的英国、法国、普鲁士、俄国、意大利五国总共才占 17%。英国学者马丁·雅克在其《大国雄心》一书中写道："直到 1800 年之前，欧洲在市场化程度、农业发展、城市化比例、居民生活水平、经济总量方面都不如中国。"《泰晤士世界历史》一书中也曾写道：在整个近代早期，"东方的经济规模比欧洲要大得多"，"世界工业的中心是亚洲，而不是欧洲"；"从 1500—1750 年，亚洲生产着当时世界上约 80% 的产品，换句话说，占世界人口总数三分之二的亚洲人，生产着世界上五分之四的产品"；"所以，在 1500 年之后的近三个世纪，亚洲人有生产力最发达的经济"。亚洲尤其是中国、印度、阿拉伯-伊斯兰国家的经济文化与科学技术的发展长期居于世界领先地位，曾经对欧洲文艺复兴运动的发生和欧洲资产阶级革命、工业革命的兴起，从思想文化和经济技术上提供了重要条件，甚至产生了奠基性影响。当欧洲还处在中世纪的黑暗状态时，阿拉伯地区的阿巴斯王朝，却在公元830年至930年的一百年间，开展了著名的"百年翻译运动"，将阿拉伯地区保存的古希腊、古罗马的历史典籍和阿拉伯人对它们的发展成果，以及印度的数字系统和中国的古代发明传播到欧洲，为欧洲文艺复兴提供了指路明灯。对于来自东方阿拉伯等地区的这种贡献，在西方学者和有识之士中，可以说是有口皆碑的。美国历史学家希提认为："古代科学和哲学的重新发现、修订和增补，承前启后，这些工作都要归功于阿拉伯学者，有了他们的努力，西欧的文艺复兴才有可能。"英国学者托马斯·阿诺德、阿尔弗雷德·纪尧姆和威尔斯都指出，"伊斯兰的光辉犹如月亮，照耀着中世纪欧洲的黑暗，是伊斯兰的文明昭示和指引了文艺复兴这场伟大的运动"。"没有伊斯兰文化，欧洲社会至少落后二百年。"美国前总统尼克松也说过："当欧洲还处于中世纪的蒙昧状态的时候，伊斯兰文明正经历着它的黄金时代"，"当欧洲文艺复兴时期的伟人们把知识的边界往前开拓的时候，他们所以能眼光看到更远，是因为他们站在穆斯林巨人的肩膀上"。关于中国文明对欧洲近代文明形成的贡献，在西方学者和有识之士之中也是称道不已的。17世纪末到18世纪末在欧洲出现过一百年的"中国文化热"。法国学者莫里斯·罗班说："在启蒙时代的西方，中国简直是无所不在。"美国学者斯塔夫里阿诺斯说："17世纪和18世纪初叶，中国对欧洲的影响比欧洲对中国的影响大得多。西方人得知中国的历史、艺术、哲学和政治后，完全入了迷。"马克思曾经把中国的造纸术、印刷术、火药、指南针这四大发明在欧洲的传播和应用，称为"资产阶级社会到来"的"预兆"。英国学者约翰·霍布森在其《西方文明的东方起源》一书中这样写道："英国自觉地获得和吸取了中国的技术——无论是实实在在的技术还是特定的技术知识。""如果没有中国的早期发明，就不可能会有英国的改进。如果没有中国的这些贡献，英国很有可能还是一个落后的国家，游离于同样落后的欧洲大陆边缘。"以上这些叙述说明了亚洲文明对欧洲近代文明的产生和发展所作出的建树，是完全有史实为据、有公论可证的。这是值得亚洲人民所珍重和自豪的光荣。

经过欧洲文艺复兴运动和宗教改革运动，随着欧洲资产阶级革命和工业革命取得成功，资本主义文明陆续在欧洲各国建立起来并迅速发展。这标志着欧洲建立在社会化大生产基础上的工业文明代替了以往建立在小生产基础上的农业文明，标志着先进的资本主义社会文明代替了落后的封建社会文明。这也标志着整个人类文明从此开始进入一个新的飞跃发展的阶段，标志着欧洲文明和西方文明在文明形态与发展形式上开始超越亚洲文明和东方文明而走在世界文明的前列。关于欧洲和西方率先建立的资本主义文明对世界发展和进步所作出的历史贡献，马克思、恩格斯曾经给予了充分肯定。他们指出："资产阶级在它的不到一百年的阶级统治中所创造的生产力，比过去一切世代创造的全部生产力还要多，还要大。"（《马克思恩格斯文集》第二卷，人民出版社 2009 年版，第 36 页。）然而，资本主义的本质决定了它要无限度地追求资本的增值，无限度地追求商品市场、资本市场和资源产地的扩大，因而必然会不断地向全球进行扩张。从 16 世纪末到 20 世纪中叶的 300 多年间，亚洲就遭到了西方列强的殖民掠夺。据统计，按现在亚洲的 48 个民族独立国家计算，在这 300 多年中，有超出 40 个国家先后遭到了西方列强的武力侵略，沦为它们的殖民地或半殖民地。这是亚洲各国人民在近代所共同经历的屈辱和苦难的历史。但是亚洲各国人民不甘列强的蹂躏，发扬爱国主义的团结奋斗精神，同殖民者进行了不屈不挠的斗争，终于在第二次世界大战后陆续取得了国家独立和民族解放的胜利。而这种民族解放运动以及 1955 年在万隆会议上亚非国家共同提出的和平共处五项原则等正义举措，为争取一个长时期的和平国际环境，以利于世界各国特别是第三世界国家的发展，作出了重大的历史贡献。

当今世界已进入经济全球化的发展阶段。这种由西方发达国家主导的经济全球化，一方面推动世界经济和科学技术实现了前所未有的发展，其面貌可谓日新月异，人类文明无论是在物质还是精神方面都取得了巨大进步，特别是物质的丰富程度是古代世界完全不能想象的；另一方面，经济全球化也带来了种种问题和不少弊端。在世界的发展格局中，广大发展中国家与发达国家在发展差距上的悬殊状态仍未得到根本改变；公正合理的世界政治经济秩序仍未建立，国际关系的民主化仍未实现，霸权主义、强权政治和新干涉主义依然存在；西方经济危机不时发生，世界不少地区处于动荡之中，军备竞争、恐怖主义、网络乱象等安全威胁相互交织，许多发展中国家的独立、主权和发展还面临这样那样的危机。因此，坚持和平、发展、合作、共赢，成为世界各国特别是发展中国家广大人民的共同呼声，成为当今时代的历史潮流。中国提出"一带一路"的发展战略所以得到沿线国家以及世界其他国家和地区的广泛关注与支持，就充分说明了这一战略反映了国际社会的普遍要求。许多有识之士已经指出：中国提出的"一带一路"发展战略的实施，将会为建立公正合理的国际新秩序，为形成共同发展、共同繁荣的世界经济文化新局面，为缔造合作共赢的人类命运共同体提供了新的方案和经验。美国国际问题专家、现任美国《全球策略信息》杂志华盛顿分社社长威廉·琼斯说过：中国推出"一带一路"这个具有十分重要意义的计划，"为世界提供了希望"。中国正在做一个其他国家没有做过的事业：不是把自己的发展建立在其他国家的痛苦之上，而是帮助其他国家进行基础设施建设，推动各国共享繁荣。中国的举动是建立一个新的世界经济秩序的基础之一，它给人类带来巨大希望。

我们加强亚洲文明的交流互鉴，加强对亚洲价值、东方智慧的研究，就是要致力于将亚洲价值、东方智慧更好地运用于"一带一路"建设，运用于改进亚洲和全球治理，为促进世界各国各地区的共同发展、共同繁荣、共同进步作出更多的贡献。

二、关于加强对亚洲价值和东方智慧的研究

亚洲各国各地区人民，经过几千年的社会实践，在认识和处理人与自然、人与社会、主观与客观、认识与实践、生产与生活、物质与精神、个体与集体、自主与他助、民族与民族、宗教与宗教、国家与国家、现实与未来等等的关系中，创造和积累了许多蕴含宝贵价值与智慧的思想理念。这些蕴含宝贵价值与智慧的思想理念，在亚洲各国各地区虽然语言概念的表述各有不同，但在基本道理上却往往是相同、相通或者相近的。因此，可以把它们称为亚洲各国各地区人民所共有的亚洲价值、东方智慧。这些价值与智慧具有鲜明的亚洲和东方的特色与风格，无不向世人展示出它们的强劲生命和无穷魅力。它们是亚洲人民共同的思想财富，也是世界价值、世界智慧大花园中的绚丽奇葩，是完全可以同欧洲文明、西方文明和世界上其他地区文明的价值与智慧相互会通、相得益彰的。

亚洲价值和东方智慧的内涵丰富，择其要者，我提出以下几个方面，并尝试用中国的语言概念加以表述。

一是和而不同、和合一体。这是关于认识和处理事物之间的异同关系，处理人与自然、人与社会关系的一种思想智慧。其核心思想，就是主张人与自然、人与社会之间要和谐相处。在中国历史上，和而不同、和合一体的思想是源远流长、深入人心的。它包括"和实生物，同则不继""多元一体，主辅相成""天人合一，知行统一""中庸中和，不走极端""协商对话，求同存异"等理念。在历史上的朝鲜半岛和日本，他们的思想家提出的"非同非异"的"和诤"之说、"人与自然亲和"之说，也阐述了"求同存异""天人合一"思想。在南亚和东南亚，从印度《奥义书》中的"梵我同一"和胜论学派的"和合是一种关系"，到诗人泰戈尔的"人与自然的和谐是伟大的事实"，到苏加诺将"潘查希拉"作为哲学思想基础统筹印尼的多元文化，再到东盟共同体将协商、和谐、合作作为核

心价值以形成"不同国家的和谐体"，也都体现了"天人合一""多元一体""和合一体"思想。而阿拉伯哲学家安萨里提出的"万事中为上"之说，则阐述了不走极端的"中道""中和"思想，它至今仍是阿拉伯人民恪守的做人做事的基本信条。

二是实事求是、与时俱进。这是关于认识和处理主观与客观、认识与实践的关系，主张主观与客观、认识与实践必须相符合相统一的一种思想智慧。在中国历史上，实事求是、与时俱进的思想是源远流长和深入人心的。历代中国学者所倡导的"事务而成，事求而得""求真务实，不尚空谈""言行一致，躬行实践""因时达变，与时偕行""推陈出新，革故鼎新"，等等，都体现了实事求是、与时俱进的思想。朝鲜半岛的集实学思想之大成的丁茶山，也曾鲜明地提出"贵在务实，不在虚文"。阿拉伯谚语所倡导的必须求得真实知识的"正知"之说，也是与实事求是的思想相通的。印度的"东西方比较哲学大师"拉达克里希南所提出的"变化是存在的本质"，以及印度前总理尼赫鲁所说的"一切现代哲学必须解答今天的问题"的观点，则是同与时俱进的思想相通的，都强调人们的认识要随着事物的变化而变化，随着实践的发展而发展。

三是克勤克俭、自立自强。这是关于认识和处理生产与生活、积累与消费以及自主与他助关系的一种思想智慧。中华民族的祖先们很早就懂得人要生存就必须勤奋劳作的道理。像"民生在勤，勤则不匮""人生在勤，不索何获""成由勤俭败由奢""业精于勤荒于嬉""俭约自守，俭以养德""俭财禁侈，为国之急""节俭为荣，奢靡为耻""天行健，君子以自强不息""穷且益坚，不坠青云之志"等论语，激励着人们和当政者勤俭持家、勤俭立国，独立自主、奋斗不息。而这种思想在亚洲的其他国家和地区，古往今来也是受到推崇的。越南原国家主席胡志明在青年时代就倡导人们要勤俭、忍耐，富于自强和牺牲精神。印度的大乘佛教把"精进"思想规定为信条，教育人们要为大众谋造福祉而勤奋工作。阿拉伯学者安萨里劝导人们从小就应养成饮食起居简朴的习惯，避免沾染好逸恶劳的不良习气。近代以来，亚洲各国人民争取国家独立和民族解放的斗争，以及胜利后建设国家的艰苦奋斗历程，也生动地说明克勤克俭、自立自强是亚洲人民所共有的宝贵精神品格。

四是重视集体、克己奉公。这是关于认识和处理个人与家庭、社会、国家关系的一种思想智慧。个人与集体是相互依存的辩证统一关系。人是社会的动物，每一个人都生活在一定的社会集体之中，任何时候都离不开集体，离不开家庭、族群和国家。从远古时期起，亚洲各国各地区的先人们从农业生产实践中，就认识到集体力量的巨大，认识到只有相互协作才能战胜来自自然界和社会的风险所造成的各种困难与挑战，因此，很早就形成了重视集体的观念。在中国历史典籍中所阐述的"民齐者强""人心齐，泰山移""集众思，广忠益""以民为本，天下为公""治国之道，必先富民""民富则易治，民贫则难治""当政者应以安民富民乐民为功"，中世纪阿拉伯思想家伊本·赫勒敦所指出的"人们必须群体生活与合作，才能生存和自卫"，哈萨克斯坦谚语中所说的"一片土地的历史，就是在她之上的人民的历史"，印度的《奥义书》所劝诫人们的"抛弃各种私欲，跳出个人利益小圈子"，都是倡导人们要树立重视集体、克己奉公的思想。而在有些亚洲国家中还将"以民为本""富民为先"奉为治国理政的基本原则，这种民本主义原则也是重视集体这一思想观念的鲜明体现。英国学者马丁·雅克说："个人主义是欧洲价值观的核心。而在亚洲特别是东亚文化中，集体认同比个人认同更重要。这种价值观的差异决定了二者的社会结构完全不同。"总之，重视集体并把集体为重的思想作为价值观的一个核心理念，是亚洲文明的一个突出特点和鲜明优势。

五是德法并用、标本兼治。这是关于认识和处理治国理政手段中的德治与法治以及治本与治标关系的一种思想智慧。德治与法治是不可分割的，德治是法治的基础，法治是德治的保障；法治是治标之举，德治是治本之策，二者相辅相成。这样的观点在亚洲国家中是比较普遍的一种认识。中国历史上在国家和社会治理中一直强调"德法并治，德主刑辅""德礼为政教之本，刑罚为政教之用"的原则。今天，我们在建设中国特色社会主义事业的历史进程中，坚持依法治国同以德治国相结合，仍然是一条重要原则。古代西亚希伯来的法律思想认为，法律实际上"是执行道德的工具，是附加了刑罚的礼"；在古巴比伦的《汉谟拉比法典》中，一方面规定了详细的法律条文，另一方面又强调要"确立仁政于国内"，可见他们也是主张法治与德治相结合的。

六是亲仁善邻、和平相处。这是认识和处理国家与国家关系的一种思想智慧。几千年来，亚洲各国各地区之间虽然也发生过不同范围、不同情况、不同性质的冲突和战争，但是，广大亚洲国家和人民对"亲仁善邻、和平相处"这一处理国家关系的原则，一直是向往和珍视的，而且这也是历史上亚洲国家之间关系发展的主流。中国在远古时期就有了"协和万邦""合和万国"的理念。当然，那时的所谓"万邦""万国"都是中国境内的方国或诸侯国。到了秦汉以后的历代当政者，将"亲仁善邻，国之宝也"奉为指南，将"国虽大，好战必亡"引为鉴戒，主张按照"以德为邻""以和为贵"的原则，来处理中国与周边国家的关系。历史上中国与周边国家之间长期实行的所谓"朝贡体系"，即"进贡"与"回贡"、进贡使团与贸易商队相结合的这样一种政治、经济、文化交往的方式，虽然在礼仪形式上有高下之分，但实际上在很大程度上体现的是一种"互惠互利、和平合作"的良好国家关系。历史上日本的圣德太子在制定"十七条宪法"时将"和为贵"列为第一条，朝鲜半岛学者提出"义命相敬"，阿拉伯学者主张"城邦（国家）合作"，印度前总理尼赫鲁倡导过"世界一家"，乌兹别克斯坦诗人纳沃伊也称"没有比生活在友谊之中更美好的事情"，这些都体现了和平外交的思想。20世纪50年代，亚洲国家之所以能够率先提出并践行和平共处五项原则，将其作为处理世界各国相互关系的准则，这绝不是偶然的。

七是诚敬为本、互尊互信。这主要是关于认识和处理人与人之间的道德行为关系的一种思想智慧。中国自古就有"经国家、定社稷、序民人、利后嗣"的礼乐文化，中国民间则普遍流行乡约家规，社会上下都是将诚敬互信作为基本的道德原则，来规范人们的行为，促进彼此之间加强团结、和谐相处。中国古语中的"敬天法祖，敬重百姓""诚实守信，互谅互让""患难相扶，休戚与共""己所不欲，勿施于人""言必信，行必果"，等等，都体现着这一道德原则。诚敬与互信，在亚洲其他国家和地区也是普遍加以倡导的。印度人吟诵千年的著名史诗《摩诃婆罗多》，就是教导人们要尊敬师长、尊敬他人，自己则要自制诚正。伊斯兰教教义中也把诚信作为一个基本规定，并把是否履行这一规定作为衡量每一个穆斯林行为是否道德、信仰是否真诚的重要标准。亚洲各国各地区的人们还深知，诚敬为本、互尊互信，不仅应该成为个人之间交往的重要规范，也应该成为民族之间、国家之间交往的重要原则。

八是义利结合、互惠互赢。这是关于认识和处理个人之间、社会之间、国家之间不同利益上的道义原则与物质利益关系的一种思想智慧。反对唯利是图、见利忘义，主张明义正利、义利兼顾，倡导互利互助、合作共赢，是亚洲许多国家和地区在个人交往、社会交往、国家交往中所践行的一个基本原则，也是亚洲价值与东方智慧中富有特色的一个重要内容。中国古语中宣传的"不义而富且贵，于我如浮云"的格言，印度《摩诃婆罗多》史诗中所高扬的利他主义思想旗帜，就是亚洲人民倡导义利结合、互惠互赢的鲜明写照。

九是开放包容、互学互鉴。这是关于认识和处理不同民族、国家、地区的不同文明之间关系的一种思想智慧。世间万事万物总是千差万别、异彩纷呈的，这是客观存在的事实；任何一种文明，不管它产生于哪个国家、哪个民族的社会土壤之中，都是流动开放的，这是文明传播和发展的客观规律。彼此之间互学互鉴、取长补短，这是不同文明共同提高、共同进步的必由之路；不同文明只有姹紫嫣红之别，而无高低优劣之分。历史反复证明，凡是搞所谓"只此一家，别无分店""天上地下，唯我独尊"的文化霸权主义的，无不以失败告终，都是自取衰亡之道。亚洲人民历来主张不同民族、国家、地区的文明应该相互融通、互学互鉴，所以亚洲文明才能成其不断进步的历史局面。中国典籍中阐述的"海纳百川，有容乃大""远人不服，则修文德以来之""以文会友，以友辅仁"，伊斯兰教的创始人穆罕默德倡导的"学问虽远在中国，亦当求之"，伊斯兰教教义中主张的"阿拉伯人不优于非阿拉伯人，非阿拉伯人也不优于阿拉伯人"，都闪烁着开放包容、互学互鉴的思想智慧之光。而阿拉伯历史上著名的"百年翻译运动"，就是不同国家、不同地区之间文明的互学互鉴的一次集中体现和杰出产物。

最后，需要加以说明的是，以上列举的九个方面的思想智慧，一是由于掌握的资料有限，可能有些亚洲国家和地区的有特色的思想智慧没有涵盖在内，即使已经提及的，其中所引用的论述也可能不是最具代表性的；二是把这九个方面作为亚洲价值和东方智慧的基本内涵，并不是说这些价值和智慧都是亚洲文明所独有的，欧洲、美洲、非洲、大洋洲等世界其他地区的文明就没有这些价值和智慧，而只是相比照而言，只是表明它们在亚洲文明中表现得更为突出，更富有自己的特色；三是对亚洲价值和东方智慧作以上概括，还只是一种初步尝试，也算是"抛砖之语"。今日"抛砖"，希望来日能收"引玉之效"。

（《红旗文稿》2016 年第 19 期）

慎海雄：
以新发展理念塑造中国形象

创新、协调、绿色、开放、共享的发展理念，是以习近平同志为核心的党中央治国理政新理念新思想新战略的一个集中体现，深化了对当代中国经济社会发展规律的认识，实现了发展观念的变革，拓展了中国共产党人的发展观。以新发展理念为引领，必将深刻影响中国的国家形象、政党形象、国际形象的塑造，为探索人类美好的社会制度提供中国方案、为完善全球社会治理体系提供中国智慧。

一、诠释国家新形象

全球化时代，国家形象已成为国家利益的重要内容，建构良好的国家形象，对于促进国家发展、维护国家安全、增强综合国力和国际竞争力意义重大。习近平总书记的系列讲话特别是对创新、协调、绿色、开放、共享发展理念的阐述，充分彰显了中国新气象，诠释了国家新形象。

新发展理念是观察中国道路的新维度。发展道路是国家形象的重要表征，它折射发展程度、发展方式，蕴含发展取向、价值追求，选择什么样的发展道路直接关系到国家形象的塑造。习近平总书记指出，我们要建设的是中国特色社会主义，而不是别的什么主义。中国特色社会主义道路成为中国国家形象的重要表征，而创新、协调、绿色、开放、共享的发展理念，则分别从发展动力、发展路径、发展目的等维度描述了中国特色社会主义道路的特质，从深层次揭示了中国特色社会主义道路的内涵和特色，表明中国特色社会主义道路是崇尚创新、注重协调、倡导绿色、厚植开放、推进共享的发展道路。国际社会从中可以更直接、具体地感知中国国家形象的内涵，感悟中国国家形象的构建。

新发展理念是彰显中国形象的新元素。新发展理念为国家形象增添了新内容、注入了新元素。创新发展意味着发展动力的转换，实现从"要素驱动""投资驱动"向创新驱动转变，由此展示勇于创新、善于创新、富有智慧、永续发展的国家形象；协调发展注重解决发展不平衡，补齐经济社会发展短板，由此展示均衡、和谐、文明的国家形象。绿色发展是生态文明在发展中的体现，践行"绿水青山就是金山银山"，由此展示尊重自然、中国美丽的国家形象。开放发展意味着我国实行互利共赢的开放战略，发展更高层次的开放型经济，积极参与全球经济治理和公共产品供给，构建广泛的利益共同体，展现担当、友善、互利、共赢、和平的国家形象。共享发展在于着力缩小收入差距、城乡差距，使全体人民有更多获得感，由此展示社会公平、共同富裕、人民幸福的国家形象。因此，实践新发展理念能够从不同维度、不同层次展示和提升国家形象，为塑造中国国家形象提供新机遇。

新发展理念是夯实中国形象的新基石。新发展理念是管全局、管长远的宏观战略。习近平总书记多次强调，全面建成小康社会，"一个都不能少"。全面建成小康社会目标的实现，将为中国国家形象建构奠定重要基础。在新发展理念引领下全面建成小康社会，无论是在中华民族发展史上还是在世界发展史上、在社会主义发展史上，都具有标志性意义，更为中国国家形象的塑造提供了坚实支撑。

二、塑造政党好形象

新发展理念既是一种发展方向，也是一种执政理念，表明了中国共产党对国内发展大局、世界发展大势的总体把握，体现了中国共产党的宗旨意识、担当意识，也彰显了中国共产党执政能力、执政方式的新发展。

执政能力的提升。执政能力是塑造政党形象的重要方面，执政能力要随着执政环境的变化而提升。新发展理念是从中国经济社会发展的阶段性特征出发提出来的，既立足于我们的实践，又吸收了中国优秀传统文化和改革开放以来的发展经验，并适应了国际社会发展潮流与发展趋势，是我们党应对重大挑战、抵御重大风险、克服重大阻力、解决重大矛盾而作出的理性选择。新发展理念的形成与付诸实施，从一个侧面表明我们党执政能力、执政水平正随着时代的发展大步提升，有利于我们党塑造自我完善、自我提高的执政形象。

执政宗旨的凸显。为谁执政、靠谁执政，这是塑造政党形象的根本问题。中国共产党是服务人民、为人民谋利益的政党，在选择发展方式、发展道路的过程中，人民利益至高无上。习近平总书记强调："人民是历史的创造者，群众是真正的英雄"，"人民对美好生活的向往，就是我们的奋斗目标"。这道出了人民主体地位和中国共产党的执政宗旨。新发展理念体现了人民主体地位，凸显了执政为民的宗旨，贯穿了以人民为中心的发展思想，彰显了党的执政宗旨、执政使命。

执政方式的变革。执政方式是塑造政党形象的关键因素。新发展理念引领实践，实际上对党的执政方式提出了新要求。习近平总书记指出："贯彻落实新发展理念，涉及一系列思维方式、行为方式、工作方式的变革，涉及一系列工作关系、社会关系、利益关系的调整，必须发挥改革的推动作用、法治的保障作用。"新发展理念的实践，要求具有战略思维、历史思维、辩证思维、创新思维、底线思维，提高运用科学理论观察事物、分析问题、解决问题的能力，不断增强工作的科学性、预见性、主动性和创造性；要求通过改革旧的体制机制，形成系统完备、科学规范、运行有效的制度体系，以加强和改善党对经济社会的领导；要求运用法治思维与法治方式推动经济社会发展，使经济社会在法治的轨道上运行；要求通过全面深化改革激发人民创新、创业的活力，通过经济社会发展凝聚民心与民力。因此，新发展理念将促进党的执政方式变革，有助于塑造中国共产党人永不自满、永不停滞的执政形象。

三、提升大国软实力

G20 杭州峰会上，习近平同志以大国领袖的远见卓识和开阔胸怀，协调推动各成员国合力支持 G20 聚焦世界经济面临的最突出、最重要、最紧迫的挑战，同时加强政策协调，完善机制建设，扎实落实峰会成果。系列共识的相继达成，昭示了中国的担当和凝聚力，有力佐证了新发展理念的强大软实力。新发展理念既是立足我国经济社会发展现实的理性选择，也是应对人类发展全球性困境的中国方案，对于人类文明发展、人类命运共同体的建构将产生深远影响，必将极大提升中国的国际地位与国际形象。

全球视野下的发展共识。新发展理念适应国际社会发展潮流与发展趋势，具有全球视野、世界眼光。新发展理念使我国发展的动力与方式、发展的目标与取向，走到时代潮流的前列，发挥了引领作用。正因为如此，新发展理念的提出及其实践，引起了国际社会的广泛关注，逐渐为越来越多的国家所认同。

负责任、敢担当的新兴大国。责任与担当是国际社会评判国家形象的重要尺度，也是支撑一个国家国际形象的重要方面。新发展理念本身体现了中国的责任与担当。比如，"一带一路"等重大战略的实施，充分表明我们的开放不仅着眼于中国自身，更是着力实现合作共赢，为其他国家提供共同发展的机遇和空间。正如习近平总书记所说："欢迎大家搭乘中国发展的列车，搭快车也好，搭便车也好，我们都欢迎，正所谓'独行快，众行远'。"此次 G20 杭州峰会上，在习近平总书记娓娓道来的主旨演讲中，无不彰显出中国的责任、担当和自信。

破解全球发展困境的中国智慧。出思想、出经验、出智慧，比出产品更重要。2008 年国际金融危机以来，如何引领国际经济走出困境、摆脱危机，世界各国都在关注和探索。新发展理念是应对全球发展困境提出的中国方案，是力求突破全球发展困境的中国智慧。习近平总书记指出："创新、协调、绿色、开放、共享的发展理念，是针对我国经济发展进入新常态、世界经济复苏低迷开出的药方。"随着实践的发展，这一"药方"的价值将愈加显现。G20 杭州峰会的诸多成果，就是在新发展理念指导下，开启强劲、可持续、平衡、包容增长的崭新航程的最佳例证。

总之，新发展理念为中国的国家形象、政党形象的建构带来了新机遇、增添了新内容、提供了新支撑。我们要自觉以新发展理念引领实践，打造中国新形象，为中华民族的伟大复兴赢得良好的发展环境。

（《瞭望》新闻周刊 2016 年第 42 期）

林毅夫:

照搬西方主流经济理论是行不通的

　　理论以帮助人们"认识世界、改造世界"为目的,既源于实践,又指导实践。但是,理论的适用性取决于条件的相似性。实践证明,根据西方主流理论指导转型和发展的国家并不成功,而少数成功国家的转型和发展道路却违背了西方主流的经济理论。把西方主流的经济理论全盘照搬到发展中国家,常有"淮南为橘、淮北为枳"的缺憾。

一、发展经济学深受西方主流经济理论影响

　　发展经济学兴起于 20 世纪四五十年代,最初是作为西方国家的一门经济学分支学科。它以西方主流经济理论为基础,以发展中国家的经济发展为主要研究对象。

　　发展经济学在早期主要表现为结构主义。结构主义发展理论研究的核心问题是,刚摆脱殖民统治或半殖民地地位的不发达经济体应通过何种经济机制,使国内经济结构从以传统农业为主转变为现代化的制造业和服务业经济,实现对发达国家的追赶。结构主义发展理论深受当时西方主流的凯恩斯主义影响,针对普遍存在于发展中国家的市场失灵,主张政府对市场的替代作用,提倡实施进口替代战略,以实现国内生产结构的转变。19 世纪末和 20 世纪初,美国

和德国之所以能够赶超英国，很大程度上也可以归结为采用了进口替代战略来发展经济。

自 20 世纪七八十年代以来，由于主张政府干预的凯恩斯主义难以解决发达国家的滞胀问题，新自由主义经济理论随之在美英兴起，发展经济学自此深受新自由主义的影响。新自由主义经济理论继承了古典自由主义经济理论的自由经营、自由贸易等思想，推崇自由化、私有化和市场化。自 20 世纪 80 年代末 90 年代初以来，新自由主义经济理论随着美国总统里根和英国首相撒切尔夫人政策的推行而盛极一时，并向发展中国家推广。

二、西方主流经济理论在发展中国家实践中的失败

先看结构主义。第二次世界大战结束后，结构主义主张的进口替代战略在一些发展中国家得以推行，在一定程度上刺激了发展中国家民族工业尤其是消费品工业的发展，增强了这些国家独立发展经济的能力，降低了经济的对外依赖程度。但这一战略在发展现代化大工业的努力上却遭遇了挫败。阿根廷、巴西、印度、墨西哥、巴基斯坦、菲律宾和许多非洲国家的工业化发展经验表明，进口替代战略大幅降低了经济效率，抑制出口，加剧失业，导致国际收支恶化和危机不断。从 20 世纪 60 年代中期开始，东亚的一些经济体，包括日本、韩国、新加坡等国家及我国台湾地区，则在经过一段时间的进口替代工业化过渡后，采取了出口导向战略。

再看新自由主义。新自由主义经济理论在发展中国家的推广蔓延，并没有给发展中国家带来经济繁荣，反而弊端不断暴露，消极影响日益凸显，给众多发展中国家经济社会发展造成了严重危害。俄罗斯推行新自由主义的教训非常惨痛。苏联解体后，俄罗斯一批欧美派理论经济学家在国内进行了大刀阔斧的"休克疗法"，包括价格自由化、国有资产私有化、财政稳定化等。由于在改革上急于求成、忽视国情，"休克疗法"给俄罗斯带来了恶性通货膨胀、国有资

产被大规模侵吞等极其严重的后果。拉丁美洲和东南亚一些国家，由于推崇新自由主义，并在西方国家的压力下，推进贸易自由化，放松资本账户管制，实行大规模私有化，减少国家对经济生活的干预，导致国家经济严重衰退。

新自由主义或"华盛顿共识"的失败在于，它以西方国家特别是美国的制度及其发展模式为圭臬，认为后进国家要实现经济的起飞和现代化，在经济制度和政策安排上必须向以美国为首的发达国家看齐，实施全面的、彻底的甚至是过度的自由化、私有化和市场化改革。过度的自由化导致东欧和拉美国家民族经济凋敝，国内经济和金融大多被外国资本所控制；过度的私有化导致拉美国家储蓄率大幅下降，进而导致其经济深陷"中等收入陷阱"；过度的市场化导致多数拉美、中东和东欧国家基础设施得不到有效改善，成为制约经济发展的重要瓶颈。这就在事实上宣告了新自由主义的破产。

三、西方主流理论难以解释成功经济体的发展实践

从20世纪60年代开始，新加坡、韩国、中国香港和中国台湾推行出口导向型战略，重点发展劳动密集型加工产业，利用工资优势承接了日本和西方发达国家劳动密集型产业的转移，吸引了外国大量的资金和技术，在短时间内实现了经济腾飞，成为新兴工业化经济体。从当时盛行的理论来看，亚洲"四小龙"经济发展绩效是无法解释的。当时在西方占主流的结构主义理论认为，发展中国家和地区追赶发达国家的主要方式是推行进口替代战略，加快发展可以与发达国家直接竞争的现代化资本密集型产业。

中国的经济体制改革更是西方主流经济理论所无法解释的。20世纪八九十年代，不同于苏东国家采取新自由主义所主张的激进式"休克疗法"，中国不搞全盘私有化，不搞缺乏政府宏观调控的过度市场化，不搞没有资本账户管制的盲目自由化，形成并坚持了社会主义市场经济的改革方向。例如，在培育市场主体上，一方面，对

涉及国计民生、需要国家支持的大中型国有（国营）企业，在一定时期内保证资金供给和国家分配的物资，在此基础上，通过深化改革，增强企业活力，逐步使国有企业成为自主经营、自负盈亏、自我发展、自我约束的市场主体；另一方面，鼓励发展城乡合作经济、个体经济、私营经济、外资经济等多种所有制经济，对传统的、受到抑制的劳动密集型轻工业，全面放开市场准入。改革开放30多年来，中国经济发展之所以能取得举世瞩目的成绩，就在于中国从实际出发，找到了一条把社会主义基本制度与市场经济结合起来的道路，形成了充满活力的社会主义市场经济体制，并在持续深化改革中不断理顺政府与市场关系，实现了有效市场和有为政府的有机结合。回首30多年，正是当时被西方主流经济理论认为是完全行不通的中国特色社会主义的改革目标和路径，使得中国实现了经济稳定快速发展。

中国道路的成功秘诀，就在于打破新自由主义所谓自由化、私有化、市场化的神话，在坚持发挥中国共产党总揽全局、协调各方的领导核心作用，坚持社会主义基本经济制度的基础上，妥善处理好政府和市场的关系，使市场在资源配置中起决定性作用，更好发挥政府作用，"看不见的手"和"看得见的手"都用好，努力形成市场作用和政府作用有机统一、相互补充、相互协调、相互促进的格局，推动经济社会持续健康发展。这是中国共产党对中国特色社会主义建设规律认识的一个新突破，也是中国道路、中国方案对构建真正属于广大发展中国家的发展经济学的重大贡献。

四、发展中国家转型和发展现象需要新解释

为何中国发展如此成功，有些国家却发展缓慢甚至出现倒退？依据笔者多年的经验观察，认为关键之处在于发展中国家在转型和发展中不能照搬西方主流理论，而要用适合自己的理论解释和指导实践。

现实国情决定了一个国家适合发展的产业结构。一个国家在一个时点上的资本、劳动、自然资源等要素禀赋及其结构，决定了这个时点的比较优势和具有竞争力的产业结构，这样的产业结构代表了这个国家在这个阶段的生产力发展水平。对于一个国家来说，发展经济是为了提高收入水平，提高收入水平的前提是决定劳动生产率水平的产业结构得到提高，而产业结构水平是由要素禀赋结构决定的。在发展中国家，通常是资本比较稀缺，但劳动力与自然资源相对丰富，因而具有比较优势的产业就是劳动密集型产业或资源密集型产业。在发达国家，资本相对丰富，劳动力资源相对短缺，更有利于发展资本密集型产业。发展中国家要提高收入水平，应当根据自身的比较优势发展各种产业，从而最大地创造剩余和最快地进行资本积累，以改善本国的要素禀赋结构，促进产业结构升级，提高本国经济发展水平。

产业的发展与转型需要与之相适应的制度安排。法律、金融等制度安排，必须和产业发展的结构、规模和风险特性相适应，才有可能发挥比较优势，从而形成国家竞争优势。因此，发展中国家若要使其比较优势转变为竞争优势，除了发挥要素生产成本的优势外，必须降低交易成本。这就需要根据各种产业的资本需求量和风险，以及规模经济和市场范围的特性，为其发展提供相适应的金融、法律和基础设施。按照要素禀赋结构决定的比较优势来发展经济，能够最大地创造剩余和最快地积累资本，但前提是存在能够准确反映各种要素相对稀缺性的"有效市场"，以及使制度环境和基础设施能够随着资本的积累、比较优势的变化和产业的升级进行相应完善的"有为政府"。建立"有效市场"和"有为政府"，并处理好这两者之间的关系，是经济健康发展和成功转型的制度前提。

西方主流经济理论指导发展中国家为什么会失败？在结构主义倡导的进口替代赶超战略下，发展中国家政府要优先发展资本和技术密集型产业，但这不符合发展中国家资本相对短缺的现实。因而，此类产业的企业在开放竞争的市场中缺乏自生能力，企业家不会自发投资，只有依靠政府给予各种保护补贴才能发展。这样的发展不具有可持续性，必然走向失败。新自由主义的失败则在于对政府失灵的原因缺乏正确的认识，用"看不见的手"片面否定以致取消"看得见的手"的作用。发展中国家存在于市场中的各种扭曲，实际上是因政府保护赶超战略下缺乏自生能力的企业而出现的。由于受保护的大企业通常是国民经济和国防安全的基础，如果取消所有保护补贴，缺乏自生能力的企业必将倒闭，引发大量的失业和社会政治动荡。为避免社会动荡和国防安全的需要，转型中国家的政府在推行"华盛顿共识"的改革中，取消了原有的保护补贴之后，又引进各种新的、隐蔽的保护补贴，其效率往往比原来的保护补贴更低。

违背西方主流经济理论的渐进式、双轨制改革为什么会成功？主要是因为：这一改革方式对原来优先发展的缺乏自生能力的资本密集型产业部门给予转型期保护，有效维护了经济和社会稳定；同时，政府放开原先受到抑制的、符合比较优势的劳动密集型部门的准入，并因势利导促其发展，使经济得以保持可持续增长。而符合比较优势部门的快速增长积累了资本，使原先缺乏自生能力的企业获得自生能力，转型期的各种保护补贴随之减少直至取消。比较优势部门的发展还创造了大量的就业，使得一些并非国防安全和民生所必须、缺乏自生能力的企业破产后失业人员再就业成为可能，避免了社会动荡，为经济转型赢得了比较稳定的社会环境。

总之，由于发展中国家和发达国家的许多条件不同，照搬发达国家经验的西方主流经济理论是行不通的，必须依据本国国情，加强理论创新，以指导本国发展实践。发展中国家之间具有较为相似的条件、挑战和机遇，来自中国的理论创新不仅能为中华民族伟大复兴中国梦的实现作出贡献，也将有助于其他发展中国家摆脱贫困和"中等收入陷阱"，实现习近平总书记提出的"百花齐放春满园"的愿景。

（《求是》2016 年第 20 期）

张树华：
超越西式民主，增强政治话语权

　　"冷战"结束后，国际上的意识形态斗争并未平息。相反，随着西方大国高举"民主、人权"等旗号，对外大肆输出"民主"、策动颜色革命，世界舞台中的思想政治领域的较量与斗争日趋激烈。西方大国凭借对"民主、人权、自由"等话语的垄断，在国际政治领域以西式政治标准画线，肆意打压其他政治制度不同的国家。如今在国际政治舞台上，较之"东方-西方、北方-南方、发达经济体-发展中国家"的差异，"民主国家"与"非民主国家"间的对立色彩更加鲜明。

　　"落后就要挨打、贫穷就要挨饿、失语就要挨骂。"习近平总书记多次强调要加强我国国际传播能力建设，争取国际话语权，从根本上解决"挨骂"问题。如何构建我们自己的话语体系，破除对西式民主的迷思，解决在政治话语体系中的"挨骂"问题，是当前理论界的一项重要任务。

一、破除西方对政治话语的垄断，把西式民主请下"神坛"

　　很长一个时期，西方社会笃信存在一个永恒的、掌握了人类社会真理的"政治西方"。这个"政治西方"自我标榜为"民主国家、自由世界"，将走不同政治道路的其他国家视为"异己"，有时干脆打入"独裁、邪恶"的另类。"西方国家是民主的、民主属于西方国家、西方民主制度是普世的"等论调,像"圣经"教条一样被写进政治学教科书,回响在各种讲坛。民主成了政治的全部,民主涵盖了一切。在一些人眼中,民主与自由市场、富足等符号被描绘成西方社会的象征。凭借对"民主"概念的垄断,西方国家占据了国际政治制高点。在这一过程中,"民主"被西方政治理论家提炼成西方政治制度的唯一真谛,成了西方政治人物拿来任意粘贴的标签,被舆论推演成一种政治宗教,变成西方对外政治输出的"政治圣经"和"基本软件"。

在国际思想和舆论领域,"如何定义民主"已经成为意识形态的大战,西方强行而任性地垄断了民主概念。20世纪下半叶民主、人权等成了冷战中西方世界攻击社会主义阵营的武器。近年来,民主问题更是西方舆论对我国进行政治攻击渗透的重点。习近平总书记指出,一定要弄清民主与人权等问题的内涵,要看清西方宣扬所谓"普世价值"和"宪政民主"背后暗藏的玄机。要抓住民主人权、民族宗教、反腐倡廉等西方对我们存在"认知错位"的关键问题,深入研究、各个突破。

当前,能否深入研究国际上民主化和政治发展的一般规律及特殊性,总结中国特色社会主义政治发展的成功经验,勇于打破西方在民主话语中的垄断,是掌握国际政治斗争和舆论战主动权的关键。然而,不能回避的是,应对民主和其他政治话题时,我们还未能摆脱长期以来"被动挨打"的局面。由于在学理、话语和心理层面还准备不足,因此在国际上涉及民主、人权、普选、自由等话语争辩时,往往底气不足、无言以对。受制于西方政治理论和民主话语框架的束缚,虽然别人没有堵上我们的嘴,但我们却难以做到"以理服人"。例如,以约瑟夫·奈为代表的西方谋士之所以提出"软实力"概念,就是自认为美国掌握了"民主、自由"等政治王牌,并且把西方民主这一政治价值视为"软实力"的核心,犹如永不熄灭的灯塔。对此,国内学界多数选择避而不谈,有的另辟蹊径——在一些非核心的诸如琴棋书画、熊猫、京剧等非政治领域提倡"文化软实力"。但国际思想和舆论斗争经验告诉我们，如果不能突破西方的"民主""围剿"，在代表"软实力"核心的政治理念和政治话语上立不起来，就很难摆脱"挨骂""受批"的境遇，还随时可能落入西方"政治陷阱"，甚至可能像20多年前的戈尔巴乔夫一样，"犯下颠覆性的错误"。

当前，提出壮大软实力、争夺国际话语权等问题十分及时。但提出问题并不等于解决了问题。研究话语权问题切忌空泛议论，而是要找出话语体系中的突破口，抓住关键处，提出有效的、有针对性的、能够突破西方话语壁垒的实际突破口，拿下炮楼和碉堡。要善于比较总结中国政治发展的全面性特点和独特优势，讲清楚西方民主制度的根本缺陷和局限性，扯下罩在西式民主头上的"光环"，把它请下"神坛"。

二、树立全面的政治发展观，破除对西式民主的迷思

多年来，在政治和民主问题上，中国没有妄自菲薄，也没有随波逐流，始终保持着高度的政治自信，体现了"一个伟大民族应有的品格"。

中国近年来取得伟大的发展成就，被外界誉为"21世纪最重大的政治事件"。20多年前，东西方阵营之间的"冷战"结束，中国没有重蹈苏联亡党亡国的覆辙。在中国共产党的正确领导下，中国始终保持着改革、发展、稳定的良好势头，昂首阔步地走在经济发展和民族复兴的大道上。2008年世界性的金融危机爆发后，西方社会经济制度和社会治理模式或碰壁或搁浅，国际上不少国家面临着不稳定和不确定的未来，中国从容应对，表现突出，中国经济已经成为世界经济发展的强大推动力。

经济成就的取得不是孤立的，中国奇迹的基石在于中国政治经济体制的相互促进。中国稳定的政局和政治治理模式作为经济发展

的保障机制，起到了保驾护航的重要作用。中国政治发展的价值取向和经验原则丰富着世界政治面貌，丰富了人类发展的内涵和理念，无疑将深刻影响世界格局与人类政治文明的发展。坚持全面而科学的政治发展观，坚持民主、稳定、效能等统一的治理理念，是中国成功的锁钥。在国际上，中国特色社会主义政治发展道路冲破了西方的政治围堵和舆论绞杀，为广大发展中国家探索适合本国国情的发展之路提供了宝贵经验。因此，"中国奇迹""中国道路"在当今复杂多变的国际背景下有着特殊的国际影响和历史意义。

如今，国际政治思潮和政治实践中，被西方垄断的"民主"概念已被滥用，出现了民主赤字、民主异化、劣质化、泛化、神圣化、宗教化、教条化、工具化、功利化、标签化、碎片化等乱象。因此，克服西式民主弊端、打破民主化悖论、跨越西式政治陷阱、推动政治议程转向迫在眉睫。当代中国的政治发展冲破了西方固有的"民主-专制"二元对立的思维定式和双重标准，抵制住了西方以"民主、自由、人权"为幌子的文化霸权的侵扰，排除了"激进民主原教旨主义"和"自由民主一元论"的干扰，以坚定的政治立场、开放的发展视野，顺应人民的意愿，秉承全面、协调、包容的发展理念，开辟了世界政治中一条独具特色和卓有成效的发展道路。

坚持全面的政治发展道路，必须树立全面而科学的政治发展观，澄清围绕在"民主"问题上的种种迷思。全面的政治发展观具备以下几个特性：全面协调性、动态发展性、主权历史性。当代中国政治发展秉持全面性、稳定性、发展性、协调性、包容性，是民主、秩序、效能等政治价值的有机统一。全面的政治发展观力求以全面、务实的政治发展方略提高政治发展力，以实现真实、广泛的人民民主。以持续、稳定的政治发展力提高中国在国际上的政治竞争力和政治影响力，实现政治稳定、政治秩序、政治绩效、政治能力、政治动员、政治廉洁等指标的全面、和谐与包容性的增长。

在人类历史的长河中，民主是成长的、多样的、具体的、现实的、历史的，民主进程要统一于政治发展的总目标，要与经济建设、社会建设、文化建设、法治建设等进程相协调。2008 年国际金融危机爆发以来，西方政治频频遭遇"红灯"，政治对立加剧，政府运行停摆，西式民主"一元论"饱受质疑。通过对国际上"民主化悖论"现象的总结与反思，我们坚信，要树立正确的民主观，坚持走全面发展的政治道路。

中国的政治发展道路很好地体现了发展目的人民性、发展价值包容性和发展方式兼容性。而在西方主导的、以西式自由、民主为核心的政治评估体系中，发展中国家被迫屈从于西式话语霸权，被肆意评判。因此，有必要以强调政治发展力和竞争力为突破口，构建以包容、稳定、秩序、效能、民主、法治等价值为核心的全面发展的政治理念，积极开展国际政治评估领域的相关理论与实践研究，不断提升中国在全球政治评估领域的话语权和竞争力。

（《紫光阁》2016 年第 9 期）

金元浦:
重塑文化中国形象

  国际形象是在国际交往活动中国际社会对一个国家及其公众所形成的整体印象。它是一个国家的"名片",决定着一个国家在国际交往中的影响力,也直接关系到一个国家在国际交往中的利益关系。改革开放以来,我国经济、政治、文化和社会迎来了空前的大发展、大繁荣。从"东亚病夫",到"世界工厂",再到如今的经济大国,中国的国际形象在百年间经历了翻天覆地的变化。但对有 5000 年文明史的中国来讲,真正深厚的东西是文明和文化底蕴,这才是文化中国最基本的面貌。

  "文化中国"是一个文化意义上的中国概念,它蕴含着一个在经济上日益现代化的中国向世界展示自己博大浩瀚的文化蕴含、开放进取的文化品格、崇尚和平的文化理想的由衷愿望。重建历史悠久的文化中国的国际形象,是中华民族伟大复兴的重要标志。文化是中国面对世界最为深厚的积淀。中国古老文化历经 5000 余年,是世界上唯一从未间断、绵延至今的人类文化的瑰宝,是人类童年时代便已产生的、不可企及也无法再造的世界文明的辉煌顶峰之一。

  儒家哲学中的人本、民本、刚健、自强、革新、崇德、仁义、爱众、人和、以和为贵、和而不同等价值观念,对于现代国家管理和社会秩序的和谐运转以及个体的人格养成具有重要意义。道家和道教的道器、重生、贵生、自然、尊道贵德、齐同慈爱、性命双修等观念所表现出的人生智慧，也具有重要的现代价值。佛教文化中的缘起、因果、平等、慈悲、中道、容忍、圆融、解脱等一系列理念，对于当代社会中的人伦关系与个体心理的调适，同样具有重大意义。中国传统的"和合文化"观经过现代转换，对当代西方世界具有重要借鉴和启示意义。

在很长时期内，中西文化交流中，中国只是被动地扮演了西方文化"他者"的角色。西方通过"他者"这个参照系，来审视自己，突破过去的"自我设限"以谋求发展，带有浓重西方中心论色彩。按照萨义德的东方学观点，"东方"是一个整体的地缘概念，是一套西方言说和凝视"他者"的话语方式。"东方"除了作为空间的地理概念、自然的存在之外，更是一种历史延续下来的隐喻象征，是西方在认同自身文化时，通过想象而建构出来的"他者"，作为与西方相对立的一个"东方"而存在，因此在"东方"这个概念上历史地附着一种固定的意象联想、定势的思维系统以及语词表述习惯。

在西方对中国的认知定式里，由长期历史经验累积的对中国异域形象的想象模式的惯性力量，使有关中国的"事实"都失去了自足性，有关中国的话语表述都被放在已有框架中被"原型"化，以符合西方人的既定想象，提供他们所需要的参照意义，维持他们对世界的理解系统。事实上，西方媒介话语建构的关于中国的认知系统，远远不同于中国的经验与现实，是中国在跨文化传播话语权缺失、被弱化的失语状态下被"他者"化的一个表述。西方媒介话语中对中国的"他者"定型是一种潜意识里的对中国的原型想象，这种原型比客观经验还更具有坚固性和塑造力。西方媒介通过想象进行的象征性构建，也即西方对中国的"他者"定型是在真实中国缺席的情形下完成的，实际上是对中国形象的一种概念化和简单化的处理。从中国一方来说，需要不断地敞开自我寻求理解，逐渐改变西方媒介话语对中国狭隘的表述框架。在媒介话语的跨文化传播过程中，争取与运用好传播权、发言权，争取在国际社会自我表述的机会，做自己的话语主人。

（《学习时报》2016 年 10 月 13 日）

姚 遥：
中国公共外交的宝贵资源

党的十八大以来，习近平总书记身体力行，运用优秀传统文化讲好中国故事，传播好中国声音，在世界各地开启了一堂又一堂关于中国历史文化的全球公开课，成为中国推动公共外交、构建国际话语权的一道亮丽风景线。

一、中国人民的精神世界植根于传统文化

在 5000 多年文明发展中孕育的中华优秀传统文化，积淀着中华民族最深层的精神追求，代表着中华民族独特的精神标识，是我们最深厚的文化软实力，也是引导世界全面、准确认识当代中国和中国人民的故事源泉。

讲好中华优秀传统文化，有利于国际社会认识中国人民的精神世界。2014 年 4 月 1 日，习近平总书记在欧洲学院发表演讲时指出，2000 多年前，中国就出现了诸子百家的盛况，老子、孔子、墨子等思想家上究天文、下穷地理，广泛探讨人与人、人与社会、人与自然关系的真谛，提出了博大精深的思想体系。当前，越来越多对中国感兴趣的国际人士开始学习汉语、学习中华传统文化，这有助于他们正确认识中国人独特而悠久的精神世界，进而理解并认同中国在国际社会所一贯主张的诸如走和平发展道路、构建以合作共赢为

核心的新型国际关系、打造人类命运共同体等价值理念。

讲好中华优秀传统文化，有利于国际社会了解中国的发展变化。2006 年，时任浙江省委书记的习近平在接受美国作家罗伯特·库恩采访时指出："你一个月不来，半年不来，中国就会有很大的变化"，"但是如果结合中国悠久的历史来分析，又不会惊讶于它变化之快速，因为我们经历了几千年才走到这一步"。为向国际社会阐明中国全面深化改革的坚强决心，2014 年 7 月 14 日，习近平总书记在接受拉美四国媒体联合采访时强调，中国人自古就具有强烈的创新意识，"周虽旧邦，其命维新"，"天行健，君子以自强不息"。对照中华文化所倡导的"苟日新，日日新，又日新"，今天的改革开放只有进行时、没有完成时。

二、和平发展的自信和自觉来源于传统文化

和平发展，是当代中国最引人注目的故事之一。针对国际上有人宣称中国发展起来后会走"国强必霸"的老路，对其他国家构成"威胁"，习近平总书记在多个场合借助优秀传统文化讲好中国故事，向世界阐明了中国坚定不移走和平发展道路的决心和意志。

讲故事就是讲事实。习近平总书记注重从中华传统的思想源泉中寻找养分，阐释和平发展的历史事实。2014 年 3 月 28 日，习近平总书记在德国发表演讲指出，中国历史上曾经长期是世界上最强大的国家之一，但没有留下殖民和侵略他国的记录。2014 年 8 月 22 日，习近平总书记在蒙古国国家大呼拉尔发表演讲时强调，自古以来，中华民族就积极开展对外交往通商，而不是对外侵略扩张；执着于保家卫国的爱国主义，而不是开疆拓土的殖民主义。

讲故事还是讲情感。习近平总书记善于以推己及人的情感交流，使国际社会感知中国对和平的珍视。2014 年 11 月 17 日，习近平总书记在澳大利亚发表演讲指出，中国人自古崇尚"以和为贵""己所不欲，勿施于人"等思想。中国近代以后遭遇了 100 多年的动荡

和战火，国家发展、人民幸福无从谈起，中国人民绝不会将自己曾经遭受过的悲惨经历强加给其他国家和民族。中国人民对战争带来的苦难有着刻骨铭心的记忆，对和平有着孜孜不倦的追求，十分珍惜和平安定的生活。中国人民怕的就是动荡，求的就是稳定，盼的就是天下太平。

讲故事更是讲道理。在中华传统文化中，"以和为贵""和而不同""化干戈为玉帛""国泰民安""睦邻友邦""天下太平""天下大同"等理念世代相传。在韩国、印度、越南、新加坡，习近平总书记谈古论今，讲解中国人自古就推崇"亲仁善邻，国之宝也""四海之内皆兄弟也""远亲不如近邻""亲望亲好，邻望邻好"等和平思想，阐明爱好和平的价值观已经深深嵌入了中华民族的精神世界，今天依然是中国处理国际关系的基本理念。

三、合作共赢是对传统文化的创造性继承

合作共赢，是中国故事簿中的新亮点。中国提出构建以合作共赢为核心的新型国际关系，既是对西方国际关系理论的重大突破，也是对中华传统文化的创造性继承。

政治上，习近平总书记注重讲好"结伴不结盟"的中国故事。2014年3月27日，习近平总书记在巴黎出席中法建交50周年纪念大会，阐释中国和法国分别是以黄河长江和卢瓦尔-罗讷水系为母亲河的两个伟大民族，都曾经长期引领各自所在地区的文明发展进程，指出中法都坚持独立自主的外交政策，不随波逐流，不随风起舞，积极倡导和致力于多边主义、世界多极化、国际关系民主化。

经济上，习近平总书记注重讲好"共同发展"的中国故事。中国希望全世界共同发展，强调一国在国际关系中要妥善处理义和利的关系，既要让自己过得好，也要让别人过得好。2014年7月4日，习近平总书记在韩国国立首尔大学发表演讲指出，中华民族历来主张"君子义以为质"，强调"不义而富且贵，于我如浮云"。风物长

宜放眼量，义利之间其实是相互转化的，一国帮助他国，既有利于他国增强自生能力，更有利于自身实现持久繁荣。

安全上，习近平总书记注重讲好"共享安全"的中国故事。中华民族历来倡导"和合文化"，认为只有在"不同"的基础上才可能形成"大同"，也即在"求同存异"的前提下达到本质上的相近或相似，从而最终实现"和谐共生"。2014 年 5 月 21 日，习近平总书记在上海出席亚洲相互协作与信任措施会议第四次峰会，提出各国要树立共同、综合、合作、可持续的亚洲安全观，为走出一条共建、共享、共赢的亚洲安全之路指明了方向。

文化上，习近平总书记注重讲好"包容互鉴"的中国故事。每到一国访问，习近平总书记都会回顾中国与该国文明互鉴的历史。2013 年 9 月 7 日，习近平总书记在哈萨克斯坦纳扎尔巴耶夫大学发表演讲，指出哈萨克斯坦这片土地，是古丝绸之路经过的地方，东西方使节、商队、游客、学者、工匠川流不息，沿途各国互通有无、互学互鉴，共同推动了人类文明进步。这正是古丝绸之路留给我们的宝贵启示。

中华优秀传统文化是讲好中国故事，传播好中国声音的宝贵资源。我们要在以习近平同志为总书记的党中央领导下，继续推动中华文明创造性地转化为具有现实生命力的中国故事，把跨越时空、超越国度、富有永恒魅力的文化精神弘扬起来，让收藏在博物馆里的文物、陈列在广阔大地上的遗产、书写在古代典籍中的文字在国际舆论场中跃动起来，让中华文明同世界各国人民创造的多彩文明一道，为打造人类命运共同体提供强大的精神动力。

（《求是》2016 年第 20 期）

张梓轩：
文化在自信与开放中走向国际

　　一个国家的可持续健康发展，不仅需要雄厚的经济实力，更需要强大的文化力量。这是因为文化带来的认同感，是国家发展与社会进步所需凝聚力的重要来源。从另一个角度看，中国文化对外传播能力的提升，应该和中国经济的崛起同步。因为，若文化传播能力不能跟进，那么，世界对崛起中的中国便很难实现了解和信任。所以，为了让中国文化在世界舞台上发出声音，无数文化工作者、对外传播工作者夜以继日、殚精竭虑。

　　2016年，当华美的中国文化画卷在其他国家的银幕、荧屏上绽放异彩，当各种国际影视节展的大银幕上投影映出具有质感的中国自然与社会风貌，当来自不同国家的粉丝用各种语言在中国古装剧、都市剧的视频下留言点赞……我们知道，这一年，文化工作者在开放的国际交流合作环境之中，又走出了坚定的一步，让更多来自不同国家的观众见识到了中国文化的魅力与光华。

一、浪漫中国的情感与道义

　　传统文化题材的作品，一直是中国文化走出去的重要载体，也是在很长一段时间里具有较大对外传播优势的种类。远有《西游记》《三国演义》等四大名著改编电视剧，在东亚、东南亚国家中引起的观看热潮经久不衰，近有《步步惊心》《花千骨》《甄嬛传》等古装剧的各种细分类型走出国门，在海外掀起一股追剧热潮，从中法文化年、中欧文化对话年、中俄国家年等国际交流活动中各种以中国传统文化为主题的展览演出令人印象深刻，到北京奥运会开幕式文艺表演环节中以四大发明为重要表现内容赢得世人的掌声，各种文化作品中的传统元素如星河般灿烂，向世界传递着忠义、友善、和谐等价值观念。

2016 年，以传统中国文化元素为载体的文化作品，同样保持了在海外传播进程中的优势。继《甄嬛传》之后，《芈月传》以较高的发行价格行销北美；《武神赵子龙》《青云志》等也在国际互联网传播平台上被海外粉丝订阅；中外合拍的大型纪录片《孔子》在法国 Arte 电视台播出，向西方传递中华传统文化的活力和自信；G20 杭州峰会期间，文艺演出中美轮美奂的《高山流水》《美丽的爱情传说》，更是承担了向国际政治精英传播中国文化的重任。

由于信息片面且未及时更新，很长时间以来，世界其他国家的民众对中国存有一种迂腐、古板的刻板印象。而近年来成功"走出去"的这些中国传统文化题材的作品，在传达厚重、深沉的中国气质的同时，不失清新浪漫的风格，令人们耳目一新。这些作品中的衣饰、景物、风情，包括以此为展现内容制作和传播的剧照、海报、宣传册，一定程度上彰显着中国传统艺术空灵婉约、俊秀飘逸的审美风格，体现了东方的浪漫气质。而在华丽的视觉外衣之外，这些作品还在故事情节中体现中国人所特有的对大义的重视、对超越生死的情感的推崇，实现着对世界文化多样性的参与。

二、转型中国的思考与选择

21 世纪伊始，当中国在经济领域以更为积极的身影活跃于世界舞台上时，有关政府部门启动了广播影视"走出去工程"，为世界各国观众了解真实的中国贡献力量。一方面，我们希望通过新闻媒体，让其了解中国在重大国际问题上的立场、态度和观点；另一方面，我们也希望通过多种题材类型的影视作品，展现当代中国的精神气质、生活图景。在这样的传播诉求下，当代题材作品越来越吃香，《媳妇的美好时代》《超级工程》等一批体现现代中国都市生活、建设成就的作品，渐渐在对外传播中崭露头角。

2016年中国当代题材的文化作品在对外文化交流中亮点频出。纪录片《喜马拉雅天梯》、故事片《清水里的刀子》，在多个国家放映，收获专业奖项与观众口碑。而以《亲爱的翻译官》《如果蜗牛有爱情》等为代表的都市剧，融职场生活与情感纠葛于一体，在海外青年观众中引起一阵网络热议。

这些当代题材的文化作品，对中国人的生存状态、所思所想进行集中体现。其中，有的作品展现了转型中国的普通人在现代与传统之间的选择。现代性给当代中国人带来的问题，也是现代性给全人类带来的共同问题，这使得作品拥有了跨越民族差异、走向世界市场、触动人类心灵的内在文化内涵。也有的作品展示年轻人在都市生活中面临的问题，这和居于城市化发展程度较高地区的国际受众之间也有着极大的通约性。于是，当代中国就通过这些文化作品，与时下的国际受众进行着对话、互动。

三、现代中国的崛起与风范

20世纪末21世纪初，来自海外的购片方在谈到中国当代题材的文化作品时，曾这样措辞："拍摄手法上与韩剧、日剧、美剧相比，显得还是弱了些，取景、色彩、服饰搭配等视觉冲击力尤显不如。"可见，现代感的匮乏，成为中国文化作品一段时间内不被海外市场看好的重要障碍。随着中国制造业的进步、广告市场的发展、民众消费能力的提高，文化产业随之得到了较为充裕的资金。大量资本涌入，又吸引了来自世界其他国家和地区的工作人员参与到中国为主导的文化创作中，使中国文化产业的生产技术在交流学习过程中得到有效改进与提升。北京华录百纳影视股份有限公司的负责人刘德宏曾谈道，随着中国经济不断进步、城市飞速发展、国际合作频繁，大环境为演员、导演、编剧等主创赋予的现代气质，使他们逐渐拥有了可以与其他国家的文化产品生产者相媲美的能力和表现。

2016 年，无论是传统题材，还是当代题材，成功实现中国文化走出去诉求的这些作品在制作技术、镜头语言、特效包装等方面，还传达出一个重要的信息——中国文化已经具备了现代感与大国气质。比如，G20 杭州峰会文艺演出环节，将诗情画意融入了声光电的魔术手中；国产古装剧的拍摄在后期制作时加入各种特效，给观众带来视听震撼；时装剧里无论是美术、布景、运镜，还是服装、化妆、道具，都时尚新颖，使中国的现代气息得以有效传达。这些附着于内容外围的技术手段，让观众切身感受到大国崛起的风范。

回顾 2016 年中国文化走出去中这些突出的亮点，很多是通过中外合作途径实现的。像《我们诞生在中国》《长城》这样的多国合拍电影"借水行船"，用外国的资本、技术和班底呈现中国故事和中国文化，在国际主流市场传播。还有展现近代华人在美国发展史上作出重要贡献的纪录片《金山》，同样得益于中外合作，以真实的影像力量，向西方国家传递真实的中国形象。尽管这些合作还未形成成熟的经验、稳固的模式，尽管我们的成功更多地集中在个案而未形成规模，但我们在交流互动中将文化延伸到世界更广阔的国家和地区，不失为一种有益尝试。不过无论方法如何创新，形式怎样突破，中国文化行走国际时仍需坚守文化自觉、保持文化自信。唯有如此，才能使中国文化的对外传播更加有力、有效，从而实现文化自强。

（《光明日报》2016 年 12 月 29 日）

唐任伍：
五大发展理念塑造未来中国

党的十八届五中全会创造性地提出了"创新发展、协调发展、绿色发展、开放发展、共享发展"的五大发展理念，深刻揭示了我国全面建成小康社会的动力源泉、内在要求、必由之路、出发点和落脚点。这是对以往发展观的科学总结和理论发展，是对中国经验和中国实践的高度概括，是党的重大理论创新和当代中国新的发展战略思想，是科学理念与价值理念的完美统一，具有强烈的时代性和现实性。

一、五大发展理念是马克思主义中国化的重大理论创新

"没有思想就没有灵魂，没有理念就没有方向。"发展是一个不断变化的过程，发展环境、发展条件不会一成不变，发展理念自然也不会一成不变。随着新科技革命的发展，大数据、云计算、工业革命4.0、"互联网+"时代的到来，传统发展思路和发展方式，必然伴随着思想的解放、理念的更新而发生变化。面对新的发展实践，有些东西过去有效，现在未必有效；有些过去不合时宜，现在却势在必行；有些过去不可逾越，现在则需要突破。因此，树立与时代和实践发展相适应的新的发展理念和思维方式，打破那些片面追求GDP、拼资源拼投入、重城市轻农村、先污染后治理、重效率轻公

平等陈旧发展模式，以新的发展理念引领新的发展实践，就成为"十三五"时期发展的新要求。以习近平同志为总书记的党中央提出的五大发展理念，其"新"主要表现在以下三个方面：

首先，具有鲜明的问题导向。五大发展理念以问题为牵引，直指我国发展中的突出矛盾和问题，既抓住了制约发展的症结，又开出了解决问题的良方，为"十三五"时期我国经济社会发展指明了方向。"十三五"时期我国经济社会的发展，就是要增强问题意识，强化问题导向，瞄着问题去，追着问题走，抓住发展中的薄弱处，扭住发展中的短板，制定前瞻性的规划，出台有针对性的政策措施，在攻坚克难中增强经济社会发展的协同性、平衡性，在破解发展难题中实现发展新进步。

其次，在理论和实践上实现了新突破。五大发展理念集中体现了以习近平同志为总书记的新一届中央领导集体对共产党执政规律、社会主义建设规律和人类社会发展规律的认识达到了新高度、新境界，是对马克思主义发展观的丰富和发展，是马克思主义中国化的理论创新、观念创新、战略创新，是关系我国发展全局的一场深刻思想变革。

最后，具有战略性、纲领性、引领性。五大发展理念是"十三五"时期我国全面发展、可持续发展、有效应对各种风险和挑战、培育发展新动力、开辟发展新空间、提高发展新境界的理论指引，为我们党带领全国人民实现发展目标，破解发展难题，厚植发展优势，夺取全面建成小康社会决战阶段的伟大胜利，提供了强大思想武器。

二、五大发展理念是有机统一的系统

发展理念是发展行动的先导，是管全局、管根本、管方向、管长远的东西，是发展思路、发展方向、发展着力点的集中体现。发展理念对了，目标任务、政策举措就容易确定。"创新发展、协调发展、绿色发展、开放发展、共享发展"五大发展新理念是一个有机统一的整体，是具有内在联系的集合体，构成一个宏大的科学发展框架、严密的科学发展逻辑、务实的科学发展思路，它们主题主旨相通、目标指向一致，统一于"四个全面"战略布局和"五位一体"总体布局之中，共同构成了一个开辟未来发展前景的顶层设计，构成了一个系统化的逻辑体系。五大发展理念，既各有侧重又相互联系，相互促进，相互支撑，不可分割，使得科学发展的内涵进一步具体化，更具指导性、针对性和可操作性。因此，学习、掌握、实施五大发展理念，必须用系统思维的方式，不能顾此失彼，也不能相互替代。

五大发展理念，解决的是怎样发展和发展为了谁，实际上就是发展的路径和目的问题。创新发展是"十三五"时期经济结构实现战略性调整的关键驱动因素，是实现"五位一体"总体布局下全面发展的根本支撑和关键动力，推动着协调发展、绿色发展、开放发展和共享发展迈向更高阶段，揭示了如何激发新的发展动力问题。协调发展是全面建成小康社会的重要保证，是提升发展整体效能、推进事业全面进步的有力保障，能够显著推进绿色发展、共享发展进程，揭示了如何解决发展不平衡问题。绿色发展是实现生产发展、生活富裕、生态良好的文明发展道路的历史选择，是通往人与自然和谐境界的必由之路，它需要技术创新和理念创新，同时有效提升人们生活质量，使共享发展成为有质量的发展，揭示了如何解决人与自然和谐问题。开放发展是中国基于改革开放成功经验的历史总结，是一个国家和地区走向繁荣的必由之路，也是拓展经济发展空间、提升开放型经济发展水平的必然要求和发展大势，使发展更加注重创新，更加重视生态文明影响，更加有利于实现共享发展，揭示了如何解决内外联动问题。共享发展是社会主义的本质要求和社会主义制度优越性的集中体现，也是我们党坚持全心全意为人民服务根本宗旨的必然选择和奋斗目标，它注重更加公平、更加正义，是坚持创新发展、协调发展、绿色发展、开放发展的出发点和落脚点，揭示了如何解决社会公平正义问题。五大发展理念相互贯通、相互促进，是一个不可分割的有机整体。

三、创新是引领中国可持续发展的第一动力源

在五大发展理念中，"创新"不仅被置于首位，作为引领发展的第一动力，而且被摆在国家发展全局的核心位置。对创新的空前重视，有着鲜明的时代特色和现实针对性。长期以来，我国经济高速增长，科技取得了很大成绩，但创新能力、自主技术和知名品牌缺乏，科技成果转化率、科技进步贡献率与发达国家仍有不小差距，很多的核心技术仍然受制于人，一些关键产业、关键部门的原始创新能力与世界第二大经济体的地位不相称。我国的巨量出口中，大多数仍然是一些初级产品，"中国制造"要转变为"中国创造"还有相当长的路要走，创新不足仍然是制约我国经济社会可持续发展的基本因素。因此，"十三五"时期必须把创新摆在国家发展全局的核心位置，才能有效避免"中等收入陷阱"，实现中国经济社会的可持续发展。

放眼世界，新一轮科技革命和产业变革正在孕育兴起，大数据、云计算、工业革命4.0、"互联网+"，以及发达国家推进高起点的"再工业化"，每一步都在倒逼我国加快创新。从旧的发展方式到新的发展路径，从后发到先发，从跟跑到领跑，基点就在创新上，创新者生，不创新者死，创新必须成为中国"十三五"发展的主旋律。

党的十八届五中全会从七个方面擘画了未来实施创新发展的路线图，突破了地域、组织、技术、制度的界限，集合成一个创新体系。理论创新，引领实践发展；制度创新，改革攻坚克难；科技创新，推动文明进步；文化创新，实现文化复兴。大众创业、万众创新，成为经济社会发展的新引擎；"互联网+"行动计划，国家大数据战略，新型城镇化、工业化和信息化融合，"一带一路"国际战略，正在成为推动创业创新浪潮的重要抓手。

四、协调、绿色和开放是实现中国可持续发展的关键手段

全面小康，重在"全面"，也难在"全面"；要全面，就必须协调。而不协调是我国发展一个长期存在的问题。改革开放 30 多年来，我国经济高速增长，人均 GDP 也从中高收入水平向高收入水平迈进，社会结构、利益格局、思想观念都发生了深刻变化，一些地方仍然不按规律办事，搞片面发展、畸形发展，甚至竭泽而渔，寅吃卯粮，与民争利，忽视民生，使得区域、城乡、经济和社会、物质文明和精神文明、经济建设和环境保护等发展不平衡、不协调的问题日益突出，一些长久积累未解决的问题和矛盾更加凸显，利益结构板结化、利益差距扩大化、利益冲突明显化。

中国经济社会发展中的不平衡、不协调，一是表现为东、中、西部区域经济发展的不平衡、不协调。尽管中央政府通过开发西部、振兴东北、中部崛起等大战略，在政策上给以各种支持和优惠，但占全国国土面积 60% 以上的中西部地区，产出远远低于东部地区，人均收入甚至不到东部地区的 1/3。二是表现为城乡发展的不平衡、不协调，城乡二元结构和城市内部二元结构的矛盾依然比较突出，广大农村的基础设施、公共服务水平与城市相比还有很大差距，2.5 亿城镇外来常住人口尚不能平等地享受公共服务，"城市像欧洲、农村像非洲"的现象比较严重。三是表现为财富占有的不平衡、不协调。中国的贫富差距有逐渐拉大的趋势，基尼系数接近 0.5，处于十分严重水平，且贫富差距已具有稳定性，形成了阶层和代际转移，一些贫困者正从暂时贫困走向长期贫困，成为一种很难改变的社会结构。四是表现为社会文明程度和国民素质与经济社会发展的水平不平衡、不协调，在物质比较充裕、人均收入迈入中高收入水平的背景下，社会不文明的现象仍大量存在，精神文明建设任重道远。

针对上述不平衡、不协调的突出矛盾和问题，在改革进入深水区、攻坚期的关键时刻，以习近平同志为总书记的党中央明确将

"协调发展"作为"十三五"时期经济社会发展的指导思想，强调要处理好发展中的重大关系，解决发展中的不平衡问题，体现了强烈的问题意识，顺应了当前和今后一个时期我国经济发展的大逻辑，是适应新常态、把握新常态、引领新常态的深刻表现。

党的十八届五中全会首次把"绿色发展"作为五大发展理念的底色，与党的十八大将生态文明纳入"五位一体"总体布局一脉相承。绿色发展是最普惠的民生福祉，保护生态环境就是保护生产力。长期以来，我国依靠资源投入，以牺牲资源环境为代价，单纯追求GDP增长，使得资源匮乏，环境恶化，空气、水、江河湖泊受污染的状况没有得到根本改变，环境承载力已达到或接近上线，加剧了人与自然、人与环境的不和谐、不协调。据有关数据显示，我国70%以上的江河湖泊遭到污染，全国600多座城市中有400多座缺水或严重缺水，70%的城市出现雾霾、沙尘暴。随着社会发展和生活水平不断提高，人民群众对干净的水、清新的空气、安全的食品、优美的环境等的要求越来越高，生态环境在人民群众幸福指数中的地位不断凸显，环境问题日益成为重要的民生问题，过去老百姓"盼温饱"，现在"盼环保"，过去"求生存"，现在"求生态"。

人与自然是相互依存、相互联系的整体，保护自然环境就是保护人类，建设生态文明就是造福人类。中华五千多年文明中，积淀了丰富的绿色发展智慧，"天人合一""道法自然"，充满了绿色发展的哲理。实现绿色发展就是要按照尊重自然、顺应自然、保护自然的理念，贯彻节约资源和保护环境的基本国策，把生态文明建设融入经济建设、政治建设、文化建设、社会建设各方面和全过程，建设美丽中国，努力走向社会主义生态文明新时代。要发挥好政府"有形之手"和市场"无形之手"两只手的作用，特别要用好政府"有形之手"，解决"市场失灵"。要将绿色发展作为一个系统工程，实行最严格的环境保护制度，建立绿色低碳循环发展的产业体系，清洁低耗、安全高效的现代能源体系，把环境承载力作为最为稀缺的自然要素对经济发展进行调控，以绿色富国、绿色惠民，在全社会形成绿色发展方式和生活方式，形成人与自然和谐发展的现代化建设新格局，实现习近平总书记在巴黎气候大会上向全世界的庄严承诺，即到 2030 年单位国内生产总值二氧化碳排放比 2005 年下降 60%—65%，非化石能源占一次能源消费比重达到 20% 左右，森林蓄积量比 2005 年增加 45 亿立方米左右。

坚持开放发展，体现了以习近平同志为总书记的党中央对世界经济发展规律的深刻认识。作为全球第二个经济总量跨越 10 万亿美元门槛的世界第二大经济体，中国的经济深度融入世界经济，中国的发展离不开世界。"十二五"期间中国蝉联世界第一制造大国、全球最大货物贸易国、最大外汇储备国，吸引外资和对外投资也居世界前列，人均国内生产总值迈入中等偏上收入国家行列，城镇化率达到 55%，研发投入跃居世界第二，高铁里程跃居世界第一，已经成为进出口贸易总量和实际利用外资总额世界第一位，并实现了向资本净输出国转型的历史性跨越。开放使中国变得更强大。同样，世界经济的发展也离不开中国，中国对世界经济增长的贡献率超过四分之一，成为名副其实的全球"稳定之锚"、动力之源。因此，中国和世界经济已经形成了你中有我、我中有你的格局，已经形成了相互依存、相互促进的利益共同体。

"十三五"期间乃至未来的中国，要进一步加强开放的力度、推进开放的深度、扩大开放的广度，打造陆海内外联动、东西双向开放的全面开放新格局。要完善对外开放战略布局，强调双向开放，转变过去主要依靠吸引外资和产品出口的对外开放方式，更多地强调资本输出和企业"走出去"，使我国从一个商品输出大国变成资本输出大国，完成从产品"走出去"到服务"走出去"，并将"一带一路"建设和自贸区战略纳入规划中，推动中国企业向海外拓展。要形成对外开放新体制，塑造有利的外部发展环境，充分利用金砖国家机制、上海合作组织、G20 组织等，发挥联合国等国际组织作用，共同完善全球经济治理、应对各种全球性挑战、推动互利共赢的国际发展合作，建立并倡导新型全球发展伙伴关系，共同实现长远发展，使我国深度融入世界经济体系，实现更高层次的开放。

五、共享是中国特色社会主义的本质要求

"共享"不仅是中国共产党人的奋斗目标和理想，更是中国特色社会主义的本质要求。党的十八届五中全会第一次将"共享"发展写入我国的五年规划建议，提出按照人人参与、人人尽力、人人享有的要求，坚持发展为了人民、发展依靠人民、发展成果由人民共享，用一种更有效的制度安排，使全体人民在共建共享发展中有更多获得感，增强发展动力，增进人民团结，实现全体人民共同迈入全面小康社会，朝着共同富裕方向稳步迈进。

共享发展不是平均主义，不是"吃大锅饭"，更不是"劫富济贫"，而是一种价值理念和价值追求的包容性发展，是平衡效率与公平前提下的发展，重心是解决社会公平正义。人民是发展的主体，发展就要以人为本，保障民生福祉，实现全体人民共同迈向全面小康社会。"共享发展"不是抽象的，而是实实在在体现在医疗、教育、就业、扶贫、食品安全等人民生活的方方面面：破解百姓看病贵、看病难，推动义务教育均衡发展，让寒门学子也能安心读书，阻止贫困代际传递，促进就业创业，给每个创业者提供实现梦想的机会，坚持居民收入增长和经济增长同步、劳动报酬提高和劳动生产率提高同步，平等享有城镇化和经济发展的成果，让百姓确实感觉到生活富裕了，幸福感增强了。

发展为什么人、由谁享有的问题，是发展要解决的根本问题，也是衡量一个政党、一个国家性质的试金石。改革发展搞得成功不成功，最终的判断标准是人民是不是共同享受到了改革发展成果。我们是共产党领导的社会主义国家，理所当然要把实现好维护好发展好最广大人民根本利益，作为发展的根本出发点和落脚点。越是发展到更高层次、更高水平，越要坚持人人参与、人人尽力、人人享有，坚持全体人民共同富裕。贫困地区和贫困人口全部脱贫是实

现共享发展的关键。我国还有 14 个集中连片贫困区、12.8 万个贫困村、7017 万贫困人口，要推进精准扶贫，实施脱贫攻坚工程，加大对革命老区、民族边疆地区、贫困地区的转移支付等，实现我国现行标准下的农村贫困人口脱贫、贫困县全部摘帽，解决区域性的整体性贫困。这不仅是全面建成小康社会的难题，也是共享发展的关键。

共享发展理念贯穿着鲜明的民生导向，反映着我们党立党为公、执政为民的根本宗旨和把实现人民幸福作为最终发展目的和归宿的执政理念。为此，应当全面推动落实共享发展的政策措施，下大力气解决收入差距过大、公共服务供给不足、社会保障滞后、教育和就业机会不均等突出问题，打赢"十三五"脱贫攻坚战，使发展更具公平性、普惠性，让人民群众有更多获得感、幸福感，最终达成全面建成小康社会的奋斗目标。

（《红旗文稿》2016 年第 1 期）

第五章
脚踏实地走出去

    我国对外开放的前 30 年，基本上以"引进来"为主。近年来，对外开放逐渐形成"双向开放"的格局并向纵深发展，"引进来"和"走出去"并重，"走出去"的规模渐渐接近"引进来"的规模。对外"双向开放"是国家走向繁荣发展的必由之路，2015 年 9 月中共中央、国务院发布的《关于构建开放型经济新体制的若干意见》，把"走出去"作为国家战略，对"建立促进走出去战略的新体制"作了专章论述。当前复杂多变的世界局势，对"走出去"战略的实施提出了挑战。当前，我国企业要结合"一带一路"建设、"中国制造 2025"战略等国家政策，加快走出去的步伐。这既是推动建设高水平、全方位对外开放的需要，也是在我国经济进入新常态背景下，促进国内经济发展的需要。我们要通过不断深化改革、通过完善企业走出去的法治环境与服务体系、通过深化国际合作助力中国企业走出去、通过重塑经济全球化话语权提升中国企业形象等措施，帮助企业脚踏实地走出去，化解因世界变局带来的风险，维护中国企业的海外安全。

刘利华：
构筑中国制造走出去的新优势

当今时代，全球新一轮科技革命和产业变革与我国经济发展方式转变形成历史性交汇，国内外经济环境和需求结构深刻调整，国际产业分工体系加速重塑，全球制造业版图正在重构之中。加快构建中国制造走出去新优势，是落实"一带一路""中国制造 2025"等战略规划和新一轮高水平对外开放决策部署的重要举措，对于我国经济保持中高速增长和迈向中高端水平"双目标"具有现实意义。

一、中国制造走出去站在新的历史起点上

改革开放以来，我国融入世界经济的步伐不断加快，特别是依靠大量劳动力、完善的产业配套、良好的基础设施等优势，迅速崛起成为世界第一制造业大国，全球综合竞争力和影响力不断提升。尽管当前中国制造走出去面临着制约因素和现实挑战，但国内外整体环境正在趋稳向好。

多年积淀，为中国制造走出去奠定坚实基础。从规模看，我国制造业规模和产品出口已跃居世界首位，2014 年货物出口规模进一步扩大，出口额达 14.4 万亿元。联合国工业发展组织数据显示，中国工业竞争力指数 2012 年升至全球第五位。从结构看，出口产品结构进一步优化，机电产品占 56%，高新技术产品占 29%。服务贸易

从小到大，成为对外贸易的重要组成部分。产业资本走出去步伐加快，2014年境外非金融类直接投资接近1200亿美元，与利用外资并驾齐驱。从影响力看，优势产业国际竞争力显著增强，高速轨道交通装备、通信装备、电力装备和工程机械等领域已形成一批具有国际竞争力的企业群体，并在国际市场上崭露头角。

经济新常态，对中国制造走出去提出迫切要求。我国经济发展进入新常态，投资和出口增速明显放缓，模仿型排浪式消费阶段基本结束，要保持经济中高速增长，推动产业迈向中高端水平，重点在制造业，难点在制造业，出路也在制造业。当前，国内产能过剩依然突出，并有从钢铁、水泥、电解铝等行业向光伏、碳纤维等行业蔓延态势，迫切需要加强国际产能合作，加快我国具有比较优势的产业走出去，为制造业转型升级争取时间和空间。同时，推动实施"中国制造2025"战略规划，也要求制造企业积极利用全球资源和市场，通过在境外开展并购和股权投资、建立研发中心或者营销服务体系等方式走出去，提高国际化经营能力，努力扩大国际经贸规则制定的话语权，提升在全球产业链和价值链中的地位，这是从制造大国迈向制造强国的必由之路。

新一轮高水平对外开放，为中国制造走出去开辟广阔空间。适应我国在世界经济舞台上的角色变化，构建开放型经济新体制和全方位对外开放新格局已是既定目标。以世贸组织为核心的多边贸易体系和以自贸区为代表的区域贸易机制，是助力我国制造业走出去的重要平台。继续推动中美、中欧投资协定谈判，大力推进与东亚、东南亚国家之间的自由贸易区建设，深度参与国际贸易规则的制定，为我国制造企业走出去营造更为宽松的国际环境。"一带一路"战略的实施和亚洲基础设施投资银行的建设，为我国制造企业参与沿线国家基础设施建设和产能合作开辟了新的市场空间。自由贸易试验区从上海向天津、广东和福建拓展，也将大幅提升我国沿海开放水平，为中国制造走出去探索更加有利的体制机制条件。

二、加快中国制造走出去的步伐

新时期推进中国制造走出去，必须贯彻落实中央关于构建全方位对外开放新格局的总体部署，加快从低附加值产品出口向高附加值产品及配套零部件出口转变，从出口产品向输出"产品+服务"转变，从注重能源矿产领域投资向制造与能源资源并重转变，从企业单打独斗向战略协同转变，从企业"扎堆"竞争向拓展多元化市场转变，努力形成产品出口、对外投资和产能合作"三位一体"协同走出去的新格局。

着力打造走出去的综合竞争优势。围绕全球制造业分工版图调整和国内产业转型升级，切实改变以往主要依靠低成本竞争优势走出去的局面，加快构建中国制造综合竞争新优势。通过优化制造业结构，使中国制造成为科技含量高、产品质量好、产业配套全、性价比优的新标签，加快从单一竞争优势向多元竞争优势转变。全面提升中国制造在科研、生产、营销、服务等全产业链的竞争能力，逐渐扭转主要依靠加工制造环节融入全球产业分工体系的局面，加快从产品竞争优势向全产业链竞争优势转变。跳出就产业抓产业的思维定式，着力优化人才培养、基础研究、公共设施、政府服务等产业生态环境，加快从产业竞争优势向产业生态系统竞争优势转变。

更加注重"产品+服务"走出去。围绕国内经济结构战略性调整，不断优化出口结构，提高与出口产品相关的技术指导、维修保养、性能升级等增值服务比重，由大量出口工业制成品向输出高附加值"产品+服务"转变。大力发展众创空间、互联网金融、跨境电子商务等新业态，推动中国制造从低附加值的加工制造环节向高附加值的产品设计、仓储物流、融资服务等"微笑曲线"两端延伸，增强中国制造走出去的核心竞争力和抗风险能力。加快物联网、云计算、大数据等在制造企业研发设计、生产制造、经营管理、销售服务等全流程的集成应用，发展基于互联网的个性化定制、云制造等新型制造模式，促进从产品贸易向服务贸易的转变。加快建设标准统一、开放共享的海外售后服务体系，确保为全球客户提供便捷、完善的就近服务，提升"中国制造+中国服务"的国际竞争力。

大力推动产业资本走出去。围绕化解产能过剩矛盾，抓住实施"一带一路"的战略机遇，加大向沿线国家投资力度，带动我国技术和产品出口，并推动国内优势产能加速转移。依托全球市场，提高资源全球化配置能力，更好满足中亚、东南亚、南美、非洲等正在形成的排浪式消费，实现由"国内生产、全球销售"向"全球生产、就地销售"转变。积极发挥我国传统制造业优势，支持纺织服装、家用电器、装备制造等优势产业走出去，促进冶金、建材等产业对外投资，减少我国对外贸易摩擦并拓展国际市场。发挥我国在经济特区发展、开发区建设和产业园区管理方面的经验，将"中哈产能合作"等打造成国际样板，为我国产能转移创造更加有利的条件，加快中国产业资本走出去步伐。

努力提升走出去的内在品质。围绕落实创新驱动发展战略，大力实施"中国制造2025"，练好内功，抢抓新一轮产业发展制高点，实现中国制造走出去量增质更优。加强走出去产业的创新能力、标准体系、知识产权建设，推动中国制造走出去向中国创造走出去转变。积极拓展高新技术产业的国际市场，加快推动我国轨道交通、电力、通信、工程机械等具有国际比较优势的装备产业走向世界，实现中国制造走出去从低附加值产业向高附加值产业转变。大力发展虚拟设计、智能制造、智慧服务等新业态新模式，增强传统行业在研发、设计、服务等产业链高端环节的竞争能力，推动中国制造走出去从产业链低附加值环节向高附加值环节转变。

加快培育走出去的软实力。围绕实施新一轮高水平对外开放战略布局，在走出去过程中加快塑造中国制造的软实力。加快发展和形成一批具有国际竞争力的大公司和企业集团，成为引领走出去的"领头羊"。推广先进质量管理技术，完善质量监管体系，制定和实施与国际先进水平接轨的质量、安全、卫生、环保及能耗标准，树立中国质量新标杆。加强自主品牌培育，引导企业增强以质量为核心的品牌意识，扩大承载中国符号、中国元素的工业品市场，提升中国品牌的附加值和国际知名度，打造中国制造走出去新名片。建设中国制造走出去的全生命周期绿色产业体系，加强走出去企业社会责任建设，引导企业在东道国积极履行社会就业、环境保护、安全生产、消费者权益等方面的社会责任，大幅提升中国制造走出去的国际美誉度。

三、营造中国制造走出去的良好环境

中国制造走出去已进入升级转型的关键时期，要实现更大范围、更广领域和更高层次走出去，必须进一步优化体制环境，使制造业能够"轻装"走出去、敢于走出去、乐于走出去。

全面深化改革，支持走出去。进一步发挥市场在资源配置中的决定性作用和更好发挥政府作用，破除制约市场主体活力和要素优化配置的障碍，完善价格形成机制和市场退出机制，营造公平开放透明的市场环境。深化行政审批制度改革，进一步减少审批事项，简化审核流程，改进新技术新产品新商业模式的管理方式，制定市场准入负面清单，落实对外投资"备案为主、核准为辅"的管理模式。深化外商投资管理体制改革，进一步放开一般制造业，促进引资、引技、引智相结合。全面深化外汇管理、海关监管、检验检疫管理改革，提高贸易投资便利化水平。

完善服务体系，保障走出去。推动金融与贸易投资深度合作，引导鼓励金融机构走出去，为制造企业开拓国际市场、开展国际并购等提供有效的融资支持。创新出口信用保险产品，大力发展海外投资险，鼓励政策性金融机构扩大出口信用保险规模。发挥政府、行业协会和第三方机构的协作效应，健全法律、信息咨询、领事保护等服务，降低海外投资风险。积极参加和缔结贸易、投资保护协定，为企业走出去提供长期稳定的营商环境。加强投资、贸易政策与产业政策之间的协调，完善贸易摩擦预警和协同反应机制，改进境外投资评估与监管，保障和规范企业走出去。

深化国际合作，助力走出去。贯彻落实"一带一路"重大战略部署，通过政府推动、企业主导，创新商业模式，积极开展国际产能合作，推进与周边国家基础设施互联互通，对接相关国家的建设和发展需求。推进边境经济合作区、跨境经济合作区建设，在有条件的国家和地区共建工业园区和经贸合作区，推动产业有序"走出去"和集聚式发展。积极参与全球经济治理，发挥政府以及行业协会作用，主动参与国际经贸规则的制定，推动建立和维护均衡、共赢、关注发展的多边贸易机制，为我国企业开拓国际市场提供有力保障。

（《求是》2015 年第 10 期）

王义桅:

"一带一路":重塑经济全球化话语权

"一带一路"倡议提出后,引发世界热议,在得到沿线国家积极回应的同时,也面临一些质疑。质疑者以西方为参照系,认为"一带一路"建设是大国崛起的战略,并与历史上的荷兰、日本、英国等进行比较,分析中国的战略及其制约。其实,这种用近代以来西方话语体系来理解"一带一路"的方式是完全不符合实际的。首先,"一带一路"承载着中华民族伟大复兴的百年梦想,但中国的复兴所涉及的不仅是一个国家的复兴,更是文明的复兴,所以不能运用"大国崛起"逻辑来理解;其次,"一带一路"所涉及和解决的,远不是中国单个国家的发展问题,更是全球性的问题,比如贫困、贫富差距、全球治理等,是解决全球性挑战的创新方式,也是助推实现联合国 2030 年可持续发展目标的重要途径。

"一带一路"建设是中国提出的全方位开放战略,以"共商、共建、共享"为原则,旨在欧亚非沿线 65 个国家,44 亿人口建立由铁路、公路、航空、航海、油气管道、输电线路和通信网络组成的综合性立体互联互通的交通网络,并通过产业集聚和辐射效应形成建筑业、冶金、能源、金融、通讯、物流、旅游等综合发展的经济走廊,通过政策沟通、设施联通、贸易畅通、资金融通、民心相通等"五通"来推进贸易投资便利化,深化经济技术合作,建立自由贸易区,最终形成欧亚大市场。其中,能源走廊着眼于大宗商品定价权，物流与金融等走廊着眼于贸易投资标准制定权，资金融通则推动人民币地区化国际化，互联网、电网及智能丝绸之路建设则推动形成电子商务世界贸易规则，大力提升中国的制度性国际话语权。

一、"一带一路"助推走出"西方中心论"

"古希腊产生了古罗马，古罗马产生信奉基督教的欧洲，信奉基督教的欧洲产生了文艺复兴，文艺复兴则产生了启蒙运动，启蒙运动产生了政治民主制和工业革命。与民主制杂交的工业进一步孕育了美国，从而体现了生命、自由和追求幸福的权利。"牛津大学教授彼得·弗兰科潘发现，这种流行说法只是西方获得政治、文化以及伦理道德上胜利的口头禅，并非历史的真相。

他在其新书《丝绸之路：新的世界观》中写道："几千年来，正是东西方之间的地区，即把欧洲与太平洋联系在一起的地区，构成地球运转的轴心。"书的前言写道，在这个地区，世界上一个个伟大的宗教诞生了，犹太教、基督教、伊斯兰教、佛教和印度教百花齐放。正是在这个大熔炉里，各种文明相互竞争、相互融合。在这里，一个个伟大的帝国兴盛和衰亡，文化与竞争对手之间冲突的后果在数千英里以外都被感知。站在这里，可以开辟看待历史的新途径，展现在眼前的是一个深刻的相互连接的世界，一个大陆上所发生的事情可以影响到另外一个大陆，中亚大草原上所发生的事情的余震可以在北非感觉到，巴格达的局势在斯堪的纳维亚半岛产生反响，美洲新大陆的发现可以使中国的物价发生变化，导致印度北部马匹市场上需求的激增。这些震动沿着一个网络传播。这个网络向四面八方展开，沿着这些路径，朝圣者和战士、牧民和商人走过。货物和物产得到买卖，思想得到交流、借鉴和提炼。他们所携带的不仅有经济繁荣，而且有死亡和暴力、疾病和灾难。19世纪末，这个庞大的网络被一位著名的德国地质学家费迪南·冯·李希霍芬冠以一个名称。这个名称一直延续下来：丝绸之路。

彼得·弗兰科潘发现，亚历山大大帝在欧洲之所以被称为"大帝"，不只是就其文治武功而言，更重要的是因为他远征至印度，将埃及文明、两河流域文明、印度文明等学术成果置于亚里士多德名下，为欧洲的文艺复兴埋下伏笔。当工业革命、地理大发现后，欧洲人又将殖民世界美其名曰文明的传播，"西方中心论"就这样自圆其说了。

他因此恍然大悟，"我不明白为什么，我一直被告知，地中海很重要，是文明的摇篮，而看来十分明显的是，这并不是文明实际上形成的所在地。真正的大熔炉，即字面意义上的'地中海'——世界的中心——并不是把欧洲和北非分开的一个海洋，而是亚洲的中心地带。"

彼得·弗兰科潘绝非第一个觉悟的西方人。美国康奈尔大学教授马丁·伯纳尔的《黑色雅典娜》一书就指出，在作为西方文明源头的希腊文明形成期间，非洲文明尤其是埃及文明是其重要源头，言必称希腊的西方文明发展史，实际上是近代以来欧洲学者杜撰出来的"欧洲中心论"神话。英国学者约翰·霍布森在《西方文明的东方起源》一书中，更进一步揭示了"东方化的西方"，即"落后的西方"如何通过"先发地区"的东方，主要是通过伊斯兰世界传播到西方的中华文明，一步步塑造领导世界的能力的。更早的欧洲学者，如英国的培根，清晰地描绘了中国古代"四大发明"传到欧洲是如何帮助欧洲开展文艺复兴和启蒙运动的。

丝绸之路的衰落成就了欧洲大航海时代，深刻影响人类历史进程。彼得·弗兰科潘的丝绸之路历史研究对"西方中心论"的解构预示着，随着丝绸之路的复兴，不仅会改变人类历史的演进方向，而且会改变我们对人类历史的理解。

如今，这个中心地带由于丝绸之路的复兴而变成名副其实的"世界岛"。丝绸之路的学问也变成了世界性学问。各国丝绸之路复兴计划中，唯中国的"一带一路"倡议影响最大。

二、"一带一路"重塑经济全球化话语权

走出西方中心论，是破；重塑经济全球化话语权，是立。"一带一路"倡议正在塑造包容性经济全球化，超越经济全球化的不公正、不合理、不可持续。

从纵向维度看，丝绸之路的兴衰见证着世界历史演进轨迹。"一带一路"倡议所彰显的丝绸之路在 21 世纪的复兴，告别了西方杜撰的工业革命是人类历史分水岭的逻辑：伪造历史+伪造文字起源=伪造西方文化优越论，这就破解了"西方中心论"神话，开创合作共赢的新型国际关系，通过政策沟通、设施联通、贸易畅通、资金融通和民心相通这"五通"，打造政治互信、经济融合、文化包容的利益、命运和责任共同体，推动实现中国与"一带一路"沿线国家走向共同繁荣。这就是人类大历史背景下"一带一路"的时代逻辑。

迄今为止，人类经历了三种经济全球化：丝绸之路所代表的农耕——游牧时代的全球化、工业革命所代表的工业——商业时代的全球化，以及"一带一路"所承载的工业——信息时代的全球化。

1. 东西互鉴与文明交流时代。

古代丝绸之路是连接东西方贸易与文明交流的桥梁，集中展示了东西互鉴的魅力。

纵观历史上丝绸之路的发展轨迹，在其千年的演变之间，尽管沉浮多变，但绵延不衰，对中西方作出了巨大的历史贡献。首先，繁荣了中西方的贸易和商业往来。千余里的丝路上，商贾来往不断，驼铃阵阵，繁华相望于道。在贸易过程中，各类奇货数见不鲜，在相互交换的过程中极大地推动了中西方物质的繁荣，推动了财富、资源以及人员的流动；其次，促进了沿线各民族之间的发展和稳定。由于各民族之间经贸往来频繁，同时伴随着文化交流所带来的相互理解，各族之间没有爆发较大规模的冲突。同时，丝路上各民族之间也呈现出融合的趋势，各民族获得不同程度的发展。

丝绸之路不仅仅是一条经贸之路，更是一条文化之路，各类文明汇聚于此，发展了世界文化的多样性，搭建了世界文化沟通交流的平台。佛教就是借由丝绸之路，经印度传至西域，后到达中原地区，并在中国广泛传播。了解我国古代丝绸之路的发展脉络，有利于从宏观上把握当今"一带一路"建设同古代丝绸之路的联系，从而更加全面地了解两者之间的联系和异同。

古代丝绸之路在经贸合作、文化交流、民族稳定三个方面发挥了积极作用，而"一带一路"的建设，也同样会发挥古丝绸之路这三大独特作用。正如习近平主席所提到的，这有利于欧亚各国经济联系更加紧密，相互合作更加深入，发展模式更加广阔，这是一项造福沿途各国人民的大事业。放眼古今丝绸之路，两者同为"亲善之路""繁荣之路""交流之路"。

2. 以西方为中心的所谓经济全球化。

自从古丝绸之路中断后，欧洲人走向海洋，通过地理大发现殖民世界，开启所谓的经济全球化。然而，这是真正的经济全球化吗？打开"夜晚的世界"图可以发现，只有日本、北美和欧洲发达国家沿海地区灯火辉煌，而在卫星上看不到世界其他地方的灯光，那些地区的人们依然生活在"贫困的黑暗"之中。按照世界银行数据，当今世界产出的八成来自于沿海地区一百公里的地带，因为地球71%的面积被海洋覆盖，90%的贸易通过海洋进行。这种西方中心的海洋型"全球化"其实是"半（部分）全球化"。

3. 包容天下的经济全球化。

"一带一路"正在推动全球再平衡，即通过鼓励向西开放，带动西部开发以及中亚一些内陆国家的开发，在国际社会倡导经济全球化的包容性发展理念；改变历史上中亚等丝绸之路沿途地带只是作为东西方贸易、文化交流的过道而成为发展"洼地"的面貌。

"一带一路"在经济全球化新时代继承和弘扬了"和平合作、开放包容、互学互鉴、互利共赢"的古丝绸之路精神，正在纠正近代以来西方殖民体系及现今美国霸权体系造成的经济全球化碎片化、分裂化局面，以沿线国家的共同现代化超越近代西方开创的竞争性现代化，推动实现持久和平、共同繁荣、普遍安全的和谐欧亚。

因此，如果把作为古代东西方贸易与文明交流之路的丝绸之路称为经济全球化 1.0 时代：其单元是文明，载体是欧亚大陆，动力是贸易——文化，遵循的是"和平合作、开放包容、互学互鉴、互利共赢"的丝路精神；近代西方开创的工业革命所代表的工业——商业时代的全球化称为经济全球化 2.0 时代：以民族国家为单元，通过海洋实现全球贸易——投资扩张，确立西方中心世界；那么，"一带一路"作为 21 世纪的洲际合作倡议，不只是打通历史上中断的丝绸之路，而是借助丝绸之路的历史概念，通过互联互通，帮助内陆地区寻找海洋，帮助南方国家实现工业化，助推人类文明的共同复兴。如此看来，"一带一路"就可以称为经济全球化 3.0 时代：秉承"万物互联"，运用 3D 打印机、大数据和智慧城市，推动 E-WTO 进程，开发和应用包容性技术——改变传统技术让强者更强、弱者更弱的局面，创新和实施包容性制度安排——推动国际贸易、投资规则更加公正、合理、包容，开创包容性经济全球化——实现持久和平、共同繁荣的千年梦想。

三、世界对"一带一路"的期待

2015 年 11 月第六届世界中国学论坛上，一位埃及学者感慨："多少年来，西方国家在中东地区输出军火与动荡，是为了攫取石油；只有中国带来经济发展合作倡议，我们求之不得！"

的确，"一带一路"帮助广大发展中国家实现弯道超车、变道超车、共同复兴，超越了西方现代化逻辑和经济全球化逻辑，开创 21 世纪人类新文明。

世界正从传统媒体、产业和经济全球化走向新媒体、新产业和新经济全球化。近代以欧美百万、千万、亿级人口实现工业化为经验的西方话语体系遭遇当今几十亿级新兴国家人口实现工业化的巨大挑战，普世价值的边界不断被厘清，这也为发展中国家从观念、理念上走出近代、告别西方，提出 21 世纪更具通约性、时代性和包容性的话语体系，实现软实力的弯道超车，提供了历史性机遇。

世界期待分享中国机遇、中国模式与中国方案，"一带一路"建设民意基础坚实。习近平主席 2013 年秋提出"一带一路"倡议，引发国际社会广泛关注与强烈反响。这是世界"中国热"盛行的写照，折射出世界渴望分享中国机遇、中国模式与中国方案，以推动历史和文化的传承与复兴，解决各国面临的发展难题。"一带一路"帮助实现联合国后发展议程，倡导中国梦与世界梦相通，引导世界"中国热"走向，提升我国的话语权。比如，我国国家电网的长距离、特高压输电网，可以实现成本最小化，推动人类共同现代化。再比如，我国的北斗导航系统 2020 年可以实现全球覆盖，不像 GPS 依赖网络，将有利于发展中国家发展远程教育，扫除文盲，脱贫致富，ICT 系统（信息通信技术）也将鼓励后发国家实现"变道超车"的梦想。

正如非洲谚语"独行快，众行远"所揭示的，中国的发展只有以广大发展中国家为伴，实现共同发展和文明的共同复兴，才能行稳致远。与此同时，中国模式鼓励广大发展中国家自主探索符合本国国情的发展道路，打破了西方所谓的"普世价值"神话，还原了世界多元性。

四、结论

软实力是中华民族伟大复兴的一个关键制约。中国要想实现伟大复兴必须迈过软实力这道坎，超越近代赶超西方的逻辑，提出解决人类共同关切的时代方案。"一带一路"倡议的提出，为中国的制度性国际话语权建设带来了希望，其基本思路就是，中国要把数量的优势变成质量的优势，变成结构性权力。一方面要跟欧洲、美国、日本等先进国家竞争，搞"中国制造 2020"，实现弯道超车；另一方面要搞互补合作，着眼于更需要中国资金、技术的"一带一路"沿线国家，实现变道超车。中国不是被动地加入经济全球化，而是要创造一个新的经济全球化体系。这就是"一带一路"的软实力使命。

从纵向维度看，"一带一路"超越经济全球化1.0、2.0版本，打造经济全球化3.0版——包容性经济全球化，重塑历史话语权；从横向维度看，"一带一路"在21世纪复兴"团结互信、平等互利、包容互鉴、合作共赢"的丝路精神，打造政治互信、经济融合、文化包容的利益共同体、责任共同体和命运共同体，推行新多边主义和以合作共赢为核心的新型国际关系，助推广大发展中国家和文明古国实现弯道超车、变道超车、共同复兴，推动解决人类面临的诸如贫困、贫富差距的普遍性重大挑战，开创国际合作与全球治理的新模式。"一带一路"正将中国的规模优势、后发优势、历史文化优势，通过制度优势实现倍增，并转化为结构性权力与制度性话语权。

中华民族的伟大复兴，更多的是要为解决人类公共性问题与挑战发出中国倡议、提供中国方案、展示中国智慧，这就需要复兴——包容——创新的三位一体：复兴古代文明，包容西方文明，创新人类文明。"一带一路"倡议就服务于此，正在并将提升中国国际话语权。"一带一路"倡议将"部分经济全球化"变成"包容性经济全球化"，将经济全球化与本土化相结合，帮助更多国家脱贫致富，开创21世纪地区与国际合作新模式，开创绿色、可持续发展新气象。

理论上，世界日益增长的对合作公共产品需求与落后供给能力之间的矛盾，就是建设"一带一路"的动力。实践中，建设"一带一路"，必须正视已有或将来可能出现的各种认知风险。必须确立这样的共识，即丝绸之路是欧亚国家的共同记忆，"一带一路"是沿线国家的共同事业，始终坚持"共商、共建、共享"原则，通过共商共建丝绸之路，达到共担风险、共襄盛举的目标。

古丝绸之路如此，"一带一路"倡议亦然。对中国而言，要跳出

大国崛起的范畴来解释"一带一路"；对外国而言，要跳出近代西方话语体系和历史经验来理解"一带一路"。

这就需要连接中外、沟通世界，学会运用世界话语传播丝绸之路文化、讲好丝绸之路故事、阐明丝绸之路精神，让沿线国家、沿线人们听得懂、能接受、能理解。这样，古老的丝绸之路才能更好更快地在新时代焕发出强劲的生命力。

（《红旗文稿》2016 年第 21 期）

黄振奇、黄海燕：
发达资本主义国家的经济发展前景黯淡

"十三五"规划纲要提出："全方位对外开放是发展的必然要求。必须坚持打开国门搞建设，既立足国内，充分运用我国资源、市场、制度等优势，又重视国内国际经济联动效应，积极应对外部环境变化，更好利用两个市场、两种资源，推动互利共赢、共同发展。"而发达资本主义国家未来五年和更长时期的经济走势，是国际大局最重要内容之一，需要特别关注。

一、资本主义已发展到虚拟金融资本统治阶段

自 20 世纪 80 年代以来，由多种因素的促成，资本主义进入一个新的历史阶段，即从一般金融资本统治进到虚拟金融资本统治阶段。所谓虚拟金融资本是指脱离实体经济运行基础，通过单纯流通手段的制造而形成的金融资本，如过量发行的国家纸币和各种证券等。当然，自从有商业信用和银行信用以来，就存在虚拟资本和商业欺诈，无论在工业资本自由竞争阶段还是在金融资本统治阶段，从总体上说，虚拟资本都处于从属地位，金融资本的运行主要是依赖于或服务于实体经济。但经过近 30 多年的演变，金融业不再主要为实体经济融资，而更多的是为自身融资，用钱来套取更多的钱。金融市场上的交易绝大部分与实体经济无关，而只是钱与钱之间的

投机博弈。据有关媒体报道，2012年全世界金融市场上，股票和债券交易额超过600万亿美元，是商品和服务贸易的10倍。另有资料称，实体经济每年创造的世界财富大约为45万亿欧元；而在金融领域资本运作市场的市值则高达2450万亿欧元。

近30年来助推虚拟金融资本迅速膨胀的因素主要有：

一是西方国家推进产业输出，造成"去工业化"的后果。资本家为了赚钱已不仅满足于商品输出和资本输出，为了应对国际竞争、降低成本和直接占领国外市场，更大量地把中低端产业输出到发展中国家，在其本国着力发展高端金融业、服务业和高科技。据有关资料，1985年美国制造业产出占GDP的比重为28%，但到2003年已下降到14%以下。美国工业中就业占总就业比重，20世纪50年代为50%，1998年下降为15%，2008年下降到10%以下。"去工业化"的后果，就是实体经济与金融业比例严重失衡。

二是西方国家的金融自由化，使金融资本发展失去制衡机制和有效监管。1971年8月美国政府宣布美元停止兑换黄金，原与美元挂钩的各国货币也脱离与美元的固定比价，固定汇率变为浮动汇率，美国和其他各国可以无限制地发行纸币。20世纪80年代迫于金融部门的压力，里根和撒切尔实行新自由主义政策，对金融市场实行从积极的管制体制转到消极的管制体制，目标是鼓励竞争和"金融创新"。纽约、东京等证券交易所在80年代都大力进行了放松管制的改革。美国议会1999年废除了1933年通过的禁止一般商业银行从事投机生意的《格拉斯——斯蒂格尔法案》。金融自由化助长了金融市场的过度投机炒作和虚拟金融资本的膨胀。

三是经济全球化促进虚拟金融资本到处投机扩张。第二次世界大战以后，殖民地体系的瓦解，逐步出现一批新兴发展中国家，特别是从20世纪80年代中国开始实行改革开放，90年代初苏联解体，东西方两大阵营冷战的结束，两个"平行的"世界市场实现统一，最终形成了虚拟金融资本主导的金融全球化。

四是电子信息产业和互联网的快速发展，成为虚拟金融资本扩张的便捷手段。信息技术已经进入一个大规模数据时代，借助计算机大规模数据处理能力，开发金融衍生品和交易模型。通信技术革命，以无线的形式把国内外金融机构、商业机构、甚至个人连接在一起，可以低成本和瞬时地完成大规模的交易，实现虚拟金融资本的扩张。在资本主义制度下，科技进步往往成为资本家聚敛财富的工具。英国《金融时报》网站曾写道："20 世纪 90 年代以来，互联网和金融全球化帮助美国超级阶层积聚了财富，与铁路、电力和内燃机 100 年前发挥的作用大致相同。"

二、虚拟金融资本的统治严重激化了资本主义基本矛盾

虚拟金融资本统治阶段，比之自由竞争资本主义阶段和垄断资本主义阶段，更加激化了资本主义基本矛盾。其主要表现为：

一是加剧社会分配不公，少数大银行家通过金融市场的投机和欺诈，掠夺社会大多数人的财富。在金融资本为工业资本服务的条件下，工业资本赚取企业利润，金融资本通过借贷利息形式从中分得一杯羹。而在虚拟金融资本统治的条件下，资本家要赚取的不仅是更高的企业利润，还包括掠夺工人从初次分配中获得的收入和广大中产阶级人群的财富。据国际媒体报道，GMO 公司创始人之一的格兰瑟姆提供的资料，企业高管得到的总报酬从艾森豪威尔时代（50 年代）为工人平均工资的 40 倍增至如今的 600 倍以上。据美国有线电视新闻网 2011 年报道，过去 20 年，90% 的美国人实际收入没有增长，占美国人口 1% 的富人收入却增长了 33%。

二是资本主义国家持续的"金融创新"，不断吹大金融资产泡沫，使金融市场结构变得复杂而脆弱。自 20 世纪 80 年代以来，最大规模的金融资产泡沫膨胀已经发生三次，每次金融资产泡沫破裂都导致金融危机和经济衰退。第一次是日本，在 1986—1990 年间，由于日元短期大幅升值，流动性过剩，加之第二次世界大战结束以来的最低利率水平，金融资产市场投资成本低廉，导致日本股票市

场和房地产市场泡沫膨胀, 日经 225 指数四年时间内上涨两倍。自
1990 年以来, 日本因股市泡沫和房地产泡沫的破灭, 引发了该国全
面的金融危机。第二次是美国互联网泡沫膨胀, 纳斯达克指数从
1995 年算起, 在不到五年时间内上涨 4 倍。2000 年纳指出现暴跌,
不到一年时间内即被腰斩, 致使美国经济在 2001 年出现衰退。第三
次是美国房地产泡沫膨胀, 进入 21 世纪以来, 由于投机资本 "金融
创新" 发明了次级住房抵押贷款, 降低购买住房信贷门槛和美联储
的低利率政策, 并利用住房抵押贷款, 开发出其价格高出初始交易
额几倍至几十倍的衍生证券, 促使美国房地产泡沫迅速膨胀, 2006
年第二季度, 房地产价格达到峰值。2007 年美国爆发次贷危机, 成
为 2008 年爆发国际金融危机的直接起因。

三是与金融资产泡沫伴行, 公私债务激增。次贷危机爆发以来,
美国房价大幅下跌, 用抵押贷款买房者, 负债额大幅上升。西方国
家对外发动 (伊、阿) 战争和对内降低富人税收, 不断扩大政府开
支和降低财政收入, 增加预算赤字和公共债务, 特别是在金融危机
时期政府对大金融机构的救助, 更推动西方国家公共债务的快速增
长。美国的主权债务在国际金融危机之前约为 10 万亿美元, 到 2013
年 10 月已超过 17 万亿美元, 主权债务余额约占当年 GDP 的 103%。
原来日本财政状况比其他发达国家更为健康, 但自 20 世纪 90 年代
初爆发金融资产泡沫破裂危机后, 日本政府出台了多种财政刺激政
策, 结果催生了巨额国债。据 2012 年 2 月亚太经合组织发布的材
料, 日本 2011 年的财政赤字和主权债务余额分别达到该国 GDP 的
8.9% 和 211.7%。欧元区国家整体主权债务占 GDP 的比重虽然远低
于美国和日本, 欧元区政府总债务与 GDP 之比 2015 年为 93.7%,
但由于多国货币联盟存在的潜在隐患 (如财政分灶) 和一些成员国
自身经济弱点, 从 2009 年以来, 深陷主权债务危机。

四是社会分配不公和金融危机的严重后果, 引发中低收入群体
对华尔街的愤怒。美联储在 2012 年 6 月 11 日报告称, 本轮金融危
机和经济衰退, 吞噬美国人近 1/5 世纪的收入, 美国家庭的中位数

净资产仅在三年中就缩水 39%，剔除通胀因素美国人的生活大致回到了 1992 年的水平。其中蒙受损失最大的是中产阶级家庭和最贫困的家庭。美国广大中低收入者特别是失业的青年，对此次金融危机的发源地华尔街充满怒火，2011 年爆发了"占领华尔街"运动。2016 年 4 月 11 日开始，美国又爆发了反对"金钱政治"的"民主之春"抗议活动，这场数千人参加的持续 8 天的抗议，国会大厦前千余名示威者遭警方逮捕。这充分暴露出当前资本主义社会基本矛盾的激化程度。

三、虚拟金融资本统治致使资本主义经济体复苏乏力

在虚拟金融资本统治阶段，资本主义爆发的危机是金融资产泡沫破裂的危机，危机一旦暴发，就会造成金融体系紊乱，银行业和其他金融机构到处充斥着坏账和有毒金融资产，不解决有毒金融资产问题，单靠新投资拉动经济从萧条走向复苏、高涨根本是不可能的。正因此，自 2008 年国际金融危机爆发至今已过去 7 年多了，资本主义几大发达经济体的经济仍然复苏乏力。

一是清算和解决有毒金融资产将是一个漫长的过程。"有毒金融资产"指的是票面上有价值，实际上已经变成坏账或亏损的资产，如"金融创新"制造出的各种金融衍生证券等。这种有毒金融资产不同于银行对实体经济的正常经营中出现的不良资产，它往往涉及高杠杆率金融投机的欺诈骗局，涉案金额特别巨大。据 2009 年 2 月国际媒体报道，欧盟区整个银行体系的"有毒资产"数额高达 25 万亿欧元，接近欧盟区 2006 年国内生产总值的两倍。自此次危机爆发以来，美欧国家政府和央行为救助大的金融机构和刺激经济增长所投资金往往被"有毒资产"黑洞吸走，用来弥补金融危机造成的资本损失，并没有增加信贷市场的实际供应量。然而，由于虚拟金融资本的统治，改革金融体制和加强金融监管法案却迟迟得不到落实，以致一些大的金融机构在危机期间仍在投机炒作。

二是在解决有毒金融资产问题的同时还要应对主权债务危机问题。西方国家在金融危机爆发后，造成预算赤字和公共债务余额大幅增加，以及金融危机引发的国债券主要持有者银行坏账剧增，致使一些欧元区国家从市场再融资困难，导致公共债务违约，爆发主权债务危机。主权债务危机可以说是这次金融危机的第二波。虽然欧洲央行、欧洲金融稳定基金和国际货币基金组织对爆发主权债务危机国实行救助，但要求受援国改革财政，紧缩预算开支和减少赤字。过度紧缩财政政策不仅引起了社会激烈动荡，而且将把经济发展送上停滞之路。

三是金融资产泡沫破裂危机，拖累实体经济的发展。虚拟金融资本扩张时不服务于实体经济，金融危机爆发时，却往往会拖累实体经济。各国政府和央行采取的反危机措施，主要是对濒临倒闭的大金融机构的资金救助，而实体经济中，大量中小企业往往得不到所需信贷资金，以至于实体经济复苏乏力，使得经济长期处于萧条状态。美国经济在金融危机后虽然有所复苏，年均增速却长期低迷。据穆迪分析公司在 2015 年 7 月 30 日发布的研究报告指出："截至 2016 年第二季度，金融危机以来美国经济复苏已持续六年，在此期间美国经济年均增速仅为 1.8%。"2016 年第一季度经济增长率又降为 0.5%，远低于 2015 年第四季度的 1.4% 和第三季度的 2.0%。欧元区的经济在 2009 年后出现两年弱势复苏后，由于爆发主权债务危机，再次陷入衰退。2016 年第一季度欧元区经济环比增长 0.6%，GDP 总量约为 2.5 万亿欧元，略高于 2008 年第一季度的数值，这表明欧元区花了八年时间，才恢复到危机前的水平。

需要特别指出的是，2008 年国际金融危机后，资本主义国家为了救市和刺激经济发展，曾长期实行货币量化宽松和超低利率政策，进一步催生了金融资产泡沫膨胀，加上收入分配不平等愈益加剧，这些国家面临再次爆发金融危机和经济衰退的风险。2016 年上半年，国际货币基金组织发布的《全球金融稳定》报告称，全球需提防新一轮金融危机。前英格兰银行行长默文·金警告称："由于管理者在上一次危机后未能改革金融体系，全球经济正处于又一次崩溃的边缘。"我国应尽早研究如再次爆发国际金融危机和经济衰退对我国经济和金融的影响，并提前做好应对政策和措施的储备。

（《红旗文稿》2016 年第 20 期）

顾学明:

"一带一路"脚踏实地走出去

"一带一路"倡议提出三年来,相关建设涵盖面广、包容性强、辐射作用大,推进速度与早期成果都超出预期。从促进企业"走出去"角度看,"一带一路"建设拓宽了企业的国际视野,特别是与沿线国家巨大的合作空间和共赢机遇已成为推动企业"走出去"的强大动力。商务部最新数据显示,截至 2016 年 7 月,我国企业在相关国家建设经贸合作区 52 个,累计投资 156 亿美元,为东道国创造了 9 亿美元税收和近 7 万个就业岗位。

可以预见,随着"一带一路"建设的持续推进,企业"走出去"步伐将进一步加快,遇到的挑战可能愈发密集,要防范的风险可能愈发突出。为保障"一带一路"建设顺利推进,更好促进企业稳步健康地实现国际化发展,我们必须"抓统筹、讲互利、树典范、防风险",真正做到精准发力,量身打造政策环境,为"一带一路"建设扫清障碍,为企业走出去保驾护航。

抓统筹,核心就是要实现习近平主席提出的"陆海统筹、内外统筹、政经统筹"。把握推进"一带一路"建设大目标,确立陆海协调推进大逻辑,围绕国内发展与对外投资协调发展的大前提,实现政治外交与经济利益的双丰收。从经贸合作角度看,要统筹国内国外两个市场,做好"一带一路"建设同国内发展战略的精准对接,实现差异化、错位化发展,避免对外投资无序竞争对国家声誉、企业利益及项目推进造成的不利影响。要做好外交顶层设计，出台有针对性的政策措施，及时、准确地把握世界经济动向和走势，维护和拓展国家发展利益与经济安全。

讲互利，根本就是要实现互利共赢。秉持共商、共建、共享原则，对接沿线各国发展规划，努力挖掘利益结合点，发挥各方优势和潜力，寻求合作最大公约数。顺应沿线国家产业转型升级大趋势，扩大机电产品、高新技术产品出口，鼓励企业到我国顺差较大的沿线国家开展投资，活用境外经贸合作区、跨境经济合作区等载体深化合作，这样既满足沿线国家的发展需求，又为企业开辟了更广阔的发展空间。

树典范，重点是切实推进关键项目落地，发挥早期项目的示范和引领作用，让沿线更多国家越来越欢迎中国企业去投资。要瞄准重点地区、重点国家、重点项目，打通关键节点，树立基础设施互联互通的典范。要准确把握国际产能合作的大方向，推动我国装备、技术、标准和服务"走出去"，树立国际产能合作的典范。要继续支持企业投资境外经贸合作区、产业集聚区、经济特区等合作园区建设，营造基础设施相对完善、具有集聚和辐射效应的良好区域投资环境，构建全产业链战略联盟，引导国内企业抱团出海、集群式走出去，树立园区平台典范。

防风险，关键就是要推进安全保障，防范政治风险、安全风险、市场风险及产业空心化风险。要处理好多元力量的竞合关系，主动出击，强化规则建设能力。建立能源产品全球供应链，提高我国产业国际竞争力。强化国别分析和风险评估，加强风险预警，采取有效的应对方案。要根据国内各产业所处的不同发展阶段，精准施策，鼓励企业高效利用"两种资源"实现"借力发展"，支持企业充分利用"两个市场"实现"墙外开花"。

（《经济日报》2016 年 9 月 7 日）

徐念沙：

中国企业走出去的思考

近年来，全球经济格局发生了重大的调整和变化，中国经济步入新常态。"一带一路"建设的提出和落实，不仅从政治、经济、文化等领域为解决区域发展问题提供了新的思路，还将成为中国新时期经济转型、中国企业走出去的重要引擎。

一、中国企业是顺利实施"一带一路"建设的先行官

"一带一路"建设为发掘中国与相关国家的历史渊源提供了新的依据，唤起了世界各国对中国形象的记忆和共鸣。从历史上看，古丝绸之路绵亘东西，最初由商业贸易驱动而形成，具有鲜明的经济特色。随着政治、宗教、文化等元素的融合发展，逐渐成为维护区域之间经济互利、政治互信的重要纽带。古丝绸之路以经济为先导、以商贸为桥梁，发展睦邻友好关系，形成利益共同体，深刻影响了当时的世界格局。

当前，中国与俄罗斯、巴基斯坦等国家之间经济互补性强，合作前景值得期待和憧憬。随着"一带一路"建设实施落实，中国将迎来前所未有的发展机遇，不仅需要加强与沿线国家的多方合作，更要充分利用经贸往来的先导作用，使中国企业成为"一带一路"上的先行官。

2015 年初，保利集团下属保利科技公司签署了乌兹别克斯坦橡胶厂项目的合作协议。乌兹别克斯坦总统卡里莫夫签发了总统令，授予保利科技公司项目总承包商资质。该项目是该国政府的重点工程，建成后可年产 360 万条轮胎。此项目成功签约是保利集团在中亚市场的重大突破，对于保利集团积极参与"一带一路"建设具有重要意义。

以"一带一路"为契机，推动中国企业走出去，支持周边互联互通、重大基础设施建设，促进各国经济发展、人民生活改善，既有助于深化国际合作，优势互补，取长补短，促进区域繁荣发展；也有助于增进沟通交流，加强信任，减少摩擦，维护地区安全稳定。中国企业应当抓住这一难得的历史机遇，在政府引导下充分发挥走出去的主体作用，努力成为"一带一路"建设的先行官。

二、中国企业在"一带一路"建设中面临的机遇与挑战

过去 10 多年，中国企业走出去取得了辉煌成就，今天更需要在全球产业链中占据更高价值的先进制造业和服务业方面发挥更加重要的作用。要实现这一目标，中国企业必须变得更具战略性、竞争力和效率，"一带一路"将成为新一轮中国企业走出去的指南针，带来新的发展机遇。

一是不断做大海外市场。改革开放 30 多年来，中国企业积累了丰富的产业资源、先进的技术水平、成熟的管理经验，已经具备了走出去的能力。"一带一路"沿线国家总人口近 50 亿，经济总量约 39 万亿美元，蕴含了巨大的经济发展潜力。"一带一路"的提出，恰逢其时。今天，中国企业有能力帮助沿线国家和地区建设道路、桥梁、港口等基础设施，并推动汽车、高铁、钢铁、电力等产业的发展，扩大中国企业海外业务收入比重，更好地顺应企业走出去和多元化发展的需要。

二是促进产业转型升级。在国内，要素成本上升、市场供需变化使部分产业失去了价格竞争力，但在要素成本低、市场需求大的其他国家，这些产业可以得到合理估值，重现生机。随着"一带一

路"建设进展，中国企业在研发、技术、品牌上将进行新的投入，引导国内产业转型和再升级，为企业带来新的机遇。

三是提升企业创新能力。随着"一带一路"建设实施，必将引发不同国家和地区的区域创新，这包括区域发展模式、产业战略选择、经济技术路径、区域间合作方式等。在克服"水土不服"、适应不同国家和区域环境的同时，中国企业通过学习借鉴海外成功企业的经验，推动企业发展模式、产业战略、技术路径、商业模式的改革和创新，其间的每个改革和创新都蕴涵着无限的机遇。

"一带一路"建设为中国企业走出去提供了难得的契机，但也充满了挑战，需要有强烈的风险防范意识，未雨绸缪。"一带一路"沿线国家的政治、经济、文化和法律制度存在巨大差异，中国企业走出去时必须高度重视防范风险，提高海外投资利益的保障能力，实现与当地社会、文化、法治的良性融合。

一是从海外投资环境看，中国企业与西方跨国公司相比有明显的"后发劣势"，大部分只能到投资环境差、风险高的国家和行业去寻找机会，有的市场看似空间巨大，实则有效需求不足，盲目进入将带来高风险。

二是从企业管理能力看，我国海外投资起步较晚，企业不熟悉国际市场、缺乏海外投资经验，以及会计、律师、咨询等中介机构发展程度低、风险评估能力弱等问题比较突出。海外国家的政治、经济、社会环境复杂多变，语言文化、商业规则、法律体系、行业标准等与国内截然不同，对企业的适应能力和管理水平提出更高要求。

三是从协调支持机制看，走出去的中国企业还面临着信息不对称、资源碎片化、恶性竞争等问题，既不利于力量整合统筹，也容易造成资源重复浪费。此外，"一带一路"沿线国家和地区的金融环境并不完善，对中国企业的金融支持有限。

三、中国企业在"一带一路"建设中走出去的落脚点

中国企业要有勇气抓住当前"一带一路"的重大历史机遇，更

要有能力应对随时可能出现的风险和挑战。

一是要结合供给侧结构性改革，引领市场发展趋势。从需求端来看，企业要迎合海外市场需求，提供适销对路的产品和服务，参与大众化的竞争。从供给侧来看，企业更要引领市场潮流，具备独特的竞争优势，提供更超前的产品、服务和技术，特别是具有创造新需求的能力，这一点对于中国企业更为重要。在推进"一带一路"建设的过程中，中国企业要紧密结合中央提出的供给侧结构性改革，有意识地将发展方式从投资驱动向创新驱动转换，将产品服务从劳动密集型向科技密集型转变，真正发挥出引领市场、创造需求的作用。

保利集团作为国内贸易和文化的领军企业之一，多年来与法国、德国、意大利等欧洲各国企业建立了长期合作关系，代理销售奔驰、法拉利、红酒等高端消费品，并与国外演出团体、影视制作公司、艺术收藏机构开展业务合作，引进海外优秀音乐剧、歌剧、艺术品资源，引领全球市场潮流，促进经贸文化往来。

二是要结合开发性金融资源，加强产融深度合作。2015 年以来，丝路基金、亚洲基础设施投资银行、中国国家开发银行等金融机构，以开发性金融的创新方式，为"一带一路"建设规划提供了有力的资金支持。中国企业应当充分发挥开发性金融机构的先导和引领作用，结合开发性金融特点设计企业经营模式，共同打造产融结合的海外投资运营平台。

2011 年，保利科技公司以卖方信贷模式承揽了赞比亚卢萨卡约50 公里的城市道路工程。该项目 2015 年 10 月正式交付业主，获得卢萨卡城市委员会的高度评价。目前，工程款已经全部收到。这就是利用开发性金融——卖方信贷的一次实践。中国企业要充分发挥产融结合的优势，用好、用活、用足金融资源，创新金融对海外发展的支撑体系，以金融的力量长期稳定地驱动国际化发展。

三是要结合国际化经营运作，促进企业管理提升。面对"一带一路"沿线不同国家政治社会环境的显著差异，企业要有一套行之有效的组织机构和管理制度，实现规范化管理和运营，促进企业管理提升。在国际化经营中，企业要深入研究所在国的政治、经济、法律、文化等背景，无论身处何时、何地，都能适应海外发展需要和国际竞争环境。

2015年以来，保利地产走出国门，布局海外，先后在澳大利亚悉尼、墨尔本以及英国伦敦等核心城市投资了多个房地产项目，并已成功实现销售收入。在海外拓展的过程中，保利地产因地制宜，加强合作，搭建了本土化的人才队伍和管理制度。

四是要结合古丝路文化传承，突出世界公民责任。自古以来，丝绸之路精神薪火相传，推进了人类文明进步，是东西方交流合作的象征。中国企业要继承古丝绸之路的文化传统，促进欧洲、亚洲、非洲等多元文化的交流互通、共同发展，形成文化命运共同体。2015年以来，保利集团下属保利剧院公司加快推进与英国大使剧院集团、法国巴黎歌剧院、美国林肯中心等国外著名剧院院线的战略合作，推广引进国内外优秀剧目，探索培育共享型、出口型文化，积极促进多元文化的交流互通、共同发展。

同时，中国企业要结合古丝路文化理念，积极履行社会责任，有意识去打造有国际影响力的民生工程，树立有责任、有担当的中国企业形象，提升中国软实力和影响力。保利集团下属科技公司承担联合国、世界银行"点亮非洲"的扶贫计划，在非洲18个国家完成了涉及医院、光伏电站、广播发射台站、太阳能照明等民生项目的建设，惠及10万民众，取得良好社会效益，有力提升了中国企业的世界公民形象。

推进"一带一路"建设是实现中华民族伟大复兴的重要途径，顺应了当今世界经济、政治、外交格局的新变化。走出去的中国企业，应当广泛探讨国际经济合作机会，加强同各国政府、金融机构、企业的交流互动，为把握"一带一路"发展机遇、推动中国企业走出去作出新的贡献。

（《人民日报》2016年7月26日）

王　伟：
"一带一路"战略下西北地区向西开放的思考

　　区域开放是区域适应改革开放大势，实现经济快速发展的必然
选择，是区域参与产业分工实现产业高端化的客观需要，也是欠发
达地区寻求转型升级和跨越发展的有效途径。西北地区地处内陆的
现实是制约其对外开放的主要因素之一。"一带一路"战略的提出和
实施，为西北地区向西开放"走出去"带来了难得的发展机遇。

　　加快建设向西开放的贸易平台。近年来，西北地区与"一带一
路"沿线国家之间贸易合作交流领域逐年拓宽，经贸交流规模持续
扩大，交流的层次与水平日趋提高，但是存在着壁垒仍存、通关不
畅、运输不便、物流不快等问题。加快建设向西开放的贸易平台，
必须加快贸易顺畅、投资便利化等问题的专题研究，探讨、解决、
补齐开放贸易的"短板"，消除贸易壁垒，降低贸易和投资成本，实
现互利共赢。加快改善口岸通关设施条件，加快边境口岸"窗口"
建设，提升通关能力，降低关税和非关税壁垒，提高贸易便利化水
平。要加快推进口岸建设，完善航空、陆路口岸规划布局。要加快
培育外贸综合服务企业和中介机构。加强开发区与中亚、西亚、中
东欧国家联系，促进向西开放，将开发区建设成为企业西进、产业
西移、产品西出重要基地。支持开发区设立海关特殊监管区，吸引
大企业、大项目、大产业在开发区落地发展。比如，甘肃、新疆等
省（自治区）可以借助霍尔果斯口岸和喀什出口通道，打造清真食

品生产基地，不断提升开发区对外开放水平。

加快建设向西开放的交通平台。积极推进交通基础设施战略落实发挥桥梁作用，为丝绸之路经济带沿线所有国家、地区、所有的人员、货物和地区内各国营造畅通、可靠、高效、快捷、便利的运输体系。必须加快改善适应跨国贸易运输体系的交通条件，减少用户运输成本，为用户减少从始点到终点的运输时间，提高旅行时间准确性，提升运输安全性。为实现上述目标，就要有效利用现有运输资源的战略，新建适应构建开放型新体制需要的跨国交通运输基础设施，加强省间、省域内、区内的交通运输信息共享、分析，制定实现道路联通目标需要的激励战略与合作战略。

加快建设向西开放的文化平台。民心相通的深层基础是不同文化的相互了解、相互交流、相互理解和相互融合。只有在了解、交流、理解、融合的基础上，不同国家和地区的人们才有可能产生思想上的共鸣，才有可能在一些重大问题上取得宝贵的共识。为此，西北地区要进一步加强与沿线国家在教育、文化、旅游、卫生等领域的交流合作，扩大人文合作领域，通过民间交流合作，为深化合作夯实民意基础和社会基础。通过域内域外的国际合作、经济协作、民族交往、文化交流，促进和推动多区域、多国之间的友好往来。进一步发展完善与哈萨克斯坦、土库曼斯坦、吉尔吉斯斯坦、伊朗、白俄罗斯、俄罗斯等国家有关省州的友好关系，继续在沿线国家建立友好省州。

加快建设向西开放的投资平台。西北各省（自治区）可以由相关政府部门牵头，建立与向西开放产业合作地区、产业园驻扎区等地区的政府高层磋商机制。一方面，就双方年度人文、旅游、互访考察计划，重点产业合作及境外产业园建设等定期进行会晤、磋商。另一方面，开展产业合作、境外产业园区建设，以及企业"走出去"所涉及的准入、管理、纠纷调处等协调服务，为企业"走出去"、境内外产业合作的风险控制、权益维护等提供保障。

加快建设向西开放的培训平台。扩大留学生教育培训规模。争取国家培养计划支持，吸引更多"一带一路"沿线国家学生来甘肃留学。积极争取国家支持，以提供奖学金、助学金等方式吸引中亚、西亚国家学生来西北各省（自治区）就读，扩大留学生规模。依托西北地区的高校，建设中亚西亚国家留学生教育研究中心、阿拉伯语教育研究中心等基地和文化教育平台。突出甘肃敦煌学、古丝绸之路和中亚西亚研究的特色及优势，整合院校和研究机构力量，建立综合性研究基地，加强与沿线国家的院校和科研院所合作，深入开展国际研讨和学术交流，提升在丝绸之路和中亚西亚研究方面的地位。组织高校到丝绸之路沿线国家开展学术交流合作及开办教育展。着眼于加快培养"丝绸之路经济带"构建交流合作短缺人才，加大和突出小语种培训，中亚西亚国家国情区情、宏观政策、民族宗教、法律法规、投资金融、医药卫生、中介服务等内容的培训，充分发挥西北地区多民族聚集，与沿线国家交往久远、民心相通的优势，推进与沿线国家的深入合作与共同发展。

（《光明日报》2016 年 12 月 25 日）

宋 海：

企业"走出去"要注意防范风险

"十三五"规划将"一带一路"作为我国未来发展和对外开放的主要战略，体现了中国对外开放战略乃至整体经济发展战略的升级。这一大战略为我国企业提供了巨大的海外投资机会和海外市场，可以说是为我国企业提供了一个千载难逢的海外投资机遇期。

与大部分"一带一路"战略沿线的国家相比，我国在技术、设备、资金和服务上具有较大的优势。中国经过三十多年的改革开放，已经有了一定的积累，有很多优势产业与沿线国家正好形成良性互补。"一带一路"战略在支持沿线国家加速发展的同时，也为中国传统企业转型升级提供了一个巨大的契机。

但也必须注意，"一带一路"贯穿几十个国家，每个市场成熟度不同，国家间更有文化、经济、法律、政治和监管体系上的差异，甚至一些国家还存在政治不稳定或是政府管治低效的问题。加上技术革新、全球化和大宗跨境投资等趋势影响，各个国家的投资环境各有不同。在实践中，我们要研究如何实施好"一带一路"战略，还要研究我国企业如何"走出去"投资和如何在投资过程中防范风险。

对企业来说，最大的挑战可能在于能否创造稳定的投资回报率。"一带一路"沿线有许多国家经济相对落后，这些国家能否在短期内借力"一带一路"战略发展起来？一些人烟稀少地区，建立互联互通能否获得经济效益？许多基础设施建设能否赢利，甚至能否回本？这些问题都值得关注。沿线部分发展中国家的商业环境欠佳，政治版图也存在不确定性，这都将使投资项目的回报率存在较大变数。

我认为，企业"走出去"的第一步是要先选国家，把这些国家对中国投资的需求程度做个分类，然后再考虑具体操作层面的因素，包括法律和金融体系以及政府的执政能力与效率等。第二步是选行业。建议企业一定要选自己熟悉的行业，要知道跨行业经营看起来很美但实施起来非常困难，更不用说跨国投资了。第三是建设好跨国投资和经营的团队，这非常重要。第四是认真研究风险，寻找专业的服务与支撑团队。第五是建议企业寻找合适的当地伙伴，这对熟悉当地环境和利用当地本土资源非常关键。具体而言，建议企业从以下几个方面努力：

一是树立可持续发展理念，坚持诚信为本。参与"一带一路"海外投资的企业，不仅要考虑存在的经济风险，更要考虑东道国对我国对其投资的心理认同和接纳程度。具体而言，企业在海外运营中，要首先树立和维护良好的企业形象，要树立可持续发展的理念，兼顾项目的经济性、环保性和对当地社会民生的改善，以诚意和行动改变国际社会的认知。其次，把维护和改善形象纳入公司海外战略的统筹考虑和规划。"走出去"的企业要通过实施具体的商业合作项目，用看得见、信得过的成功商业项目运作，打消当地疑虑，筑牢合作根基。

二是熟悉并自觉遵守国际法律规范，这是企业参与海外投资的关键要素。商业运营的底线是遵纪守法，"走出去"的企业更要遵守三条"红线"，即本国法律法规、东道国法律法规以及国际规范和惯例。针对"一带一路"沿线国家，"走出去"的企业应当特别注意各国法律制度体系的差异，加强与我国驻当地使领馆的联系，积极防范相应的风险，避免盲目投资。

三是提升与媒体及公关机构的交往能力，提高透明度和规范信息披露。"酒香也怕巷子深"，要提升中国企业在国际上的整体形象，必须提高"走出去"企业的透明度，通过主动、真实、客观的信息披露，让世人了解中国企业在东道国履行企业社会责任，开展负责任投资所做出的努力，以及为支持当地经济社会发展所带来的改变。企业家可以同我国驻当地的媒体、公关公司联系，同时重视海外公关人才的培养和公共关系工作的常态化与制度化，构建和谐、务实与互利共赢的合作平台。

四是尊重当地文化。"走出去"的企业，要有国际化视野和担当，尊重东道国民众的社会文化心理与习惯，了解东道国的文化特点及其差异性，找到与当地利益相关的沟通交流渠道与最佳方式，提升当地居民对企业的认知度与满意度，构建中国企业与当地居民的情感纽带和增进文化认同。

（《光明日报》2016 年 4 月 11 日）

魏哲哲：
护航中国企业和公民"走出去"

近日，司法部、外交部、商务部、国务院法制办联合印发了《关于发展涉外法律服务业的意见》（以下简称《意见》），对发展涉外法律服务业作出全面部署。司法部负责同志就《意见》制定和实施有关问题，回答记者提问。

问：请您介绍一下《意见》出台背景和意义？

答：发展涉外法律服务业是建设完备的法律服务体系、推进全面依法治国、促进全方位对外开放的重要举措。党的十八届四中全会对发展涉外法律服务业作出了重要部署，提出了明确要求。发展涉外法律服务业，是适应经济全球化进程、形成对外开放新体制、应对维护国家安全稳定新挑战的需要，对于增强我国在国际法律事务中的话语权和影响力，维护我国公民、法人在海外及外国公民、法人在我国的正当权益具有重要作用。党的十八大以来，在党中央、国务院的领导下，我国涉外法律服务业发展较快，涉外法律服务队伍不断壮大，涉外服务领域日益拓展，服务质量逐步提升，为维护我国公民、法人在海外正当权益、促进对外开放发挥了重要作用。随着我国全面建成小康社会进入决胜阶段，对外开放面临新形势新任务，涉外法律服务业在全面依法治国和经济社会发展中的作用更加显现。"一带一路"等国家重大发展战略、中国企业和公民"走出去"、服务我国外交工作大局等都对涉外法律服务业的发展提出了新的更高要求。必须把发展涉外法律服务业摆在更加突出的位置，采取有效措施，努力把我国涉外法律服务业提高到一个更高水平。在这样的形势下，司法部、外交部、商务部、国务院法制办联合印发《意见》，必将推动我国涉外法律服务工作进入一个新的发展阶段。

问：发展涉外法律服务业的指导思想和基本原则是什么？

答：《意见》强调，发展涉外法律服务业必须全面贯彻落实党的十八大和十八届三中、四中、五中、六中全会精神，以邓小平理论、"三个代表"重要思想、科学发展观为指导，深入贯彻习近平总书记系列重要讲话精神，紧紧围绕"五位一体"总体布局和"四个全面"战略布局，牢固树立并贯彻落实创新、协调、绿色、开放、共享的发展理念，建立健全涉外法律服务工作制度和机制，加强涉外法律服务队伍建设，推进涉外法律服务业发展，努力为形成对外开放战略新布局，为实现"两个一百年"奋斗目标和中华民族伟大复兴的中国梦作出新的贡献。

《意见》明确了发展涉外法律服务业必须要坚持的四项原则。一是坚持服务大局。围绕党和国家中心工作，服务对外开放大局，服务外交工作大局，发挥优势，主动作为，努力为促进我国经济社会发展提供优质高效的涉外法律服务。二是坚持创新发展。主动适应经济新常态和对外开放新格局，积极推进涉外法律服务业务创新、方式方法创新和管理创新，不断丰富服务载体，提高涉外法律服务能力和水平。三是坚持统筹兼顾。统筹好国内和国际两个大局，促进涉外法律服务业发展的速度、规模、质量与开放型经济发展相协调，实现涉外法律服务业整体协调发展。四是坚持立足国情。从我国国情和法律服务业实际出发，遵循发展规律，充分发挥政府主管部门、行业协会和法律服务机构的作用，共同推进涉外法律服务业发展。

问：《意见》对发展涉外法律服务业提出了哪些工作任务？

答：《意见》提出了四个方面的任务。一是为"一带一路"等国家重大发展战略提供法律服务。围绕推进"一带一路"、自贸区建设等重大国家发展战略，为全面提升开放型经济水平提供法律服务。二是为中国企业和公民"走出去"提供法律服务。努力做到中国企业和公民走到哪里，涉外法律服务就跟进到哪里。三是为我国外交工作大局提供法律服务。围绕我国外交工作大局，积极为我国对外签订双边、多边条约等提供法律服务，提升我国在国际法律事务中的话语权和影响力。四是为打击跨国犯罪和追逃追赃工作提供法律服务。推动在打击跨国犯罪、毒品、洗钱和反腐、反恐等领域的务实合作，依据国际规则和双边条约提供法律服务。

问：《意见》提出了哪些主要措施？

答：《意见》提出了六项措施。一要健全完善扶持保障政策。将发展涉外法律服务业纳入"十三五"服务业发展规划，纳入实施"一带一路"、自贸区建设等重大国家发展战略。二要进一步建设涉外法律服务机构。培养一批在业务领域、服务能力方面具有较强国际竞争力的涉外法律服务机构。三要发展壮大涉外法律服务队伍。发展公职律师、公司律师队伍。实施完善涉外律师领军人才培养规划，为发展涉外法律服务业储备人才。四要健全涉外法律服务方式。探索健全全球化、信息化背景下新的涉外法律服务方式，推动网上法律服务与网下法律服务相结合。五要提高涉外法律服务质量。完善涉外法律服务工作标准和职业道德准则，规范律师涉外法律服务执业行为和管理。六要稳步推进法律服务业开放。深化法律服务业对外合作，参与有关国际组织业务交流活动。坚持在CEPA（内地与港澳关于建立更紧密经贸关系的安排）及其补充协议框架下，实施内地对香港、澳门的各项开放措施。

问：司法行政机关将如何抓好《意见》的贯彻落实？

答：学习好、贯彻好、落实好《意见》，是当前和今后一个时期司法行政机关的一项重要任务。一是要认真学习《意见》。各级司法行政机关、各律师协会要把贯彻落实《意见》的工作列入重要议事日程，深刻领会《意见》的精神实质，切实把思想和行动统一到

《意见》精神上来。二是要细化工作措施。各地要根据本地区实际情况，制定实施科学合理、切实可行的发展涉外法律服务业措施，打造一批具有办理涉外法律服务能力的品牌所、品牌律师，为"一带一路"等国家重大发展战略提供法律服务。三是要建立协调机制。各级司法行政机关、各律师协会要会同本级商务、外事、法制等部门建立协调配合机制，形成贯彻落实《意见》的合力，共同推进涉外法律服务业发展。四是要加强监督管理。建立健全涉外法律服务的法律法规体系，加强对涉外法律服务工作的监督管理，维护法律服务秩序。

（《人民日报》2017 年 1 月 10 日）

第六章
用"大创新"重启世界经济

创新是我国改革开放以来迅速发展的成功经验，也是我国未来发展的重要理念。应对当前复杂多变的世界格局，积极参与国际竞争，不断推动创新是不二之选。习近平在 B20 杭州峰会开幕式上说："我们将推广发展理念、体制机制、商业模式等全方位、多层次、宽领域的大创新，在推动发展的内生动力和活力上来一个根本性转变。"在世界秩序的变局中，中国要高扬"创新"旗帜，开启全球"大创新"时代。G20 杭州峰会通过的成果文件《二十国集团创新增长蓝图》，提出了新工业革命、数字经济、结构性改革和跨领域行动四大措施，擘画出以创新重振世界经济增长的新蓝图。中国是创新大国，2016 年 5 月中共中央、国务院印发的《国家创新驱动发展战略纲要》，对实施创新驱动战略进行了系统谋划和全面部署。我们坚信，中国有能力引领这个"大创新"时代，让创新为中国和世界的经济发展注入新动力，让中国与世界共享创新机遇。

张蕴岭：
创新、活力、联动、包容——推动世界经济复苏的关键点

据国际货币基金组织 2017 年 1 月的预测，2016 年世界经济增长速度为 3.1%。世界银行 2017 年 1 月的预测更低，仅为 2.3%。这是自 2008 年国际金融危机以来世界经济的最低增长速度。它表明，2008 年爆发的国际金融危机阴影仍未散去，世界经济结构性调整的长进程仍未到头。推动世界经济复苏，应把握好创新、活力、联动、包容这四个关键点。

一、世界经济仍未走出危机阴影

发达国家经济低速增长。据国际货币基金组织预测，发达经济体 2016 年整体经济增速为 1.6%，对世界经济增长的贡献率仅为 20%。其中，美国经济曾出现短暂的较快复苏，但很快又陷入乏力。因此，美联储长时间实施量化宽松的货币政策。直到 2016 年第三季度，美国经济才出现明显提升，增长率达到 3.2%，国际货币基金组织和世界银行均预测美国 2016 年经济增长率为 1.6%。欧元区经济受欧元危机和英国脱欧的双重影响，缺乏增长的内在动力。尽管欧盟实施了宽松的货币政策和积极的财政政策，但增长的势头仍然较弱，预计 2016 年增长率为 1.7%。日本政府采取了较大力度的宽松货币政策，2016 年第三季度经济出现好转，但难有大的起色，国际

货币基金组织预计其年增长率只能达到 0.9% 左右。

新兴经济体和发展中国家总体上面临发展困境。新兴经济体和发展中国家面临外部需求降低、能源和原材料价格大幅度下降和外资流入减少等困境，经济增长率放缓，预计 2016 年整体维持在 4.1% 左右。值得注意的是，这样的增长速度是在发达国家和新兴经济体普遍实行宽松的货币政策下实现的，增发的货币没有导致商品价格上涨，劳动生产率没有明显改观，新的经济增长结构还没有形成。在新兴经济体中，有些国家经济继续负增长，如巴西、俄罗斯。印度经济保持中高速增长，但速度放慢，国际货币基金组织预计其 2016 年增长 6.6%，比 2015 年下降一个百分点，低于中国的增长速度，主要原因是消费下降。印度经济总量较小，对世界经济的拉动作用有限。相比之下，中国经济成为支撑世界经济增长的顶梁柱。尽管中国经济增长速度换挡，实际增长速度为 6.7%，但由于经济总量大（2015 年按购买力平价计算，中国占世界经济总量的比重为 17.3%），对世界经济增长的贡献率接近 40%。

国际贸易和投资增长放慢，逆经济全球化势力兴起。在国际金融危机爆发前的较长时间里，随着国际生产分工深化与扩大，大量投资流向新兴经济体，新的加工出口中心形成，大量的中间产品在不同生产环节快速交换流转，终端产品的进出口爆发式增长，使得国际贸易成为拉动世界经济增长的重要动力。很多年份国际贸易的增长速度成倍于世界经济总量的增长速度。但危机爆发后，国际贸易和投资一直慢于整体经济的增长，原来的贸易增长快车遽然失速。此外，近年来世界经济发展中出现了逆经济全球化的动向。比如，西方国家主张保护主义、孤立主义的代表人物在总统选举中胜出；推动世界市场开放的多边贸易谈判——多哈回合谈判多年停滞，已经达成的多边便利化协议难以落实；赢得大选的美国总统特朗普誓言要坚持"美国第一"，对外国产品征收高关税；一些国家对进口和外来投资实施的限制性条款、临时措施、特别审查不断增多；等等。逆经济全球化势力得到少数拥有巨额财富的既得利益者支持，他们想要借此来维持财富分配的不平衡态势。这会造成世界经济发展更加不可持续。

世界经济出现低利率、低投资、低通胀和低增长并存的局面。当前世界经济增长出现了一些"悖论"。比如，宽松的货币政策没有导致商品价格上涨，通货膨胀率处在低水平。日本、欧元区都实行了量化宽松政策，但通胀率都很低；美国通货膨胀率水平相对高一些，但也低于预期。再比如，低利率一般有助于促进企业投资，但在各国几乎都采取了低利率政策后，投资的增长仍然缓慢。从整个世界看，国际直接投资的增长速度大大低于国际贸易增长和经济增长的速度，特别是流向发展中国家的直接投资下降更多。世界经济中这种低利率、低投资、低通胀和低增长并存的局面隐含着诸多复杂矛盾。这些情况表明，世界经济还处在结构调整的进程中，新的平衡远没有形成。

二、未来世界经济发展动力和活力主要来自发展中国家

总的来看，在较长一段时间内，世界经济发展仍然存在制约复苏的结构性障碍，加上一些不确定因素，使得世界经济仍将呈现较长时间的平淡状态。推动经济增长仍然是各国经济政策的首要目标，各国还会继续实行宽松的货币政策和积极的财政政策。特别令人关注的是美国的政策走向及其影响。在经济全球化深入发展的时代，市场越发敏感，对美联储加息的预期让美元汇率升高，导致资金向美国流动，这对其他国家的投资造成不利影响。如果美国政府大力减税、大幅增加对基础设施的投资、积极鼓励美国公司生产回归，美国经济增长可能会有明显提升。但美国这样强力推行贸易和投资保护主义，必然会引起许多新的矛盾，为世界市场增添不稳定、不确定因素，导致稍有好转的世界经济复苏势头又被削弱。

预计 2017 年的世界经济形势将比 2016 年有所好转。国际货币基金组织预测 2017 年世界经济增速为 3.4%，世界银行最新预测为

2.7%。发达国家经济增速会略有提升，但对拉动世界经济的贡献仍然较小。其中，美国经济在"特朗普新政"的刺激下可能会略有起色；欧元区经济由于市场信心下降等影响，不会明显好转；日本安倍政府"三支箭"都已射出，货币政策几乎用尽，经济将继续低迷。新兴经济体和发展中国家的经济增速预计将提升到4.5%，其中中国经济稳中向好是一个重要因素。印度经济将继续维持较高的增长速度，东盟国家的经济将有比较明显的改善，拉美国家可能会从负增长转为正增长。由于大宗商品价格会有所上升，巴西、俄罗斯经济有望一改收缩局面，出现正增长。随着世界经济总体形势好转，预计国际贸易形势也会有所好转。国际货币基金组织预测2017年国际贸易增速可能会达到3.8%，由此扭转连年低于世界经济增速的状况。

近20年来，世界经济格局发生了深刻变化。发展中国家的经济实力及对世界经济的影响力迅速提升，日益成为世界经济发展动力与活力的重要源泉。当前，尽管发展中国家经济正在经历艰难调整，但总体而言，它们的增长速度仍大大高于发达国家。特别是作为世界第二大经济体的中国，2016年的经济增速是世界经济增速的二倍多、发达国家整体经济增速的四倍多，是名副其实的世界经济增长火车头。

三、构建创新、活力、联动、包容的世界经济

为尽快走出低增长、推动世界经济复苏，发达国家和发展中国家都在积极努力。在二十国集团领导人杭州峰会上，习近平主席提出构建创新、活力、联动、包容的世界经济，为世界经济开出了一剂标本兼治、综合施策的药方。

向创新要动力。从根本上说，这次危机经历如此长时间的调整，主要是因为新旧增长动能还在转换中。科技进步、人口增长、经济全球化等过去数十年推动世界经济增长的主要引擎先后进入换挡期，

对世界经济的拉动作用明显减弱。上一轮科技和产业革命提供的动能消退，新一轮增长动能尚在孕育。当前最主要的问题是，世界经济缺乏较强的增长动力。要想提升世界经济中长期增长潜力，唯有把握创新、新科技革命和产业变革、数字经济的历史性机遇，向创新要动力、向改革要活力。这是国际社会形成的一个共识。新技术发展推动新一轮产业革命蓄势待发，这一方面会创造大量富有活力的新经济形态，另一方面会推动生产率大幅提升。当今技术发展的一个突出特点是新技术的扩散性比以往强得多，不仅仅局限在发达国家，也会很快向发展中国家特别是新兴经济体扩散，从而形成新的经济增长链。二十国集团领导人杭州峰会提出世界需要创新增长方式、通过《二十国集团创新增长蓝图》、制定《2016 年二十国集团创新行动计划》等，都是推动世界经济走出危机阴影的关键举措。

顺应开放的大趋势。新技术的发展必然会让世界更加紧密地连接起来，国际生产分工将越来越深化，企业的经营将越来越以世界市场为依托。拿美国来说，在采取吸引本国企业回国生产的措施后，会出现一些企业的部分生产回到本土。但企业大规模回流是不可能出现的，因为它们难以在本国建立完整的生产供应链，即使建立了也会使自己的产品失去国际竞争力。因此，世界市场开放是一个大趋势，市场开放必然促进经济全球化发展。正如习近平主席所说的："让世界经济的大海退回到一个一个孤立的小湖泊、小河流，是不可能的，也是不符合历史潮流的。"对一国来说，开放是必然选择；以邻为壑不仅无法摆脱自身危机和衰退，而且会压缩经济发展空间。然而，仅仅靠市场开放并不能解决经济发展的所有问题。要实现可持续发展，至少还需要两个条件：一是各国制定协调、平衡的经济社会政策；二是改善综合环境特别是提升基础设施与人的能力，促进世界市场有序和渐进开放。

协调各国经济政策。在国际经贸合作方面，发达国家致力于推动建立新的高标准经贸规则，发展中国家则关注综合发展环境的构建。世界经济要行稳致远，既应坚持协同联动，打造开放共赢的合作模式；又应坚持公平包容，打造平衡普惠的发展模式。二十国集团领导人杭州峰会提出世界经济联动与包容式发展。联动意在实现各国经济政策上的协调，维护开放与合作的大环境，实现共同发展；包容意在让各方都有参与和发展机会，缩小发展差距，促进收入和财富分配公平，让发展成果惠及全世界人民。这样，世界经济才更可持续。国际货币基金组织总裁拉加德说，以往的经济增长只惠及了少部分人，经济全球化必须有所改变，不能再像过去所看到的那样，增长主要由贸易来推动，而是要考虑到包容性。中国倡导的"一带一路"建设就是联动与包容式发展的范例，它遵循共商、共建、共享的原则，与沿线各国和地区发展规划和需要对接，通过基础设施、开放的产业园建设等改善当地的经济发展环境，构建开放合作的新型框架。

（《人民日报》2017 年 2 月 9 日）

马名杰：

全球创新格局变化趋势及其影响

　　当前，全球创新环境与格局正发生重大变化，一方面，创新全球化和多极化日益凸显；另一方面，全球经济增长对技术创新依赖度大幅提高。展望未来，发达国家主导全球创新的局面仍将持续，中国将对全球创新格局变化继续发挥举足轻重的影响。新的全球创新格局对中国引进高端生产要素和整合全球创新资源带来了契机。推进改革开放，改善创新环境，提升创新体系效率，不仅是我国转型发展的需要，也是应对世界格局变化和国际竞争的战略抉择。

一、全球创新格局变化的趋势性特征

　　21 世纪以来，全球创新活动日趋活跃，呈现出一些新的趋势性特征。一方面，创新全球化和多极化日益凸显，创新活动的新版图渐趋形成；另一方面，全球经济增长对技术创新依赖度大幅提高。"加强研发，重视创新，投资未来"成为国家和大企业提高竞争力的重要战略。这些重大趋势性变化将对今后的世界经济格局、国际分工和增长前景产生深远影响。

　　第一，全球进入高强度研发时代，经济增长更依赖于科技发展。一方面，全球研发投入自 20 世纪 90 年代末开始加速增长；另一方面，国际金融危机对创新活动产生了短暂冲击，目前全球创新动力已基本恢复。全球研发活力的复苏从 2011 年前后开始，目前已基本恢复到国际金融危机前的增长水平，企业研发投入也恢复到危机前的年增长率。

第二，创新全球化和网络化趋势已经形成，开放与合作创新日益普遍。受经济全球化、新兴经济体崛起、技术进步速度加快、产品生命周期缩短等多种因素影响，技术和人才等创新要素跨国流动的规模和水平不断提高，改变了国家和企业的技术创新模式。国家和企业的创新能力提升不再局限于独立的内部研发，而是在更大范围内，运用技术和资本等各种手段整合外部创新资源。创新组织模式的变化提升了全球创新的速度和效率。其一，研发组织模式向全球化和专业化发展。全球研发支出最多的 1000 家企业中，绝大多数企业在海外开展研发。在研发全球化过程中，研发合作不断增多并形成专业分工。企业研发外包渐成趋势，专业研发服务部门不断扩大。集成电路设计公司、消费电子独立设计企业、第三方设计公司、软件研发外包企业等研发新业态不断出现，从而促进了研发活动的效率提升。其二，人才跨国流动规模扩大，国际流向渐趋多元。尽管自由流动的全球劳动市场尚未形成，但科技人员、企业家和创业者等各类人才跨越国境，寻求研究、创业和投资机会的趋势正在增强。随着全球人才竞争更加激烈，各国政府致力于降低人才流动的壁垒，出台了一系列吸引高层次人才的鼓励政策。

第三，创新呈多极化趋势，全球技术力量对比悄然生变。一是研发投入和技术产出多极化。21 世纪以来，以欧美等发达国家为主角的全球创新版图发生了重大变化，部分研发和创新活动逐渐向新兴经济体转移。中国、巴西、印度、土耳其等新兴经济体研发支出快速增长，在全球的研发份额逐年上升。研发多极化亦导致技术产出的多极化。美国专利是衡量各国专利水平的一个重要标杆。20 世纪 80 年代，美国专利商标局（USPTO）授权的发明专利由 78 个经济体获得。到 2010 年，USPTO 授权发明专利由 130 个经济体获得。世界知识产权组织的专利申请国构成和比重也呈相同变化趋势。二是新兴经济体技术能力上升，发达国家领先优势相对下降。创新多极化表明新兴经济体的技术能力明显增强，其比较优势正从自然资源和劳动力的低成本优势，向以知识和技术密集为特征的新优势转换。新兴经济体的技术追赶自 2000 年后明显提速，与发达国家在部分领域缩小了差距。根据 OECD（经济合作与发展组织）显性技术优势指数，中国、土耳其、印度等新兴经济体的优势技术领域在增多，美、德、英等传统上的技术领先国家在多个领域的领先优势有所下降。三是亚洲创新崛起，在全球创新中的地位将继续上升。目前，亚洲已成为企业研发支出最高的地区之一。亚洲创新地位的上升还表现在专利申请数量的高速增长上。国际金融危机后全球专利水平的恢复，主要归功于亚洲尤其是东亚的贡献。如今的亚洲已不仅是全球生产体系中的制造基地，还成为全球创新网络中的创新活跃区。在全球高端生产要素和创新要素加速向亚洲转移的趋势下，亚洲正向全球创新的又一核心地带发展。未来的亚洲将很可能产生若干具有世界影响力的创新城市。

第四，跨国公司主导全球创新资源整合，保持技术领先优势。以发达国家为主的跨国公司在资金实力、研发能力、技术储备和人才等方面具备综合优势，近十多年来的创新态势相当积极。一是始终保持高研发投入，且集中在高技术领域。大型跨国公司主导着全球企业研发。全球 500 强的研发支出占全球份额 65% 以上。跨国公司研发有很强的行业特征，主要集中在高技术领域。二是从生产全球化向研发全球化升级。三是海外研发投资目的地更加分散，从"在新兴国家制造"向"在新兴国家创新"发展。新兴经济体对技术资产和人才的长期投资丰富了本国创新资源，使跨国公司在发达国家之外有了更多选择。传统的在发达国家研发、在发展中国家加工的国际生产格局正在改变。

二、创新格局变化对全球增长影响深远

有机构预言，当今世界乃至未来二三十年都将处于转型期，其核心标志是财富和经济实力从西方向东方转移。创新格局的变化显

示了相同趋势，其必将对世界经济前景和格局，以及国际分工产生深远影响。

其一，全球创新能力提升有助世界经济复苏。全球创新格局变化意味着在世界范围内，创新投入者更多，创新投入力度更大，创新要素配置效率更高，从而使全球科技基础和创新能力以更快的速度提升。展望未来，尽管世界经济将进入低速增长期，全球研发支出的增长可能会有所波动，但全球研发投入仍将保持在较高水平；与研发投入高度相关的专利等技术成果也将保持较快增长；全球创新格局的变化仍将持续。一方面，技术创新对世界经济增长将更加重要；另一方面，全球范围内的低经济增长与全球创新能力提升的现象将在一段时期内并存。但从长期看，全球创新能力的快速提升将对世界经济复苏发挥积极作用。

其二，尽管新兴经济体创新日益活跃，发达国家主导全球创新格局的态势仍将持续。新兴经济体创新能力增强，将使发达国家与新兴经济体之间的创新竞争更加激烈。但发达国家仍拥有巨大的存量知识资产，掌握着经济全球化和创新全球化的主动权；发达国家跨国公司仍主导着全球生产体系，占据全球价值链高端；高端要素向发达国家相对集中的趋势仍难以改变。在较长时期内，发达国家仍将是全球科学技术的主要源头、人才高地和全球创新的核心地带。

三、在全球创新变局中加速中国创新

新的全球创新格局对中国引进高端生产要素和整合全球创新资源带来了契机。唯有推进改革开放，改善创新环境，提升创新体系效率，才能真正推进转型发展，从而积极应对世界格局变化和国际竞争。

其一，中国将对创新格局变化继续发挥重要影响。近十多年来，中国研发投入、科技产出和技术能力的快速增长是改变亚洲乃至全球创新格局的一个重要因素。据预测，中国的研发支出将在 2019 年前后超过欧盟和美国，跃居世界首位。尽管还存在制约创新的诸多障碍，但中国的技术能力及其国际影响力已不容忽视。中国创新能力的持续提升不仅影响着自身发展，也将对全球创新活动的分布、强度和方式等产生举足轻重的影响。

其二，创新格局变化对中国机遇与挑战并存。未来二三十年，中国将处于技术追赶后半程，进入世界前沿的科技领域将逐步增多。中国在一些技术领域正向领军国家迈进。据有关调查显示，在影响未来研发走向的十大关键性领域中，中国全部进入研发领先国家前五位。中国有望在今后 20 年左右的时间内实现局部技术领先。创新全球化和多极化有利于我国以多种方式利用海外高端要素，在开放创新中提升科技水平和创新能力；也有利于国内企业创新"走出去"，整合全球创新资源，弥补国内技术和人才短板。需要注意的是，其他新兴经济体的创新崛起为中国企业开拓新兴市场和开展技术合作提供了机遇，但新兴经济体技术能力的提升也对中国形成了赶超之势。我国中低端生产环节将向其他新兴经济体加速转移，价值链中低端的竞争会更加激烈，从而驱动中国企业加速向中高端升级。更多中国企业将面对与发达国家企业在价值链高端的直接竞争，这对我国企业创新能力的提升构成了严峻挑战。

在全球创新变局中加速中国创新，要在创新要素配置全球化、开放与合作创新日益普遍的趋势下，提高创新体系效率，改善创新环境，利用好全球创新资源，在创新变局中争取主动。一方面要有较强的核心技术能力，具备整合资源的实力；另一方面，还要建立与之相适应的开放的创新政策体系。一是继续提高科技投入强度，加大基础研究投入力度，夯实创新发展的科技基础。二是推进落实科技管理体制、成果转化机制和科研组织体系等方面的改革；重点推进多层次资本市场建设和知识产权司法保护等关键环节的改革，使创新环境改善在较短时期内取得成效。三是消除制约科研和人才等创新要素和活动跨境流动与合作的体制机制和政策障碍，建立开放和公平竞争的创新政策体系。

（《经济日报》2016 年 11 月 3 日）

贾晋京：

G20：用"大创新"重启世界经济

2016年二十国集团（G20）领导人峰会在中国杭州举行，中国作为主席国，提出了"构建创新、活力、联动、包容的世界经济"主题，这是G20峰会首次把"创新"作为主题，并且发布了《二十国集团创新增长蓝图》《二十国集团新工业革命行动计划》《二十国集团数字经济发展与合作倡议》等引领全球创新政策的成果文件。这是针对世界经济当前所面临的深层次结构性问题，进行的一次创新驱动增长政策共识的集中发力。正如习近平主席在二十国集团领导人杭州工商峰会开幕式上的主旨演讲中所说："我们将推广发展理念、体制机制、商业模式等全方位、多层次、宽领域的大创新，在推动发展的内生动力和活力上来一个根本性转变"。

当前，世界经济仍处在低增长、低通胀、低需求同高失业、高债务、高泡沫等高风险因素交织之中，唯有改变依赖虚拟经济的金融全球化扩张模式，让创新驱动增长，世界经济才能走出2008年以来的长期低迷泥淖。这就要求首先抓住创新这个"牛鼻子"，而创新本身，在当今世界已然发生了质的变化，这就是"大创新"时代的到来。

"大创新"一词，概括了创新本身当前正在发生的全方位、多层次、宽领域深刻变化，这就使得世界经济的顶层设计与全球治理必须进行全局性、广覆盖、长链条的结构性改革，才能与之相适应。

因此，G20 杭州峰会倡导各国以支持创新作为导向，把握创新、新科技革命和产业变革、数字经济的历史性机遇，进行结构性改革，增强经济内生动力。

一、世界经济危机源于西方创新"失速"

当前，经济增长速度放缓已成全球性现象，2009 到 2015 年，世界经济年均增速仅为 3.3%，远低于 2001 到 2008 年的 5.3%。并且未来数年的增速预期也不断被调低，国际货币基金组织 2016 年三季度发布的《世界经济展望》报告，相比二季度报告，下调了除中国外所有主要经济体 2017 年的增速预期，使得 G20 在 2014 年制定的到 2018 年年底使"二十国整体 GDP 在现有预期轨道基础上更多增加 2%"的增长目标遇到巨大挑战。

世界经济复苏乏力，归根结底在于全球创新能力不足，特别是西方世界的创新"失速"，而经济持续低迷又进一步导致西方创新投入能力下降。根据美国科学促进协会数据，2015 年美国的联邦财政预算中，研发支出占比为 3.4%，这一比例自 2008 年之后就在持续下降，而其历史峰值的 1965 年为 11.7%。创新投入下降又导致创新产出下降，根据美国专利商标局数据，2008 年金融危机后，美国受理的新增发明专利申请总数中，来自外国机构或个人的比例已上升到了超过半数，2014 年这一比例为 50.7%，2015 年为 51.1%。

由此可见，自工业革命以来一直引领世界创新的西方，2008 年金融危机之后创新能力就转为下降趋势。并且在可预见的将来，由于债务、人口结构等多种因素，西方的创新能力还将持续下降。更为重要的是，创新本身近年来已经出现了巨大变化，让创新变成了"大创新"，从而使创新将不再由西方引领，而是需要新的引领方式和引领者。

二、"大创新"正在改变世界

大创新时代已经到来。它给了我们一个机遇，可以通过在原有的经济系统中引入新技术、新模式、新市场、新业态、新产品等途径得以实现，其重点并非这些新技术本身，而是它们所引起的工业生产过程重组，并且这些重组改变了整个社会的运行方式。

20世纪60年代之后，通信与计算机、洲际民航、集装箱海运等网络状全球基础设施，革命性地改变了世界经济地理，跨国制造、离岸设计与国际金融等新兴事物使地球变成"地球村"，为大创新提供了土壤。随着全球制造中心移出西方，互联网、知识经济和生产型服务业兴起，价值链出现全球化延伸，新兴市场和发展中国家分工角色的变化，创新也发生了诸多变化：一是创新生态系统从"温特制"到灵捷制造的转型，在"温特制"下，掌握标准的跨国公司把生产过程分解为多个模块和环节，再外包到全球进行生产，而在灵捷制造环境下，以项目为组织中心，全球的参与者可以采取内部团队、外部团队与其他企业合作或虚拟公司等不同形式来完成生产过程；二是创新驱动力从跨国公司驱动到全球市场驱动；三是创新的组织与扩散过程，从以发达国家和精英化为特征，变为以"去中心化"和大众化为特征；四是能够带来创新的核心资源，从大工业变为大数据。

基于上述四方面变化，我们可以看到，当今世界在新技术、新模式、新市场、新业态、新产品的创造和推广等方面，都出现了根本性的变化，从而使得创新变得比以往更"大"。

对新技术来说，如何从原始创新升级为集成创新，是当代的战略性转变。当代研发越来越需要众多研究者的合作，一个项目所需的人员、资金、设备越来越多，相应地就更需要更强的组织能力和资金支持，曾经是研发主流的一个人或几个人的小组就能得到重要成果的模式变得越来越少。现在一个研发成果往往是几百项甚至成

千上万项技术和专利的集成。这就意味着拥有最大的创新生态系统和最多创新参与者的国家，才能引领创新过程。

对新模式来说，传统方式是以"穿越火线"的匍匐前进方式完成的。而当代新商业模式的推广，往往需要大规模资金运作，在短时间内迅速获得全国乃至全球大量用户，而后在此基础上再打开新的市场空间，微信就是典型案例。这就意味着创新需要"大金融"支撑。

对新市场来说，如何从全球销售升级为全球营销，是每一个公司的新课题。一个案例是：美国的芯片制造商英特尔为了应对全球化营销的新挑战，聘用了很多人类学家。为什么芯片制造商需要人类学家呢？因为英特尔生产的是通用芯片，其设计需要大量考虑用户习惯，而用户习惯本质上取决于人的行为。世界各地人的行为不同，用户习惯也就有规律性的差别，这就是芯片制造商需要人类学家的原因。这就意味着，最大的消费市场，往往能为创新提供最多的"基因突变"。

对新业态来说，如何从缩短与消费者的物理距离转变为结合"互联网+"，是成败的关键。互联网改变了全世界人的行为习惯，从而也改变了经济运行方式。"互联网+"作为新经济的核心要素，改变着供应链、产业链、价值链的各个环节，催生出不断变换发展的新业态。这就意味着，拥有最大规模互联网产业的国家，才能够引领业态创新。

对新产品来说，如何从流水线输出物升级为标准体系的组织者，是决定全球价值链中"生态位"的关键。当代新产品的创新研发，已日渐成为全球价值链时代产业标准体系的演化升级过程。例如，华为的手机产品，是在其通信技术标准体系的基础上开发出来的，并反过来组织带动下一代通信技术标准的制定。这就意味着，谁能影响最多用户的行为，谁就能掌握未来的标准制定权。

从上述五方面的变化中，我们可以认识到，信息和物流的高速发展，使得地球越来越像一个"村"，从而使经济活动能够以更加系统化、协同化的方式进行，创新的合作范围和影响范畴也就变得更大，历史的车轮也因此升级为"高铁"。

大创新时代是价值链全球化的必然产物，全面改变了产业生态体系，已成为世界经济主要特征之一，只有把握大创新、引领大创新，才能实现创新驱动型增长。

三、G20 擘画全球创新增长蓝图

2008 年金融危机爆发至今已有八年，世界经济并未摆脱危机阴影，仍处在深度调整期。2016 年 G20 杭州峰会面对世界经济的高债务、高泡沫、高失业、负利率、低增长等"症候"，不再"头痛医头、脚痛医脚"，而是转为推动 G20 向长效治理机制转型，首要措施就是把增长动力转到创新上来，从经济危机的"病根"上着手。做出了世界经济的"病根"在于创新不足导致实体经济无力支撑异常庞大的虚拟经济的诊断，也就不难得出应该以"创新"为核心药方的判断。

作为杭州 G20 峰会 29 份成果文件中的"No. 1"，《二十国集团创新增长蓝图》，是大创新时代的第一份全球产业发展纲领，体现出了对"大创新"的认知和引领，是一份"大创新"时代重振世界经济增长的新蓝图，为抓住技术突破为全球经济增长带来的历史性机遇，提升生产力、创造就业、释放新的经济潜力提供了政策指南。

《二十国集团创新增长蓝图》把新工业革命、数字经济、结构性改革和跨领域行动作为提升中长期增长潜力的四大措施，其中：

新工业革命是主体。通过推动智能制造、个性定制、协同生产和其他新型生产方式和商业模式的发展，在物联网、大数据、云计算、人工智能、机器人、增材制造、新材料、增强现实、纳米技术和生物技术等新兴领域力争重大进展。从中我们可以看到大创新的施展空间。

数字经济是动力。其目标包括在 2020 年前新增 15 亿人联网、提升宽带质量、鼓励电子商务合作等。从中我们可以看到大创新的实施路径。

结构性改革是方法。其计划包括促进贸易和投资开放、推进劳动力市场改革、改善基础设施、改善并加强金融体系，提高环境可持续性等。从中我们可以看到G20为适应大创新时代倡导的改革方向。

跨领域行动是保障。其方案包括加强多层面伙伴关系、支持发展中国家、提高技能和改善人力资本等三大方面。具体包括改善创新领域的培训和技能，完善政策促进创业、创新以及新工业革命和数字经济的政策等。从中我们可以看到中国的发展经验已形成对全球治理的"正面溢出"。

四、中国有能力引领大创新时代

当今中国是世界最大制造国和最大消费国，同时也是最大货物贸易国。2014到2015年，中国在全球经济总量中的占比从13.4%升至15.5%，可以说明中国在世界经济中地位的上升速度。

中国能取得这样的经济成绩，与中国拥有世界上最大的有效市场、最高效的组织能力、最完整的产业体系有关，而这些特质，在大创新时代，正是引领全球创新所必需的。可以用手机的生产作为案例简单说明这一点。手机的全球价值链涉及至少数十个国家，其中品牌商扮演着价值链组织者角色。手机的零部件数可以大致使用"200"这个数字。一个新的手机型号，有时可能要量产多达1000万台。于是，需要的零部件数就是200乘以1000万个。这么多的零部件，大部分必须从组装国采购，国际采购一旦不能确保准时到货，就会延误工期。这就意味着，该国必须有足够大的生产手机零部件的产业体系，这又意味着必须有足够多的从业人员、研发者、消费者乃至基础设施与金融的配套……中国手机行业的跨越式发展，正是强大经济体系"厚积薄发"的体现，而中国的高铁、航天、路桥等引领世界的成就，背后是完备且强劲的产业体系支撑。在分工越来越细，产品的价值链越来越长的大创新时代，13 亿，并且已然现代化的人口，能够满足形成"颠覆性创新"的必要条件。而人口数低一个数量级的经济体，可能无法满足这样的必要条件。

因此，可以说，中国完全有能力引领大创新时代，为世界经济开辟新的航道。在 G20 领导人杭州峰会宣言中，能够清晰地看到这一新航道的"领航图"。

第一，建设创新型世界经济，发挥增长潜力。体现出抓住以互联网为核心的新一轮科技和产业革命机遇，促进人类的生产方式和生活方式革命性变化。为此，《二十国集团创新增长蓝图》将把各国实施创新政策的力量汇集一处。

第二，建设开放型世界经济，拓展发展空间。为创新发展营造更大市场和空间，让贸易和投资作为两大引擎驱动大创新巨轮。

第三，建设联动型世界经济，凝聚互动合力。加速全球基础设施互联互通进程，打造全球增长共赢链，使大创新得以展开。

第四，建设包容型世界经济，夯实共赢基础。发挥互联网时代全球更加密切联系在一起的效应，让发展中国家和中小企业深度参与全球价值链，改进全球产业结构，并释放出不可估量的有效需求。

（《红旗文稿》2016 年第 21 期）

艾斐：
创新是引领发展的第一动力

创新发展体现了当今世界潮流和当代中国发展的新走向与新要求，这是由追赶型发展向引领型发展实现转变的重要标志和根本途径。

党的十八大以来，习近平总书记反复强调，"抓创新就是抓发展，谋创新就是谋未来，"并紧密结合改革发展的实际情况和实际需要不断提出充分发挥创新引领作用与驱动功能的新思想新论断新举措，在将创新提升到治国理念要略的同时，更使之在社会实践中成为社会大众的一种共同认知与自觉追求，乃至形成人人参与、人人尽力、人人享有，大众创业、万众创新的新气象与新格局，全方位实现向创新要效益，以创新促发展。

一

创新的本质，实际上就是以新开发和新突破实现新变革与新发展。一般说来，创新的实现有两个层面的含义，即：一是首创性，前人从来没有想过和做过。这样的创新就是要在白纸上画第一幅画，写第一个字，其所想所做完全是一种开拓性创造，也就是鲁迅所赞扬过的那种第一个试吃螃蟹的人，其胆略、智慧、精神和勇气皆极其可嘉。因为这样的创新既孕育着巨大的成功，同时也意味着大胆的探求。另一是此前虽然有人想过了、做过了，但不完善、不健全，尚有对之加以改进和提升的巨大空间。创新在这里的任务和作用，就是要求全臻优、提升发展，使之在原有基础上进档升级，更趋合理与精当。

显然，不论创新属于哪一种类型，其精神和效能都是可敬可佩的。因为创新的本质永远都是开拓、进取、变革、提升，而这又恰恰是社会进步和经济发展的原动力。这种原动力不仅孕育于创新之中，而且也最能赋予创新活动以永恒的实践效应与不竭的进取力量。我们要实现全面小康目标，要在中华民族的伟大复兴中将"中国梦"由殷切的期盼变为壮美的现实，最需要的就是这种创新精神与创新能力。事实上，也只有持续不断地创新，才能培育和激发出饱满的改革热情与强大的进取力量，从而使我们的改革发展始终具有一种坚韧的内驱力和不竭的永续性。

这是历史的必然，更是现实的需要。马克思说过："不是意识决定生活，而是生活决定意识。"今天，当我们面对新世界、新生活、新潮流、新任务、新目标、新常态，并务必对之加以精准而有力的驾驭和把控时，其最有效有力的方式之一就是创新，特别是全方位、全覆盖的大众创业、万众创新。只有在创新无处不在、无时不有的情况下，才能充分挖掘社会的创造潜力，全面激发大众的创新热情，高度集聚全民族、全社会的创新智能，使其深蕴的创新积极性和爆发力在改革发展的实践中得以膨化与释放。

事实上，在"四个全面"战略布局和五大发展理念中，正是以创新作为其根基与灵魂的。它在体现和凸显习近平总书记治国理政思想的同时，更使创新精神和创新理念通过在改革实践中的高度融会而全方位地转换为改革的动力与发展的势能，这既抓住了事物发展变化的根本规律，又切中了全面实现小康目标和建设中国特色社会主义的迫切需求，并及时而精准地为落实治国理政方略进行了战略擘划，提供了精神引擎，注入了思想酵素。因为创新是打开心灵之门的锁钥和引燃智慧之光的烽燧，而改革则是实现社会深度变革和经济可持续发展的内在机制与不竭动力。故此，当创新与改革在全程链接中发生直接感应并形成因果关系时，其所爆发出来的创造力和驱动力便自会是喷薄迸涌、强大无比。

习近平总书记以创新引领并驱动改革发展的治国理政思想，正是以这种连锁反应的形式而直接作用于中华民族的伟大复兴和"中国梦"的早日实现的，并因此而成为"四个全面"战略布局和新发展理念的精魂与杠杆。正如习近平总书记所言："创新是引领发展的第一动力，实施创新驱动发展战略是我国发展的迫切要求，必须摆在突出位置。"他特别强调："创新是一个民族进步的灵魂，是一个国家兴旺发达的不竭动力，也是中华民族最深沉的民族禀赋。在激烈的国际竞争中，惟创新者进，惟创新者强，惟创新者胜。"由于效能是创新的最终果实，而人才则是创新的核心要素，所以习近平总书记便明确要求，必须扎扎实实地把创新落在实处，使之产生实效，铸成实绩。而"要想有建树、有成就，"则就必须"脚踏着祖国的大地，胸怀着人民的期盼，找准专业优势和社会发展的结合点，找准先进知识和我国实际的结合点，真正使创新创造落地生根，开花结果。"

二

"四个全面"战略布局和五大发展理念既是治国理政的基本遵循，又是认识新常态、适应新常态、引领新常态的研判准则。其中，创新——改革始终都处于核心位置。在实践中，只有紧紧抓住这个节点，并真正抓出效率，抓出效能，抓出效果，其他问题便都自会顺理成章，迎刃而解。因为创新在任何时候和任何情况下都具有带动作用与引领功能，都会激发创造力和提升发展力，都是精神与物质的动力之源和变革与发展的契机所在。创新的本质，就是要为科学发展、协调发展、绿色发展和可持续发展提供引领与动力，并使之得以快速、健康、有成、有序、机理活跃、效能显著。面对新常态，之所以要提出并鼓励大众创业、万众创新，提出并强调结构性改革和不断深化改革，其目的就在于向创新要活力、要动力、要激情、要智慧，并以之促进和驱动社会变革与经济发展，正如习近平总书记所指出的那样："创新发展注重的是解决发展动力问题。"而由于创新能力不强所致发展动力不足，则"是我国这个经济大个头的'阿喀琉斯之踵'。新一轮科技革命带来的是更加激烈的科技竞争，如果科技创新搞不上去，发展动力就不可能实现转换，我们在全球经济竞争中就会处于下风。为此，我们必须把创新作为引领发展的第一动力，把人才作为支撑发展的第一资源，把创新摆在国家发展全局的核心位置，不断推进理论创新、制度创新、科技创新、文化创新，让创新贯穿党和国家一切工作，让创新在全社会蔚然成风"。

正因为创新是改革的精神架构和发展的动力之源，所以在创新、改革与发展之间便自然形成了一种链接关系与递进力量。这就要求我们在实践中必须自觉认同和确立创新的先导性与带领作用，不仅首先要熟悉创新，而且要使创新精神贯穿于社会实践的全过程，切实做到用创新精神引领实践、驱动实践、验证实践、发展实践，同时又要在实践中不断地观照创新精神、倡扬创新精神、提升创新精神、优化创新精神，并极为有效地将创新精神落实到创新能力与创新成果上，使创新不断地结出硕果，转化为经济效能和社会效益。在实践中，创新成果既有可能是显化的，又有可能是潜在的；既有可能是单向度的，又有可能是综合性的。但这只是形式上的区别和外在性的差异，并不关涉其效能的本质性生成与客观性存在。所以，我们在对创新成果和创新效能的评判标准与认知方式上，必须更加多元化和多样化。因为在实施创新的全过程中，我们所追求的效率和效能都应当是和必须是具有本质意义与实际作用的，特别是要善于发现和撷获那些处于潜化状态和呈现泛化样貌的创新形式与创新成果。

按照习近平总书记系列重要讲话精神，创新不只局限于某一方面或某一领域，而是全方位、全覆盖和全效能的。不仅理论、制度、科技、文化要创新，而且金融、管理、军事、外交等也要创新，乃至让创新贯穿党和国家的一切工作，成为全社会的一致向往与共同追求。创新的这种巨大穿透力和广泛辐射性既要求我们必须对之实现高度社会化，又促使我们不断使之趋于高端化。因为只有高端化才会迎来创新成果的丰收季，而惟其社会化才是走向高端化的前提与基础。实际上，习近平总书记就正是这样设计和布局的。他指出："实施创新驱动发展战略，最根本的是要增强自主创新能力，最紧迫的是要破除体制机制障碍，最大限度解放和激发科技作为第一生产力所蕴藏的巨大潜能。"而面向未来，增强自主创新能力的关键枢机所在，就正是要"坚定不移地走中国特色自主创新道路，坚持自主创新、重点跨越、支撑发展、引领未来的方针，加快创新型国家建设步伐"。他在强调"我国科技发展的方向就是创新、创新、再创新"的同时，更特别指出："要高度重视原始性专业基础理念突破，加强科学基础设施建设，保证基础性、系统性、前沿性技术研究和技术研发持续推进，强化自主创新成果的源头供给。"

科学技术作为第一生产力，自然是实施创新驱动发展战略的重点领域和前沿阵地。但作为治国理政的大方略，创新又是具有广义性和全域性的，它必定要切入和体现在各条战线和各个方面。比如，为了增强国家软实力和提升精神境界、淳化社会风气、强化社会主义核心价值观的导向性与凝聚力，就需要持续进行文化创新；为了增强全要素生产率对我国经济增长的贡献份额，就必须坚持进行经济和金融创新；为了跳出零和博弈的旧思维和形成亲诚惠容的外交新理念，就及时提出公平、开放、全面、创新的发展观，倡导全球合力共同走出一条增强各国发展能力、改善国际发展环境、优化发展伙伴关系、健全发展协调机制的大外交与新外交之路；为了贯彻强军战略和实现强军目标，就必须呼唤推进军民融合深度发展，大力开展军民协调创新，强调指出创新能力就是军队的核心竞争力，而人才则是有效实现创新的核心要素。针对军队领域中的创新问题，习近平总书记强调指出："我军必须高度重视战略前沿技术发展，通过自主创新掌握主动，见之于未萌，识之于未发，下好先手棋，打好主动仗。"他还说，创新能力不仅是一支军队的核心竞争力，而且"也是生成和提高战斗力的加速器"。因此，要攻克制约我军建设和改革的突出矛盾，就亟须以创新的思路办法攻坚破难。这便要求各级领导都要"带头解放思想、实事求是、与时俱进、推进创新、支持创新、引导创新，实现国防和军队建设更高质量、更高效益，更可持续发展"。

<h1 style="text-align:center">三</h1>

创新不仅是习近平治国理政思想的一个支点和亮点，而且更为其提供了引擎，夯实了基座，构筑了灵魂。用创新引领和擘画治国理政的大思路、大格局、大方略，必然和必定会是全面胜出、满盘皆赢。对于此，我们不仅可以从"四个全面"战略布局和五大发展理念中得到验证，而且更能从"中国梦"的清晰可鉴与中华民族伟大复兴的熠熠韶华中深切感悟。因为创新发展是人类与生俱来、与时俱进的不懈追求，是社会文明进步的永恒动力。而对于我国来说，已进入以速度变化、结构优化、动力转换为特征的经济发展新常态。于此情况下，以往那种主要依靠大规模要素投入驱动经济发展的固有模式便出现了动力不足、质量不高、效益不好和不可持续的弊端，乃至经济发展大而不强、快而不优的现象越来越凸显。为了解决这个问题，就必须增强创新意识，激扬创新精神，提升创新规制，优化创新内质，牢牢将创新置于经济发展、社会进步的前沿阵地与中枢位置，切实做到以创新引领和驱动改革发展。因为在国际经济秩序和全球创新格局全面对接、同步调整的情况下，促使创新越来越成为经济发展和社会变革的要素条件与核心力量已无可逆转地日益成为综合国力竞争的焦点和重塑世界格局的主导力量。正因为如此，习近平总书记才反复强调："抓创新就是抓发展，谋创新就是谋未来。"特别是要有"图之于未萌，虑之于未有"的先见之明，尽早尽快地以创新之力而膺赢发展之功。

（《红旗文稿》2016 年第 11 期）

刘琦岩：
大力发展引领产业变革的颠覆性技术

《国家创新驱动发展战略纲要》提出："发展引领产业变革的颠覆性技术，不断催生新产业、创造新就业。"这是中央文件首次提出这样的新概念和相应的目标要求，充分表明中央高度重视推动科技创新发展。

一、科技及产业变革与颠覆性技术创新的群集到来

近现代历史，是科学技术不断从隐性走向显性、从小科学走向大科技、从小众走向大众的历史。科学技术的实践逻辑就是创新。创新的本质是让新事物从无到有、从小到大，把只有少数人发现或发明的事物带入日常的生产和生活当中，推动社会历史发展和变革。

1. 科技与产业变革中的小革命与大变革的变奏。科技进步从未间断过，有时在加快，有时在某些地方变得延缓；有时是量变的积累，有时是质变的更迭。历史上经历过两次公认的科学革命、三次产业革命，每次较大科学革命和产业革命之间，又有多次的科学分支或学科的革命、多次技术领域的革命。所以，科技及产业变革是量变与质变交替、小变革积累而成大变革的过程。

以当下的互联网技术变革为例，当初研发互联网技术，只是要将工作室内各个独立的电脑连接起来，而连接以后的效果，远远超

出了当时各界人士最初的设想。互联网既带来了新产业，又在同传统产业、产品结合当中实现了一次次革命性的颠覆，让电报、信函、传真、长途电话被一个又一个革命性产品替代，让纸媒、店商、出行等业务不论在形式上还是在内容上都被深度改变。而这一切还只是在移动互联网刚刚普及之后，比之更大的物联网时代一旦开始，则将有更大的颠覆性效果。

2. 新科技突破总是围绕"根问题"和"前沿线"持续展开。创新是科学技术发展的内在动力，科学技术的知识和方法体系是按照创新的逻辑在探索中向前延伸的。科学体系由命题性知识融合而成，它基本上是围绕宇宙演变、物质结构、生命起源、意识本质这四个世界本源性的"根问题"展开探索的。技术体系是指令性知识的汇集，其新知识正围绕新材料、新能源、智能制造、生物技术、信息技术这五大"前沿线"加速展开。这四个科学"根问题"和五大技术"前沿线"将是酝酿颠覆性技术最为可能的创新空间。

3. 当下人类正步入颠覆性技术创新群集到来的时代。受经济全球化发展、信息与通信技术变革、新知识和方法加速应用、技术与产业跨界发展、技术与商业模式融合创新、资源和平台共享、颠覆性创新策略普及以及激烈市场竞争等各方合力推动，全球经济正进入大规模、长周期的颠覆性创新群集到来阶段。全球的企业、大学、研发机构以及政府都不得不面临这一前所未有的挑战。如今，不管是大小企业、新手老手、新兴市场还是传统市场，大家都在谋划颠覆性技术及相应的创新模式，而能实施还能应付颠覆性技术创新的策略正成为当前创新者基本的素质或标配模式。

二、颠覆性技术可孕育未来的战略奇点

工业革命以后，人类加速从以自然世界为生态的环境向以人工世界为生态的环境过渡，其中科技的作用从次要转为主要，正在向起主导和决定性作用的方向深入发展。

1. 技术路径的选择和锁定是历史演进的基本议题。科技进步不单是历史发展的动力。科技在与历史的互动中相互提供作用力和资源。历史提供了科技进步所需的信息和边界条件，从而影响着科技发展的方向；科技贡献了历史演进所需的知识和方法，决定了历史发展的路径。不论是国家的历史，还是企业的历史，始终是在对技术路径的选择、锁定、解锁、再选择中推进自身发展的。对国家而言，是在选择整个经济、产业的技术路径，这其中带有制度的因素；对企业而言，是在选择产品或服务的技术路径，包括形成某种产业技术体系。而颠覆性技术和创新恰恰能够体现企业或产业从旧的技术路径中解锁出来，有效地跨入新技术路径上去的一种实践。为此，颠覆性技术创新是绕不开的挑战，更绕不开的是技术路径变化所带来产业、经济、社会、文化的系统的调整。

2. 技术的"定义、使能、赋权"功能正构建全新的赛场和规则。人工世界是技术的衍生品，同时又是人同自然界连接的桥梁。在当前，技术对人与自然关系的决定作用得到越来越大的发挥。这种决定作用一方面体现在技术的体系化、工具化、人格化三个进程中，另一方面体现在技术的"定义、使能、赋权"三大功能当中。技术"定义"世界——即技术提供了主要维度和内容用以界定人与自然的关系；技术"使能"世界——即技术确定了人工世界及活动体系的激活方式、确定了相应的功能指标和限度；技术"赋权"世界——即技术让各类主体以一定的自由度对人工世界或技术体系进行选择、执行、评估。技术本来是人类创造的东西，现在已然获得越来越多的自主性发展，甚至让人追随其发展的秉性。由此，技术同市场的结合、同政策的结合、同文化的结合，不断地建构全新的竞争空间和博弈场所，其主动权、主导权、话语权在其中也得到了放大。

3. 作为未来"战略奇点"的颠覆性技术受到高度关注。历史并不是完全按照人们的预见和策略形成的，但人们的预见和策略却为历史发展提供了丰富的信息和内容。在任何历史进程中，有四个战略基本点对战略谋划和实施甚为关键。这四个基本点就是战略的切入点、增长点（生成点、生长点）、临界点（转折点）和制高点。这四点合一的环节——我们可称之"战略奇点"。"战略奇点"展开的活动，就是人们常说的战略枢纽。"战略奇点"的出现意味着，此点之后，新的历史——或内容或形式——开始了。科技具有创造性破坏的威力，颠覆性技术更是在切入点、增长点、临界点和制高点这四方面都能有所贡献、有所体现，是不断生成"战略奇点"的知识母体。预见颠覆性技术、把握颠覆性技术、促进颠覆性创新对国家或企业把握创新的机遇、应对可能的挑战、引领未来发展都至关重要，甚至是决定意义的举措。

4. 颠覆性技术促就科技引领型经济和社会。纵观历史，每个既定的产业、经济模式都有其特定的技术路径，也有按原有技术更新速度和周期往前推进的持续创新。但这种创新只适合现有的产业领先者强化领先地位，还不能对市场或产业结构直接造成颠覆性改变。而颠覆性技术属于知识或方法驱动的创新，要么源自尚未产业化的新知识、新方法，要么源自当前主流技术尚未注意到的新组合、新模式。所以，颠覆性技术和创新一旦成功，势必产生新的业务板块、酝酿新的市场结构、导入新的技术路径、开辟新的产业方向，将引发现有投资、人才、技术、产业、规则进入"归零"状态。如集装箱的设计形成了新的跨运输方式的标准，重新塑造了物流业和外贸经济模式。颠覆性技术是在促就引领型经济和社会的过程中，彰显当代科学技术对历史的真正价值。

三、推动颠覆性技术创新发展意义重大

历史和事实已经证明，颠覆性技术是科技创新的突破口，谁抓准和抓住了颠覆性技术，谁就赢得了科技创新推动经济发展的先机。

1. 主动研发颠覆性技术是企业创新生存之道。主动实施颠覆性技术创新是企业在市场竞争中无数的成功和失败案例所带来的经验

教训。在新科技革命和产业变革蓄势待发的今天，在众多细分领域大规模颠覆性技术创新群集的今天，"唯创新者胜、唯创新者强"，很多胜者和强者都是主动抓住了颠覆性技术带来的机遇，实现了出色的跨越和转型。苹果公司巧用移动通信技术变轨或断代时产生机遇，迅速从一个电脑和办公设备制造商，转型为电信产品、消费电子产品的供应商。腾讯为了推动微信的发展，甚至不惜牺牲已有的主打产品 QQ 来实现面向无线网络通信时代的市场颠覆。

2. 主动推动颠覆性创新至关重要。颠覆性创新是指企业从不被主导市场的领先者所看重的边缘、细分或新兴市场开发切入发力，在此站稳后再向主流市场进军，最后战胜先前产业领先者的创新。有了颠覆性技术不等于会自动实现颠覆性创新。这方面典型的事例就是柯达——偌大一个公司却被自己发明的数字摄像技术给颠覆了。还有像诺基亚、摩托罗拉等品牌，如今也雄风不在。究其原因，就在于这些企业陷于传统的、持续改进式的创新模式，颠覆性技术的革命性效果也会被自然地消解掉。即便拥有好的技术、好的研究能力，一而再、再而三地忽略新兴市场、细分市场有备而来的创新者，企业或产业被颠覆的命运就是可想而知的了。

3. 长期坚持才能有机会成为颠覆者。技术创新充满机遇，有些就是颠覆性的机遇。机遇青睐有准备的创新者，也会奖励坚持到底的创新者。在一个产业发展的长周期内，颠覆性技术和创新的机会肯定不止一次两次。那么做好准备、长期积累，也是把握机会的应有之策。我国的高铁之所以迅速发展并创造了新的世界标杆，其中一个重要因素就是在此方面的长期积累和准备。我国的人造金刚石产业的创新发展也是如此，曾经跨国企业对其主导技术严防死守、向国内企业封锁；而我国的企业从未放弃，抓住行业关键技术变轨的机遇，一举弯道超车，从而掌握了技术和市场的主导权；而且新的技术体系还源于跨国企业曾经放弃的技术路线。没有长期的坚持，就不会有这一天。

总之，在创新驱动发展的历史阶段，在科技引领未来的新潮流下，常态化的创新，一方面，要能够实施各类模式的创新；另一方面，还能应付各种创新的挑战，特别是颠覆性技术和创新。

四、把颠覆性技术创新作为转型发展的战略枢纽

应对新科技革命挑战，推动转方式、调结构是一场深刻的技术与制度大变革。主动预见并研发颠覆性技术、积极推动颠覆性创新将为此提供所需要的战略支撑。

一是解放思想，树立与创新强国相适应的创新理念。面对新科技和产业变革的挑战，应大胆解放思想，更新和升级相应科技观、创新观。超越简单以"新颖性"或"国内首次""拥有多少自主知识产权""人无我有"等取向作为科研和创新的导引，从建设创新强国、引领经济社会发展出发，面向新科技和产业变革、面向转型发展的需求，提升创新者的胆识和思想境界，让广大创新创业者的想象力、创造力充分释放出来，让更多富有号召力、冲击力、穿透力的创新理念成为引领未来的思想原动力。

二是积极谋划非对称策略，通过颠覆性技术开辟新市场，引领新产业。经济上的非对称战略是指充分利用市场、政策、社会方方面面的资源，充分把握科技创新、产业整合的规律，在转变和竞争中加速形成产业链和创新优势。社会主义制度集中力量办大事，其中部分利用了非对称策略；产业集群、双创集聚也是部分利用了非对称思维。颠覆性技术与非对称战略可以形成互补性、互动性较强的组合，这也是技术创新同管理创新、制度创新的组合融合，可以较好地发挥颠覆性技术的革命性、引领性作用，加速实现战略性新兴产业崛起，并对转型发展起强有力的支撑作用。

三是促进新技术与传统市场融合发展，以颠覆性创新再造内容更为丰富的业态。成熟的产业总会不断地细分出新的市场，这是新技术与传统市场融合发展的良机。颠覆性创新会让产品或市场更加多元、更为丰富，会更好地对应民众日益丰富的物质文化需求。当

下就是需要大力推进"互联网+""新能源+""机器人+""人工智能+""清洁制造+"等新科技与传统行业的对接、融合，让丰富的创新产品与服务、丰富的业态使广大人民群众实现更直接的获得感。

四是将总体协同、包容与产业上局部切换、颠覆有机结合起来，打造良好和谐的创新生态。我国有着行业体系齐全、产业谱系丰富的巨大优势，可以兼容并蓄多种类型的创新模式。为此，要落实"创新发展"理念，既要促进整体协同、体现包容的创新发展，又要鼓励在局部产业领域实施较大的技术变革、系统切换和市场颠覆。这既要积极谋划好产能退出以及结构调整优化策略，同时还需要在加快调整的某些产业领域，应有意识地把颠覆性技术和创新作为产业转型发展的战略抓手，做好创新链、产业链、金融链的协同推进。

（《红旗文稿》2016 年第 14 期）

叶晓楠、党亚杰：
中国与世界共享创新机遇

近日，中共中央、国务院印发了《国家创新驱动发展战略纲要》（以下简称《纲要》），中国向世界郑重宣告，"创新成为引领发展的第一动力"。这是国家落实创新驱动发展战略的总体方案和路线图，同时也让人们对未来全面创新的中国有了诸多期待。

对于这份新时期推进创新发展的纲领性文件所释放的激励信号，海内外专家和创新创业的业界人士是如何看待的，对此，人民日报记者进行了访问。

受访者向本报分析认为，以创新驱动发展是中国未来的必然趋势，中国的创新事业有着良好前景，同时，中国创新发展理念具有重大的外部性、外溢性和示范性，因此，中国不仅是世界经济增长的动力源之一，也将成为创新的重要力量，正在并将继续为全球发展作出重要贡献。

一、创新战略机遇：新动力令世界期待

业内人士认为，创新驱动发展是中国立足全局、面向全球、聚焦关键、带动整体的国家战略，契合中国发展的历史逻辑和现实逻辑。创新引领的中国发展新动力，本身就是令世界最为期待的一个重大机遇。

事实上，中国对于创新发展的关注度，近年来一直处于加速度中，同时，中国也已经具备了创新发展发力加速的基础。

2012 年，党的十八大提出实施创新驱动发展战略，强调科技创新是提高社会生产力和综合国力的战略支撑，必须摆在国家发展全局的核心位置；2015 年，党的十八届五中全会提出"创新、协调、绿色、开放、共享"五大发展理念，提出坚持创新发展，必须把创新摆在国家发展全局的核心位置；2016 年，"十三五"规划纲要提出，要实施创新驱动发展战略，把发展基点放在创新上，以科技创新为核心，以人才发展为支撑，推动科技创新与大众创业、万众创新有机结合，塑造更多依靠创新驱动、更多发挥先发优势的引领型发展。

而此次印发的《国家创新驱动发展战略纲要》，则是自党的十八大提出实施创新驱动发展战略以来，中央为实施创新发展战略制定出台的纲领性顶层设计文件，是对中国今后一个时期实施好创新驱动战略进行系统谋划和全面部署。

到 2020 年进入创新型国家行列，基本建成中国特色国家创新体系；到 2030 年跻身创新型国家前列，发展驱动力实现根本转换；到 2050 年建成世界科技创新强国，成为世界主要科学中心和创新高地。这是《纲要》明确提出的"三步走"战略目标，被评价为"既志存高远又紧接地气"，在这一目标指导下，中国将全面提升在全球创新格局中的位势，力争成为若干重要领域的引领者和重要规则制定的参与者。

"'三步走'目标为推动中国完成从创新大国到创新强国的转型规划了蓝图，"在接受人民日报采访时，清华大学经济管理学院创新创业与战略系教授陈劲表示，"此前我们主要依靠'中国制造'来赢得世界市场，而现在我们更希望借助'中国创造'赢得世界尊重，并逐步增强引领世界发展的能力。"

"中国通过创新将进一步改变中国传统的世界商品加工厂的地位，在世界经济格局中提升中国经济地位，中国对世界经济的推动作用也会增强，世界一些国家也会在中国经济增长中受益。”肯尼亚美国国际大学国际关系学教授、中国问题专家穆内内·马查里亚说。

于 2012 年入选首批外国专家“千人计划”、现就职于福州大学土木工程学院的布鲁诺·布里斯杰拉教授，则更为看重创新战略为可持续发展带来的意义。他对人民日报分析认为：“对中国来说，创新创造的价值可能是一种更可持续的发展模式和生活方式，它意味着使用更少的资源来获得相同或更好的结果。”而通过创新战略来提高效率，可以为经济的持续增长、环境的绿色发展以及人民生活水平的提升带来推动力。

同时，布鲁诺·布里斯杰拉还观察到，很多中国企业在意大利进行投资活动，“在创新战略的推进过程中，中国与全球市场的交流互动，也会对其他国家的创新性发展产生积极影响。”布鲁诺·布里斯杰拉说。

二、双轮驱动机遇：中国创造接轨海外

“双轮驱动”是《纲要》中备受关注的内容，被视为“能开拓新的发展空间”。

“双轮驱动”，就是坚持科技创新和体制机制创新两个轮子相互协调、持续发力，调整一切不适应创新驱动发展的生产关系，统筹推进科技、经济和政府治理等三方面体制机制改革，最大限度释放创新活力。

在陈劲看来，加强产学研链条式贯通建设、建立健全激励创新的政策法规、形成更为严格的知识产权保护机制、营造更为包容的容错氛围等，都是体制机制创新的重要内容。

两院院士路甬祥指出，科研成果转化为生产力还需要完成体制和理念等方面的突破，还要有一个适合转移转化的利益分享机制，比如股权期权激励机制等，现在出台的《纲要》已经有了相关的新的考虑。

陈劲还观察到，"实施知识产权、标准、质量、品牌战略"已被写进《纲要》的战略保障范畴。陈劲认为，中国之前存在模仿和"山寨"现象，而提高知识产权的创造、运用、保护和管理能力，将改变这种局面，并进一步推动中国创造与海外市场融洽接轨。

"加强对原创成果和知识产权的保护，实际上是在营造更有安全感的创新创业环境。"海归创业者、触景无限科技（北京）有限公司董事长陆凡对此深有感触，他对人民日报分析表示，"创新环境并不仅仅意味着提供孵化器让初创公司有空间办公，而是要能够让创新创业团队真正感受到创新本身是一个很享受、很愿意为之付出的过程，这也是激励创新的一种方式。"陆凡说。

2016年4月，北京凌云智能科技有限公司推出的双轮电动汽车"推背"概念车亮相北京车展，吸引了众多观众驻足。"'推背'概念车刚上车展的时候，相关领导告诉我们，如果是在五年或者十年前，一款还未经过市场检验的颠覆性汽车形态，根本是不会被允许进入展区的。"对此，北京凌云智能科技有限公司创始人祝凌云向人民日报表示，"现在人们对新生事物的接纳心态比以前提高很多，鼓励创新、宽容失败的社会氛围和容错纠错机制也在逐步形成。"

"中国需要一个有利于创新和创业的大环境，"英国皇家国际事务研究所亚洲项目副研究员罗德·瓦伊对体制机制创新提出了自己的看法，"中国需要教育体系允许更多的质疑精神，鼓励解放思想，鼓励提出问题，为保护创业财富提供一个有效的法律体系。"

"中国进入了一个新阶段。"美国《福布斯》双周刊网站刊文认为，只要企业家不违反法律或者欺骗消费者，中国社会现在允许并欢迎试验和犯错。"这个时代——属于中国创业者的时代，正带来中国悠久历史上具有真正开创性的时期。"

三、产业创新机遇：新兴业态潜力无限

"推动产业技术体系创新，创造发展新优势"是《纲要》中的

首要战略任务。

这份《纲要》中，具体明确了包括信息、智能绿色制造、现代农业、现代能源、生态环保、海洋和空间、新型城镇化、人口健康、现代服务业等重点领域的技术发展方向。专家认为，这些领域将成为今后中国进行产业创新的重点，未来发展空间和潜力巨大，在这些领域的创新创业机遇，值得海内外相关业界的高度关注。

"我们已经在很多领域达到国际领先水平并走出国门，比如高铁技术、水电技术、核电技术等，"陈劲分析说，"这些都属于工程科技，接下来我们就主要是要实现高新技术的领先。"

"未来如果仅仅停留在生产制造、能源消耗这样的层面，将很难跟上世界前进的步伐，"根据自身的创业经历，陆凡对人民日报表示，"信息技术产业、数字产业、人工智能产业将会迎来创新创业的发展浪潮"。他认为，这些产业并不只是简单的自身发展，还会作用于国防军工、智能制造、日常生活等多个层面，带来全方位的新进步和新体验。据了解，作为国内最早涉足增强现实领域的创业者，陆凡和他的团队已经成为中国在这一前沿领域的领先代表。

"在人类衣食住行四个方面，'行'这一领域的发展潜力非常可观，"据祝凌云判断，"轻型化、小型化、现代化将引领出行领域的发展前景。"祝凌云说。

"互联网、智能设备和社交媒体成为中国消费者日常生活中的核心部分，这为创新者和企业家都提供了巨大的机会。"美国《福布斯》双周刊网站表示，移动互联网的崛起为中国带来了创新和市场潜力。

"在产业创新之外，《纲要》还特别强调了原始创新，这会直接影响中国的国际声望和国际竞争力，"陈劲告诉人民日报，"原始创新不仅包括技术创新，还包括理念创新，这对于中国从创新的'跟随者'变为'引领者'具有十分重要的推动意义。"

四、人才集聚机遇：全球资源双向流动

坚持创新驱动实质是人才驱动。根据《纲要》，中国将围绕重要学科领域和创新方向造就一批世界水平的科学家、科技领军人才、工程师和高水平创新团队，注重培养一线创新人才和青年科技人才，同时支持高校、科研院所、企业面向全球招聘人才。

"这是充分利用全球创新资源的表现，"陈劲分析认为，"以前我们只是利用国内高校、研究所的人才和成果，现在也要学会利用海外的创新性人才和高精尖技术，以国际化视野融入到全球创新的大环境中。"

"如果没有人才引进机制，大量的留学生便不会了解中国有这样重视人才的态度，也便不会想到回国发展，"入选国家"千人计划"特聘专家的陆凡感慨地说道，"而海归人才带回来的理念、技术、资源以及协调起来的集聚效应，可能会拉动整个区域、行业和学科的飞速进步。"

此外，在战略保障中，《纲要》提出要全方位推进开放创新，"支持企业面向全球布局创新网络，鼓励建立海外研发中心"，"支持跨国公司在中国设立研发中心，实现引资、引智、引技相结合"。

对于这一促进人才和资源双向流动的机制，布鲁诺·布里斯杰拉表示，"为了使一个高容量经济体成为创新者，我相信很多中国企业已经做好准备去发展新兴技术，并积极投身于海外市场"。此外，布鲁诺·布里斯杰拉还透露，他正在研究的无伸缩缝桥梁结构、高性能和超高性能混凝土新材料，除了与福州大学的同事合作外，还有许多在福州发展的外国专家以及一些国外著名高校的学生参与到研究中。"中国开放的人才政策为海外专家参与国内的科研工作提供了便利。"布鲁诺·布里斯杰拉说。

事实上，近年来，中国制订了更加积极的国际人才引进计划，坚持以全球视野谋划和推动创新，最大限度地用好全球创新资源，

比如"千人计划""外专千人计划"等，并且发布了一系列办法，通过更加坚实的制度保障，为吸引海外高层次人才开辟了各种绿色通道。

"我们并不只是把海外作为市场，我们更希望海外人才和企业能够与中国一起，在新时代的创新浪潮中，为创造更具价值的生活而努力。"陆凡说。

（《人民日报海外版》2016 年 5 月 31 日）

李婕、杨俊峰：
中国改写全球科技创新版图

世界知识产权组织日前发布报告称，2015 年，中国成为首个年度专利申请量超百万国家，专利申请量占全球总量近 40%，超过美国与日本之和，这也是中国连续第五年蝉联全球专利申请量之首。

从 2005 年的 17.3 万件到 2015 年的 110.2 万件，十年间，中国的专利申请数量实现了百万级跨越。这些数字后面隐藏着哪些秘密？中国为知识产权保护又做了哪些努力？

一、2015 年专利申请增 18.7%

这份名为《2016 世界知识产权指标》的年度报告中有这样一组数字：2015 年，全球专利申请数量增长 7.8%，而在中国，这个数值是 18.7%。"全球知识产权保护在 2015 年实现了健康增长，这是非常鼓舞人心的。"世界知识产权组织总干事弗朗西斯·高锐在报告序言当中写道，"而中国是增长的主要动力。"

"十二五"时期，中国在专利方面成就显著。数据显示：过去五年，中国共受理发明专利申请 403.4 万件，发明专利授权量 118.9 万件，比"十一五"增长 1.5 倍。

世界知识产权组织等机构发布的"2016 年全球创新指数"指出，中国首次跻身世界最具创新力的经济体前 25 强。"中国的数字非常惊人。"高锐把中国比作当前经济环境下强劲的"驱动器"。他说，中国的国际专利申请数量正"缓慢而逐步地上升，并正在把创新作为经济战略的核心"。

二、华为蝉联全球第一

世界知识产权组织的报告显示：中国创新者提出的申请，多数为电机工程类、计算机技术与半导体类以及医疗测量仪器等科技含量较高的类别。

以中国航天科工集团为例。作为中国第一件发明专利和第一件实用型专利的拥有者，"十二五"期间，该集团在知识产权创造上保持了专利拥有量年均 50% 以上的增速。截至 2015 年年底，该集团拥有专利 1 万多件，涉及航天防务、商业航天、自主可控信息、智能制造等领域。

据世界知识产权组织中国办事处主任陈宏兵介绍，2015 年，在国际专利申请量前 20 名的实体中，中国高科技企业占 4 席，华为蝉联全球第一，中兴通讯连续第三年保持位列三甲，京东方和腾讯分别占据第 14 位和第 20 位。在大学申请排名中，清华大学和北京大学分别位列第 8 位和第 11 位。

三、四年行政办案超 7 万件

中国对知识产权的保护一直在路上。2015 年 9 月 7 日，国家知识产权局等五部委印发的《关于进一步加强知识产权运用和保护助力创新创业的意见》明确提出，要加大专利保护行政执法力度，完善知识产权维权援助体系，推动行政执法与司法联动，强化专业市场知识产权保护。

2016 年 4 月 9 日在北京召开的中国知识产权保护高层论坛上，国家知识产权局局长申长雨指出，中共十八大以来，专利行政执法办案量超过 7.6 万件，年均增长 48.6%，知识产权保护社会满意度稳步提升。他说，中国知识产权战略实施工作部际联席会议，2016 年已正式升格为国务院知识产权战略实施工作部际联席会议，并由国务院领导担任召集人。

谈到近年来中国政府知识产权保护工作取得的成绩，陈宏兵说："过去 10 年间，中国科技创新能力、知识产权创造能力和知识产权保护意识显著增强，其在全球科技创新版图中的地位也显著上升。"

（《人民日报海外版》2016 年 12 月 24 日）

冯蕾、刘坤：

2017：中国经济向 "创新" 要动力

一、临近春节，日本旅游线路依然火爆

2015 年春节期间，访日的中国游客达到约 45 万人之多，在日的消费金额更是高达 60 亿元人民币，对于中国人的购物情况，日本调查结果显示，医药用品位居榜首；紧随其后的是化妆品；智能坐便盖排在第三位。此外，食品、纸尿裤等也颇受中国游客的欢迎。

商务部数据显示，目前，中国游客每年在境外消费超过万亿元。加快提升国内产品的核心竞争力，无疑是促进海外消费回流的关键。面对新形势，此次中央经济工作会议提出，着力振兴实体经济。要坚持以提高质量和核心竞争力为中心，坚持创新驱动发展，扩大高质量产品和服务供给。

二、加大 R&D 投入强度：抢占创新高地

2016 年，人工智能程序 "阿尔法围棋" 战胜了人类顶尖棋手，中国无人机、智能家电等 "中国智造" 扬帆海外，更多高技术含量、高制造质量、高知名度的中国产品和技术风靡全球，并通过本土化运营扎根当地，实现全球化价值。

创新战场上，硝烟四起。人们在惊呼的同时，也深深意识到创新的重要性，而创新则与 R&D（研究与开发）投入息息相关。

据统计，2016 年 1 月至 11 月，北京市大中型重点企业 R&D 经费内部支出 340.9 亿元，比上年同期增长 10.2%。杭州市 R&D 经费支出占杭州地区生产总值比重，从 2010 年的 2.75% 提高到 2015 年的 3%。"创新驱动已成为杭州经济的新引擎。"浙江省委常委、杭州市委书记赵一德说。

国家发展改革委副主任、国家统计局局长宁吉喆指出，从中国经济实际看，R&D 投入近些年来增长较快，全国 R&D 投入已经达到经济合作与发展组织（OECD）国家的平均水平。其中，企业 R&D 投入占比达到 80%，政府投入占 20%，企业成为技术创新的主体。

"中国经济正在向形态更高级、分工更复杂、结构更合理的阶段演化。"北京大学国家发展研究院院长姚洋说，坚持创新驱动发展，就要持续加大 R&D 投入强度，积极引导自主创新，抢占创新高地。

三、紧抓战略性新兴产业：实现"四两拨千斤"

战略性新兴产业代表新一轮科技革命和产业变革的方向，是培育发展新动能、获取未来竞争新优势的关键领域。

日前，国务院印发的《"十三五"国家战略性新兴产业发展规划》提出，到 2020 年，战略性新兴产业增加值占国内生产总值比重达到 15%，形成新一代信息技术、高端制造等 5 个产值规模 10 万亿元级的新支柱，平均每年带动新增就业 100 万人以上。

从全国范围来看，不少地区都已将紧抓战略性新兴产业作为 2017 年的一项重要任务——福建提出，到 2020 年新兴产业规模翻番，今后几年新兴产业增加值年均增速达到 17.5%；江西明确，2017 年将加快推进战略性新兴产业倍增工程，发展新服务经济，"以新促旧"提升传统产能；广西提出，将新能源汽车等六大产业作为"十三五"战略性新兴产业重点培育方向，到 2020 年，新能源汽车产业实现年产值 300 亿元……

中央经济工作会议提出，实施创新驱动发展战略，既要推动战略性新兴产业蓬勃发展，也要注重用新技术新业态全面改造提升传统产业。专家表示，要把战略性新兴产业摆在经济社会发展更加突出的位置，实现"四两拨千斤"效益，加快培育发展新动能，促进新技术、新业态、新模式蓬勃发展。

四、强化激励机制：让科研人员名利双收

日前，上海理工大学奖励给太赫兹领域研发团队的 72% 股权，得以递延缴纳上千万元的个人所得税，成为我国首个科技成果转化暂不缴纳个税的纳税优惠案例。"这无疑是鼓励科技成果转化的一剂'强心针'，让科技创新政策的巨大激励作用得以充分释放。"中国工程院院士庄松林说。

长期以来，科研成果被视为国家所有，单位和研发人员"动不得"，科技经济"两张皮"现象突出。正如科技部副部长李萌所说，智力劳动与收入分配不完全符合、股权激励政策缺位、内部分配机制不健全等问题亟待破解。

不久前，中共中央办公厅、国务院办公厅印发了《关于实行以增加知识价值为导向分配政策的若干意见》，提出推动形成体现增加知识价值的收入分配机制，加强科技成果产权对科研人员的长期激励，允许科研人员和教师依法依规适度兼职兼薪等措施，从体制机制上鼓励创新。

"国家的政策有连续性，科技工作者创新创业也更有积极性。"清华大学生物化工研究所所长邢新会说。他在主攻生物育种研究、承担教学任务之余，率领创业团队研发了具有自主知识产权的高效生物育种装备，目前已出口日本和新加坡。

专家认为，2017 年，中国经济要向创新要动力，要通过不断强

化激励机制，调动创新积极性，引导资源向创新集聚，让科研人员名利双收，扩大高质量产品和服务供给，提高核心竞争力，振兴实体经济。

（《光明日报》2016 年 12 月 31 日）

第七章
开启精准扶贫新时代

　　繁荣拒绝贫困，发展消灭贫困。党的十八大以来，习近平高度重视扶贫工作，把扶贫开发提高到关乎党和国家政治方向、根本制度和发展道路的高度，把消除贫困提高到人类共同使命的高度。2016 年 12 月，国务院印发《"十三五"脱贫攻坚规划》，阐明了"十三五"时期国家脱贫攻坚总体思路、基本目标、主要任务和重大举措，提出到2020 年稳定实现现行标准下农村贫困人口"两不愁、三保障"的脱贫目标，开启了精准扶贫的新时代。习近平在中央扶贫开发工作会议上指出："脱贫攻坚战的冲锋号已经吹响。我们要立下愚公移山志，咬定目标、苦干实干，坚决打赢脱贫攻坚战。"我们要按照习近平提出的"四个切实""六个精准""四个一批"扶贫要求，创新扶贫体制和机制，打赢这场脱贫攻坚战，实现全面小康路上的"一个都不能少"的承诺，让包括贫困人口在内的全国人民都能分享改革发展的成果。

刘永富：

坚决打赢脱贫攻坚战

党的十八大以来，习近平总书记高度重视扶贫开发，在多个重要场合、重要时点，提出一系列新思想新观点，作出一系列新决策新部署，形成了新形势下扶贫开发战略思想，丰富发展了中国特色扶贫开发理论与实践，为新时期扶贫开发注入了强大思想动力，提供了行动指南和基本遵循。打赢脱贫攻坚战，必须深入学习贯彻习近平总书记关于扶贫开发战略思想。

一、深刻理解扶贫开发是社会主义本质要求的重要思想，进一步增强打赢脱贫攻坚战的使命感责任感

习近平总书记多次指出："消除贫困、改善民生、实现共同富裕，是社会主义的本质要求，是我们党的重要使命。""做好扶贫开发工作，支持困难群众脱贫致富，帮助他们排忧解难，使发展成果更多更公平惠及人民，是我们党坚持全心全意为人民服务根本宗旨的重要体现，也是党和政府的重大职责。""得民心者得天下。从政治上说，我们党领导人民开展了大规模的反贫困工作，巩固了我们党的执政基础，巩固了中国特色社会主义制度。"

学习贯彻习近平总书记扶贫开发战略思想，首先要从政党性质、执政责任、巩固制度的高度，深刻理解深化认识脱贫攻坚的重大意

义。脱贫攻坚事关全面建成小康社会，事关巩固党的执政基础，是促进全体人民共享改革发展成果、实现共同富裕的重大举措，是体现中国特色社会主义制度优越性的重要标志。打赢脱贫攻坚战意味着我国全面建成小康社会底线目标的实现，我国农村贫困人口与全国人民一道迈入全面小康社会，这是全面建成小康社会的基本标志；我国绝对贫困问题得到历史性地解决，具有里程碑意义；我国将提前十年实现联合国2030年可持续发展议程确定的减贫目标，继续走在全球减贫事业的前列。为此，必须增强使命感责任感，切实强化责任、攻坚、精准、创新、廉洁五个意识，带着感情、带着责任、带着担当，全力推进脱贫攻坚。

二、深刻理解精准扶贫精准脱贫的重要思想，进一步提高脱贫攻坚的精准度有效性

习近平总书记强调："扶贫开发推进到今天这样的程度，贵在精准，重在精准，成败之举在于精准。搞大水漫灌、走马观花、大而化之、'手榴弹炸跳蚤'不行。""总结各地实践和探索，好路子好机制的核心就是精准扶贫、精准脱贫，做到扶持对象精准、项目安排精准、资金使用精准、措施到户精准、因村派人精准、脱贫成效精准。""扶贫开发成败系于精准，要找准'穷根'、明确靶向，量身定做、对症下药，真正扶到点上、扶到根上。脱贫摘帽要坚持成熟一个摘一个，既防止不思进取、等靠要，又防止揠苗助长、图虚名。"

学习贯彻习近平总书记扶贫开发战略思想，就是要把"六个精准"理念落到实处。通过贫困识别建档立卡，把贫困人口是谁、在哪里、什么原因致贫等搞清楚，解决"扶持谁"的问题；通过向贫困村选派第一书记和驻村工作队，强化一线扶贫力量，解决"谁来扶"的问题；通过引导贫困群众参与脱贫规划制定，做到项目跟着规划走，资金跟着项目走，项目资金跟着贫困人口走，因村因户因人分类施策，开展教育、健康、金融、劳务协作等行业精准扶贫十

大行动，实施易地扶贫搬迁、整村推进、扶贫小额信贷、职业教育培训等精准扶贫十项工程，解决"怎么扶"的问题；通过明确贫困退出标准、程序和核查办法，严格规范贫困退出，确保贫困人口、贫困村、贫困县稳定脱贫、有序退出，解决"如何退"的问题。"十三五"期间，重点通过发展产业脱贫 3000 万人左右，劳务输出脱贫 1000 万人左右，易地搬迁脱贫 1000 万人左右，低保兜底脱贫 2000 万人左右，积极推进教育脱贫，医疗保险和医疗救助脱贫，生态保护脱贫，资产收益脱贫。

三、深刻理解内源扶贫的重要思想，
进一步激发贫困地区贫困群众的主动性积极性

习近平总书记多次讲："脱贫致富贵在立志，只要有志气、有信心，就没有迈不过去的坎。""贫困地区发展要靠内生动力，如果凭空救济出一个新村，简单改变村容村貌，内在活力不行，劳动力不能回流，没有经济上的持续来源，这个地方下一步发展还是有问题。""脱贫致富终究要靠贫困群众用自己的辛勤劳动来实现。""扶贫既要富口袋，也要富脑袋。要坚持以促进人的全面发展的理念指导扶贫开发，丰富贫困地区文化活动，加强贫困地区社会建设，提升贫困群众教育、文化、健康水平和综合素质，振奋贫困地区和贫困群众精神风貌。"

学习贯彻习近平总书记扶贫开发战略思想，就是要处理好国家、社会帮扶与贫困地区贫困群众自力更生、培育内生动力的关系，确保实现持久稳定有质量的脱贫。严格落实财政、金融、土地等扶持政策和产业发展、易地搬迁、劳务协作等重大措施，深化细化东西部扶贫协作和定点扶贫，广泛动员社会力量参与，形成脱贫攻坚强大合力。外因最终要通过内因起作用。脱贫攻坚最根本的措施，就是要使贫困地区干部群众摆脱思想贫困、意识贫困，让他们不仅有想法、有能力，还要主动找办法、找出路。在工作中继续坚持开发式扶贫方针，尊重贫困群众主体地位，充分调动他们自力更生、艰苦奋斗、勤劳致富的主动性和积极性。坚持参与式扶贫方法，动员贫困群众参与到帮扶项目的规划、实施、监督、评估等各个环节，增强他们对帮扶项目的拥有感，效益的获得感，在项目实施和管理过程中接受市场理念、转变发展观念，解决思想贫困、意识贫困，不断积累和提高自我发展能力。

四、深刻理解社会扶贫的重要思想，进一步广泛动员社会各方面力量参与脱贫攻坚

习近平总书记强调：" '人心齐，泰山移。'脱贫致富不仅仅是贫困地区的事，也是全社会的事。""组织东部地区支援西部地区，并且大规模、长时间开展这项工作，在世界上只有我们党和国家能够做到。这是我们的政治优势和制度优势。""东西部扶贫协作和对口支援必须坚持做下去。""东西部扶贫协作和对口支援要按照精准扶贫、精准脱贫要求开展工作，产业合作、劳务协作、人才支援、资金支持都要瞄准建档立卡贫困人口脱贫精准发力，更加注重产业带动，更加注重劳务对接，更加注重人才支持。"

学习贯彻习近平总书记扶贫开发战略思想，就是要更加广泛、更加有效地动员和凝聚各方面力量，形成脱贫攻坚的强大合力。社会扶贫始终是我国扶贫开发的重要组成部分，是我国政治优势和制度优势的重要体现。这些年社会扶贫初步形成了三个方面的基本框架，俗称"老三样"。一是东西部扶贫协作，东部共有9个省（市）和9个大城市对口帮扶西部10个省（区、市），以及对口支援西藏、新疆和四省藏区。二是定点扶贫，中央层面共有320个单位帮扶592个重点县。三是军队和武警部队扶贫，目前全军和武警部队已在地方建立了2.6万多个扶贫联系点。这三项工作一直在社会扶贫中发挥着示范引领作用。国家正在研究制定指导意见和考核办法，进一步深化细化具体化，推动帮扶工作向精准扶贫精准脱贫转变。动员

民营企业、社会组织、公民个人扶贫，是推进社会扶贫工作的重点，俗称"新三样"。国家将着力从搭建平台、政策激励、宣传表彰、加强监管等方面完善社会参与机制，形成人人皆愿为、人人皆可为、人人皆能为的良好环境，最大限度调动社会扶贫资源参与脱贫攻坚。

五、深刻理解阳光化管理的重要思想，
进一步管好用好扶贫资金

习近平总书记指出："我不满意，甚至愤怒的是，一些扶贫款项被各级截留，移作他用。扶贫款项移作他用，就像救灾款项移作他用一样，都是犯罪行为。还有骗取扶贫款的问题。对这些乱象，要及时发现、及时纠正，坚决反对、坚决杜绝。""惠民资金、扶贫资金等关系千家万户，绝不允许任何人中饱私囊，对贪污挪用的不管涉及谁，发现一起，查处一起，绝不姑息。"

学习贯彻习近平总书记扶贫开发战略思想，就是要始终把纪律和规矩挺在前面，不断完善制度，加强监管，坚决惩治和预防扶贫领域违纪违法行为。修改完善财政专项扶贫资金管理办法，建立以结果为导向的财政扶贫资金分配机制。推动各省将扶贫项目资金审批权限下放到县，真正用于建档立卡贫困人口脱贫。抓好国务院办公厅《关于支持贫困县开展统筹整合使用财政涉农资金试点的意见》的落实。加强扶贫资金监管，建立扶贫资金项目公示公告制度，设立"12317"扶贫监督举报电话，督促指导各地加强审计整改落实，在全国开展集中整治和预防扶贫领域职务犯罪专项工作，对任何形式的挤占挪用、层层截留、虚报冒领、挥霍浪费行为，坚决从严惩处、决不姑息。

六、深刻理解扶贫开发要坚持发挥政治优势和制度优势的
重要思想，进一步加强党对打赢脱贫攻坚战的组织领导

习近平总书记明确要求："凡是有脱贫攻坚任务的党委和政府，

都必须倒排工期、落实责任，抓紧施工、强力推进。特别是脱贫攻坚任务重的地区党委和政府要把脱贫攻坚作为'十三五'期间头等大事和第一民生工程来抓，坚持以脱贫攻坚统揽经济社会发展全局。""要层层签订脱贫攻坚责任书、立下军令状。""要建立年度脱贫攻坚报告和督查制度，加强督查问责，把导向立起来，让规矩严起来。""省对市地、市地对县、县对乡镇、乡镇对村都要实行这样的督查问责办法，形成五级书记抓扶贫、全党动员促攻坚的局面。""要把贫困地区作为锻炼培养干部的重要基地"，"把脱贫攻坚实绩作为选拔任用干部的重要依据"。

学习贯彻习近平总书记扶贫开发战略思想，就是要始终坚持党对脱贫攻坚的领导，充分发挥社会主义制度优势，为脱贫攻坚提供坚强政治保障。充分发挥各级党委总揽全局、协调各方的领导核心作用，严格执行脱贫攻坚一把手负责制，省市县乡村五级书记一起抓。改进县级干部选拔任用机制，把扶贫开发工作实绩作为选拔使用干部的重要依据，脱贫攻坚期内贫困县正职领导保持稳定。加强贫困乡镇和村级领导班子建设，发挥基层党组织战斗堡垒作用。不断健全中央统筹、省负总责、市县抓落实的工作机制，层层签订脱贫攻坚责任书，逐级压实落实脱贫责任。中央和国家机关各部门、中央企事业单位要根据中央要求按照职责和义务落实扶贫脱贫责任。严格考核机制，用好指挥棒，引导贫困地区党政领导干部把主要精力放在脱贫攻坚上。落实约束机制，念好紧箍咒，坚决杜绝穷县富衙、戴帽炫富之风。规范退出机制，唱好进行曲，确保脱贫进度和质量。制定严格、规范、透明的贫困退出标准、程序和核查办法。贫困县摘帽后，攻坚期内政策不变。贫困人口退出后，在一定时期内继续享受扶贫相关政策，避免边脱贫、边返贫。

（《求是》2016 年第 20 期）

强 卫：
确保老区人民与全国人民一起进入全面小康社会

2015 年全国"两会"期间，习近平总书记在参加江西代表团审议时指出，我们决不能让老区群众在全面建成小康社会进程中掉队，要立下愚公志、打好攻坚战，让老区人民同全国人民共享全面建成小康社会成果。习近平总书记的殷切嘱托，饱含着对革命老区的深厚感情，体现了对老区人民的亲切关怀，是我们加快老区脱贫致富的强大动力。

革命战争年代，江西为中国革命作出了重大贡献、付出了巨大牺牲。让老区人民过上好日子，是革命先烈为之奋斗的理想，更是我们这一代共产党人的庄严使命。这些年来，特别是党的十八大以来，江西按照党中央部署，把扶贫攻坚作为最重要的民生工程，强化组织领导，完善帮扶机制，加大投入力度，取得了明显成效。2013 年和 2014 年，全省一共减贫 150 万人，是历史上减贫力度最大、老区发展最快的一个时期。但我们也清醒地认识到，由于自然条件、资源禀赋等原因，革命老区发展依然落后，扶贫开发任务依然艰巨繁重。截至 2014 年年底，江西仍有 276 万贫困人口，农村贫困发生率 7.7%。在全面建成小康社会的征程中，我们要认真贯彻习近平总书记的重要指示，把扶贫攻坚作为重中之重，全力以赴啃下这块"硬骨头"，确保老区人民与全国人民一起进入全面小康社会。

一、坚持点面结合

点面结合，就是面上抓整体推进，点上抓精准扶贫。江西是贫困面较大的省份之一，有 17 个县（市、区）被纳入罗霄山区集中连片特殊困难地区，54 个县（市、区）被列为赣南等原中央苏区范围。近两年来，在党中央、国务院的关心下，我们大力实施赣南等原中央苏区振兴发展战略，认真落实罗霄山片区区域发展与扶贫攻坚规划。我们把连片特困地区作为扶贫攻坚的主战场，用好国家战略带来的历史性机遇，帮助贫困地区改善生存条件，提升发展环境，切实解决制约发展的长期性、瓶颈性问题。贫困地区多地处偏远，交通不便，外面的企业不愿进来，里面的优势资源难以开发。我们把重点放在打好基础设施建设攻坚战上，加快通达贫困地区的高铁和高速公路建设，加快县与乡镇之间公路建设，早日把一条条致富路修起来，促进人流、货流的四通八达，真正让老区天堑变通途、旧貌换新颜。

扶贫攻坚进入新阶段，更要在精准扶贫上下功夫。贫困群众致贫的原因很多，有的因病致贫，有的因灾致贫，有的因不具备或丧失劳动能力而致贫。2014 年，江西省基本完成了贫困人口的精准识别，建立了贫困户、贫困村电子信息档案，详细记载了每家每户的人口结构、文化程度、致贫原因等具体情况。我们运用扶贫大数据，在摸清底数、区分类型、找准问题的基础上，分类施策、因户施策，"量身定做"个性化扶持措施，变"大水漫灌"为"精准滴灌"。一是定政策。对有劳动能力的贫困人口，实施"雨露计划"，加强就业培训、搞好就业服务，千方百计帮助他们实现就业，确保零就业家庭至少有一人就业；对完全丧失劳动能力的贫困对象采取特惠性措施，以低保等社会救助政策"兜底"，保障其基本生活；对生存环境恶劣、就地脱贫难度大的贫困人口，扎实推进易地扶贫搬迁，有序引导贫困人口向县城、工业园区、中心镇、中心村搬迁转移，彻底

"挪穷窝"。二是定对象。实施党员干部结对帮扶、种养大户和合作组织带动帮扶等办法。三是定目标。通过帮扶到户，使扶贫对象收入水平有明显提高、生产生活条件有明显改善、自我发展能力有明显增强，稳定实现"扶贫对象不愁吃、不愁穿，保障其义务教育、基本医疗和住房"的目标。四是定责任。落实扶贫到户责任制，把帮扶到户成效作为检验扶贫工作的根本标准，作为考核干部业绩的重要依据，要求各级党委、政府以摘掉贫困县的帽子为荣，全力以赴带领群众脱贫致富。

二、注重远近统筹

远近统筹，就是既立足当前，又着眼长远。扶贫首先要救急济弱，解决好老百姓最关心、最迫切的问题，保障贫困群众基本生产生活。为此，必须坚持问题导向，把急事、难事放在前面来办，加快推进贫困地区的房、水、路、电和特困群体生活改善五大工程，促进基本公共服务向农村延伸、向贫困村覆盖。加大易地扶贫搬迁力度，从根本上解决贫困群众的生存和发展问题。结合新农村建设，加快解决危旧土坯房改造，给老百姓一个安全的生活条件。着力解决饮水安全和用电问题，使贫困地区饮水水源水质达到国家Ⅲ类标准，具备条件的地方逐步用上自来水。加快实施贫困地区农村电网升级改造，满足贫困地区经济社会发展的用电需求。加强教育扶贫，让贫困家庭的孩子都能接受公平的、有质量的教育，以斩断穷根，阻断贫困代际传递。健全贫困地区县、乡、村三级医疗卫生服务体系，实现县县有标准化综合医院，乡乡有规范化卫生院，行政村有合格卫生室。总之，扶贫工作首先要牢固树立底线思维，多做"雪中送炭"的事，确保贫困群众在学有所教、劳有所得、病有所医、老有所养、住有所居上持续取得新进展。

发展是减贫、脱贫的根本途径。增强贫困地区的自我发展能力，才是扶贫工作的长久之计。我们高度重视产业扶贫，把扶贫开发与促进当地经济发展紧密结合起来，与大力推进新型工业化、城镇化和农业现代化结合起来，不断增强贫困地区的"造血"功能。实施"四位一体"产业扶贫措施，按照选准一个优质高效产业、组建一个支撑有力的合作社、设立一个放大贷款的风险补偿金、创建一个部门帮扶新机制的模式，开展产业扶贫到户工程，一揽子解决贫困户发展产业目标不准、资金短缺、经营分散等难题。大力发展县域经济，坚持宜农则农、宜工则工、宜商则商、宜游则游，引导贫困地区充分发挥资源优势，加快特色优势产业发展，提升综合实力。尤其要积极推进农村改革，着力培育壮大农业产业化龙头企业，加强农民专业合作组织建设，大力提升农民组织化程度和农业产业化水平，更好地组织和带动贫困农户发展生产。扶贫先扶智，扶智先学技。贫困地区农民之所以穷，多数是缺乏致富技术。我们着眼于提高农民综合素质，结合当地产业发展需要，采取灵活多样的形式开展实用技术、就业创业知识培训，加强基本文化素质教育，不断提高扶贫对象的自我发展能力，为脱贫致富提供最根本的保证、最持久的支撑。

三、促进内外兼修

内外兼修，就是既争取外部支持，又激活内部活力。这些年来，中央机关、国家部委对江西的支持力度较大。《国务院关于支持赣南等原中央苏区振兴发展的若干意见》出台以来，各支援单位都出台了援助政策，下派了挂职干部，为加快老区脱贫致富发挥了重要作用，老区人民发自内心记党恩、赞党好、跟党走。我们要用好用足政策机遇，主动和中央单位对接，扎实推进相关政策、项目的落地生效。对已经明确的扶持政策，一条一条认真梳理，一条一条对照研究，一条一条抓好落实；对已经明确的重大项目，制定时间表、任务书、责任人，确保签约项目早落地、落地项目早开工、开工项目早投产。

　　脱贫致富，既要创造有利的外部条件，更要靠自身的主动作为。外因是条件，内因是根本。解决贫困问题，固然离不开外部观念、资金、技术、项目的推动，但最根本的还是要激发内生动力，靠贫困群众自力更生、艰苦奋斗。我们绝不能满足于要了多少资金、多少项目，而要着眼长远发展，下大力气培育支柱产业，建好重大平台，这才是老区发展的百年大计。贫困群众既是扶贫开发的受益主体，也是扶贫开发的实施主体。要继续教育引导贫困群众坚定战胜贫穷、改变落后面貌的信心和决心，克服"等靠要"的思想，依靠自己勤劳的双手，创造幸福美好新生活。要让贫困群众参与扶贫开发规划制定、扶贫项目建设、扶贫项目管理和监督全过程，充分尊重他们的意愿和民主权利，充分调动他们自我脱贫致富的积极性、主动性和创造性。要进一步解放思想、深化改革，着力营造公平公正的市场环境、优质高效的政务环境和创新创业的社会环境，让更多的资本、人才和创新成果在老区落地生根、发展壮大。"给钱给物，不如建个好支部。"要大力弘扬井冈山精神、苏区精神，大力推进"连心、强基、模范"三大工程，配好配强贫困地区基层领导班子，加强贫困地区基层干部队伍建设，尤其是把基层党组织建设作为扶贫开发的重要任务，帮助贫困村选好配强村支部书记，使之成为带领农民致富、密切联系群众、维护农村稳定的坚强领导核心，为落实扶贫开发政策措施、各项工作和目标任务提供组织保证。要加强扶贫资金的使用监管，坚决防止截留和贪污行为，防止挪用扶贫资金搞形象工程，真正把扶贫开发打造成民心工程、德政工程和廉洁工程。

四、推动齐抓共管

　　齐抓共管，就是既发挥政府主导作用，又鼓励社会各界参与。要按照"政府主导、统筹规划、社会参与、多元投入"的思路，有效整合扶贫资源，形成扶贫攻坚的强大合力。各级党委、政府要发挥主导作用，把扶贫开发纳入经济社会发展全局，把解决贫困问题作为最重要的政绩之一，真正做到工作部署上经常研究，政策资金上加大倾斜，干部配备上优先加强。各级党政主要领导要坚持重大问题亲自研究、难点事项亲自协调、任务落实亲自过问，切实把扶贫开发放在心上、抓在手上。各级部门和单位要认真落实行业扶贫任务，从制定政策、编制规划、分配资金、安排项目等方面向贫困地区倾斜，统筹加大扶贫开发投入力度，增强扶贫开发整体合力。要继续实施"四个一"组合式扶贫，即每个县一名省级领导、一个省直部门、一家国有企业定点扶贫和省财政每年专项支持 1000 万元扶贫资金，有力助推贫困地区和贫困群众加快脱贫致富步伐。

扶贫攻坚是全社会的事业，需要社会的广泛参与。要着力畅通社会力量参与扶贫的渠道，建立健全激励机制，完善扶贫捐赠减税免税等政策举措，通过给荣誉鼓励、用政策引导、以机制推进，汇聚壮大社会扶贫力量。要引导民营企业采取"公司+基地+农户"模式，辐射带动贫困地区产业发展和贫困群众增收。鼓励非公有制经济组织到贫困农村捐资助建、助学、助困和培训人力资源、吸纳劳动力就业、推广新技术新品种、帮助销售农业产品等，开展形式多样的"帮村带户"活动。要积极开展扶贫志愿者行动，构建扶贫志愿者服务网络，鼓励社会组织和个人通过多种方式参与扶贫。要加强舆论引导，大力宣传热心扶贫的先进典型，弘扬"扶贫向善、济困光荣"的社会风尚，努力营造全社会关心扶贫、参与扶贫、支持扶贫的浓厚氛围。

（《求是》2015 年第 9 期）

王晓毅：
"精准扶贫"概念需精准理解

　　自 20 世纪 80 年代中期以来，我国就开始了大规模的扶贫工作，先后制定并实施了一系列扶贫开发规划，取得一些显著的成就，为全球减贫事业作出了巨大贡献。但由于历史、地理、社会等诸方面的原因，截至 2014 年底，全国仍有 14 个集中连片特殊困难地区、12.8 万个贫困村，全国农村贫困人口总数达 7017 万人。我国扶贫工作任重道远，已进入啃硬骨头、攻坚拔寨的冲刺期。2013 年 11 月，习近平总书记到湘西考察时首次提出"精准扶贫"概念。在"2015 减贫与发展高层论坛"上，习近平总书记进一步就扶贫工作提出了"六个精准"措施：即扶持对象精准、项目安排精准、资金使用精准、措施到户精准、因村派人精准、脱贫成效精准，确保各项政策好处落到扶贫对象身上。至此，"精准扶贫"的战略思想基本形成，并成为党和国家新时期扶贫攻坚的重要战略举措。

一、精准定义"贫困"

　　一般认为，贫困泛指经济上、物质上的缺乏。1899 年，英国人西勃海姆·朗特里关于贫困的定义影响至今，即"如果一个家庭的总收入不足以维持仅仅是物质生活所必备的需要，那么，该家庭就处于贫困状态"。诺贝尔奖获得者阿玛蒂亚·森在《以自由看待发展》一书中指出，把贫困等同于"收入低下"的看法是片面的。在他看来，贫困更深刻的概念是人们实现自己愿意过的那种生活的"可行能力"的短缺，如自强自立改变贫困意愿的缺失、知识能力的贫困、获取信息能力的贫困、不受歧视与排斥能力的贫困等。这一定义拓宽了反贫困的视野，为我们认识"精准扶贫"的理论与实践提供了借鉴。

以往关于贫困的理论和实践，多注重物质和经济层面的外在扶助，忽视了作为主体的贫困群体脱贫观念的转变，以及主观能动性的内在培育。在脱贫工作中，政府和社会支持是外因，贫困主体本身才是内因。外界的投入再大，没有调动贫困主体自身的脱贫积极性，也很难达到扶贫的预期效果。我们认为，贫困是一种物质生活的匮乏，即不能满足贫困主体的基本生活需求；但更是贫困主体对于改善当前物质匮乏现状在精神动力和行动能力方面的缺失。

目前，我国贫困群体的精神动力不足，脱贫能力有限，主要表现为对自身发展认识不足，对改变自身贫困现状的信心缺乏，对知识改变命运的怀疑，获取科技知识和市场信息的能力较弱，等等。所以，从一定程度上来说，国家所采取的扶贫政策及措施，都应该围绕着如何创造良好的制度环境和氛围，鼓励、培育和提高贫困群体本身脱贫的"能力"——既包括精神能力也包括行动能力。在精确理解贫困的基础上，我们还要理解"精准扶贫"在当下的重要意义。

二、深刻理解社会主义本质要求

"精准扶贫"体现了社会主义本质要求。正如 2014 年习近平总书记在全国社会扶贫工作电视电话会议上指出的，"消除贫困，改善民生，逐步实现全体人民共同富裕，是社会主义的本质要求。"30多年来，我国社会生产力得到极大的提高，但贫富差距也进一步扩大。在解放生产力、发展生产力的基础上，精准扶贫、消除贫困也就成为实现共同富裕的必经途径，是社会主义的本质要求使然。

"精准扶贫"是全面建成小康社会的重要保障。习近平总书记曾在多个场合中指出，全面建成小康社会，最艰巨最繁重的任务在农村、特别是在贫困地区。可以说"没有农村的小康，特别是没有贫困地区的小康，就没有全面建成小康社会"。精准扶贫就是要从根本上将所有的贫困成员一个不漏、一个不丢地带入全面小康社会。

"精准扶贫"有利于巩固和发展社会主义民族关系。由于历史、地理、社会等原因，一些地区率先发展起来，而有些少数民族地区，却一直处在贫困线之下。一些试图搞分裂破坏的敌对分子乘机煽动地方动乱，威胁民族团结和社会稳定。习近平总书记指出，"党和政府高度重视扶贫开发工作，特别是高度重视少数民族和民族地区的发展，一定会给乡亲们更多支持和帮助。"精准扶贫，就是要抓住主要矛盾，把扶贫攻坚抓紧抓准抓到位，决不让一个少数民族、一个地区掉队。

三、找准治穷致富路径

精准识别，因地、因户制宜，构建精准扶持机制。在开展精准扶贫中，可以县级为单位，对贫困人口识别进行动态化管理，杜绝"一刀切"的识别方法。各县应根据贫困家庭致贫的具体原因，因地、因户、因人制宜，比如考虑生态环境、土地质量、人口素质、社会保障、知识存量等因素，采取针对性强的扶贫措施，消除脱贫的关键障碍。

扶贫重在"扶志"，使贫困群众树立脱贫信心。脱离贫困，首先要从头脑中消除贫困的意识，使贫困群众从原来自给自足、安于现状和不思进取的观念中解脱出来，树立自力更生的脱贫观念，主动寻找治穷致富的途径。这就要求我们必须加强贫困地区的精神文明建设，激发贫困群众形成"自助者天助之"的积极思想，帮助他们树立脱贫致富的信心。

　　加大知识教育和技能培训的扶持力度，提高贫困群体脱贫的能力。经济的发展与自然资源的多少或者资本存量的多寡有关，但第一要素是人的能动性。所以，要加大教育扶贫的力度，办好基础教育，普及义务教育。积极鼓励学龄儿童上学，防止贫困观念代际传递；要注意对农村劳动力科学种田、生产技能知识更新换代的培训教育；注意减轻贫困地区群众投入教育的经济负担，建立普遍的社会保障体系，预防教育致贫现象的产生。

　　建立精准扶贫阳光管理机制，防止贪污腐败。近年来，国家惩治贪污腐败已取得了显著效果。但是，仍有一些地方官员铤而走险，利用职务便利谋取私利，使得多数贫困户享受不到扶贫资金带来的好处。在扶贫资金使用管理中，应当建立阳光管理机制，确保扶贫资金的使用、管理公平、公开、公正、透明，防止出现腐败死角。此外，还需发挥基层群众对扶贫资金分配的监督权，使之切实落实到扶贫开发工作中。

（《光明日报》2016 年 12 月 18 日）

胡彬彬：
异地搬迁如何实现精准扶贫

异地搬迁在中国反贫困过程中发挥了重要作用。仅在"十二五"期间，在中央财政和地方财政支持下，就有1171万人通过异地搬迁改善了生活条件。在"十三五"期间，计划有近1000万的农村贫困人口通过异地搬迁实现脱贫。异地搬迁对于实现精准扶贫的目标意义重大，充分体现了中国在反贫困中的制度优势。

异地搬迁是一个复杂的系统工程，需要大量的资金投入，到"十三五"期间，每个迁移人口计划投入6万元以上，这需要政府具有广泛动员扶贫资源的能力；异地搬迁涉及迁出地和迁入地的统一行动，特别是许多迁入地都是条件相对较好的地区，扶贫任务不重，但是为了搬迁后的贫困户可以脱贫，迁入地各级政府做了大量细致的工作，承担了许多搬迁成本；异地搬迁不仅要维持移民的生存条件，而且要改善他们的社会服务，增加就业机会，促进产业转型，融入当地社会，这涉及社会的方方面面，需要各级政府具有高度的责任感和社会治理经验。

一、异地搬迁面临的新变化

在30多年的扶贫实践中，中国异地搬迁的模式也越来越多元化，与国家的发展和移民的需求相适应，异地搬迁的方式也在不断创新。"十三五"期间是中国实现全面消除农村绝对贫困的关键时期，异地搬迁扶贫承担了近20%的扶贫攻坚任务，因此要认识当前异地搬迁扶贫所面临的新形势，不断完善异地搬迁的安置方式，从而更好地完成精准扶贫的任务。

迁出地的变化。迁出地包括两种，一种是完全不能进行任何生产生活的地区，如水库淹没区、地质灾害严重地区等，需要将人口完全搬迁出去，这些地方需要采取整体搬迁的措施。另一种是经过多年生态保护和生态修复的地区，这类地区并非是完全不适合人类居住的，只是或者因为人口压力过大，导致资源紧张，生态环境退化，因此需要迁移部分人口以减轻人口压力；或者因为政策原因，比如是生态保护的重点地区；或者因为交通不便，提供公共服务成本过高。在这类地区，并不一定需要将全部人口搬迁出去，更不需要在同一时间将所有人搬迁出去，如果采取整体搬迁方式，不仅会造成搬迁资金的浪费，还可能导致部分搬迁居民在新环境中因缺少就业机会而再次陷入贫困。

移入地的变化。在西部许多省份，移民村的建设仍然是搬迁的主要方式，在早期这种方式比较可行，因为有一些过去没有被利用的荒地通过基础设施的完善可以被用于安置搬迁人口。但发展到现在，可供安置移民搬迁的未开垦土地越来越少，大量安置异地搬迁居民也越来越困难，土地面积、房基地的面积都比较小，农业比较效益低，再加上移民的农业生产条件相对较差，通过有土安置，也就是提供住房和耕地的方式在新地方复制一个农业村庄来帮助移民脱贫，其难度越来越大。在调研中发现，有的安置移民的地区也是生态较为脆弱的地区，大量人口定居从事农业生产以后，有可能会导致移民区的生态退化。

吸引移民搬迁的因素也在发生变化。在过去的30多年中，我国经历了迅速的城市化过程，大量农民以外出打工的形式离开了农村，外出打工成为贫困地区农民脱贫的主要手段。随着劳动力外流，有些劳动力仍然在城乡之间流动，另外一些则成为城市居民。与此相伴随的是，一些村庄已经逐步空心化。非农就业对生态脆弱的贫困地区的贫困人群有更强的吸引力。许多农民将异地搬迁与外出打工结合起来，他们希望搬迁到距离城市更近、基础设施更加完善、公共服务更加便捷且便于非农就业的地方。

移民的流动性越来越高。在调研中，移民的流动性远远超出我们的想象，很多移民并不是被安置以后就会稳定地定居下来，一些人会选择新的地方再次搬迁，也有一些人可能回到原籍。被统一安置的移民离开以后，他们的房屋和土地或者出售给没有规划的自发移民，或者空置。我们在许多移民村发现，移民村中有的房屋是空置的，有些空置是因为一些规划的移民搬走了，也有一些根本就没有来。移民村还有一些住户是没有户籍的，因为他们并不是规划的移民，而是购买了移民的房屋来这里居住的自发移民。

二、创新异地搬迁扶贫模式

异地搬迁的规划需要适应移民的流动性，在城乡统筹的基础上，建立流动的异地搬迁扶贫机制。

增加移民的生态资产补偿。在异地搬迁的政策框架下，移民得到了政府在土地、房屋、社区基础设施建设和就业等多方面的财政支持，这些支持的提供是基于扶贫，而非生态补偿。而移民原有的土地、宅基地和山林，这些资源大部分被转为生态用途，提供生态服务，但是其价值并没有被计算。对移民发展的支持应从扶贫转向生态补偿，在计算生态服务价值的基础上提供生态补偿。生态补偿可以增加移民的经济资产，从而帮助他们在移民后更好地融入城镇的生产和生活。生态补偿可以覆盖所有移民，而扶贫只应针对移民中的贫困户。通过生态补偿盘活移民原有的资产，这对于他们移民以后的稳定发展具有积极促进作用。

减少移民新村的建设。大量移民新村建设不仅遇到土地的瓶颈，而且耗资巨大，增收作用有限，且在一些生态脆弱地区容易造成生态的退化。应尽可能发挥现有村庄和城镇的作用，特别是鼓励移民进入城镇。在移民的城市化过程中，需要以社会政策为引领，积极推进城乡一体化的发展。现在对于移民的扶贫和社会保障是以移民村为基础的，那些离开移民村或在移民村没有户籍的移民很难得到扶贫和社会保障。要解决现有移民政策不适应移民流动性的问题就要统筹考虑移民的社会保障和产业发展支持，建立城乡统筹和异地整合的社会保障体系。特别是考虑移民的就业稳定性差、更换工作比较频繁的特点，更需要相应的覆盖流动性较强的移民的社会保障体系。

采取更加灵活的搬迁政策。对于那些难以通过外出就业增加收入的贫困人群，要通过生态保护和生态建设的项目实施，或者通过土地流转增加农业就业机会，来帮助他们增加收入。比如，很多50岁以上的贫困人群在搬迁以后很难在非农领域就业，但是他们在家乡可以参与生态保护和生态建设，或者从事农业生产。灵活的搬迁政策可以给不同的农户提供多种选择，总的来说，采取异地搬迁的扶贫措施不能仅仅精准到村，更需要精准到户，基于不同的家庭状况采取不同的措施。

在"十三五"期间，需要积极探索新的异地扶贫搬迁模式，从而使异地搬迁模式更好地服务于国家扶贫工作大局。

（《学习时报》2017 年 1 月 20 日）

宋亚平：
新形势下打赢脱贫攻坚战的战略指引

习近平同志指出：消除贫困、改善民生、逐步实现共同富裕，是社会主义的本质要求，是我们党的重要使命。党的十八大以来，习近平同志把扶贫开发作为关乎党和国家政治方向、根本制度和发展道路的大事，作为经济社会发展规划的主要内容，提出了一系列新思想、新观点、新论断和新要求。习近平同志的扶贫开发思想，深刻阐明了新形势下我国扶贫开发的重大理论和实际问题，充分体现了中国共产党人立党为公、执政为民的鲜明立场，是在全面建成小康社会决胜阶段打赢脱贫攻坚战的战略指引。

一、从统筹两个大局的高度认识扶贫开发的重要性紧迫性

扶贫开发是中国特色社会主义的本质要求。社会主义的本质，是解放生产力，发展生产力，消灭剥削，消除两极分化，最终达到共同富裕。党的十八大报告提出，公平正义是中国特色社会主义的内在要求，共同富裕是中国特色社会主义的根本原则，社会和谐是中国特色社会主义的本质属性。因此，实施扶贫开发战略，消除贫困与不公，促进和谐发展，实现共同富裕，是矢志不渝走中国特色社会主义道路的必然选择。习近平同志指出，如果贫困地区长期贫困，面貌长期得不到改变，群众生活长期得不到明显提高，那就没

有体现我国社会主义制度的优越性，那也不是社会主义。从我国发展实践看，无论从 1949 年到 1978 年对减贫开发道路的不懈探索，还是改革开放以来在全国范围广泛实施的扶贫开发战略，都充分说明中国特色社会主义的建设发展史也是消除贫困、改善民生、实现共同富裕的创造史。实践证明，我们成功走出了一条中国特色扶贫开发道路。

扶贫开发体现中国共产党人的使命担当。我们党自诞生之日起，就勇敢担当起带领中国人民创造幸福生活、实现中华民族伟大复兴的历史使命，并且一路披荆斩棘、流血牺牲，百折不挠地为之奋斗。在新的历史时期，我们必须以更加强烈的为民造福情怀，践行让人民过上幸福生活、实现中华民族伟大复兴的崇高追求，完成消除贫困、改善民生、逐步实现共同富裕的重要使命。"善为国者，遇民如父母之爱子，兄之爱弟，闻其饥寒为之哀，见其劳苦为之悲。"习近平同志引用这句古话，就是要告诉人们，我们党作为马克思主义政党，执政的目的就是为了实现好、维护好、发展好最广大人民的根本利益，而不是为了一部分人、少数人的利益。实现好、维护好、发展好最广大人民的根本利益，当前最紧迫、最艰难的任务就是要坚持精准扶贫、精准脱贫，做好扶贫开发工作。

扶贫开发是全面建成小康社会的刚性任务。全面建成小康社会的主旨与要义，既在"小康"，又在"全面"。"小康"追求的是发展水平与质量，"全面"追求的是发展的平衡性、协调性、可持续性。全面建成小康社会，要求我们高度重视农村贫困人口脱贫这一最突出的短板，想方设法补齐短板，统筹推进经济建设、政治建设、文化建设、社会建设、生态文明建设，实现经济社会全面、协调、可持续发展。习近平同志将全面脱贫作为全面建成小康社会的刚性任务，紧紧抓住扶贫开发这一全社会关注的重大问题，充分体现了我们党促进全体人民共享改革发展成果的发展理念和致力于实现中华民族伟大复兴的坚定决心。

中国扶贫开发对国际减贫事业作出了重要贡献。消除贫困、共享幸福，是全人类梦寐以求的共同理想。当前，尽管各国为实现减贫目标进行了不懈努力，但由于种种原因，贫困及其衍生出来的饥饿、疾病、难民潮等一系列问题依然存在，成为广大发展中国家挥之不去的"梦魇"和阻碍全人类发展进步的"祸根"。习近平同志指出，我国成为世界上减贫人口最多的国家，也是世界上率先完成联合国千年发展目标的国家；中国走出了一条中国特色减贫道路。党的十八届五中全会提出，到 2020 年我国现行标准下农村贫困人口实现脱贫，贫困县全部摘帽，解决区域性整体贫困。中国在致力于自身消除贫困的同时，还支持和帮助广大发展中国家特别是最不发达国家消除贫困，为各国人民带来更多福祉。作为有着 13 亿多人口的发展中大国，中国消除绝对贫困，既让全体中国人民走上全面小康之路，又对国际减贫事业作出重要贡献；不仅有利于坚定中国特色社会主义道路自信、理论自信、制度自信、文化自信，而且将提供扶贫开发的中国方案、中国智慧、中国经验、中国力量，推动全人类的发展进步。

二、不断深化对做好新形势下扶贫开发工作的规律性认识

扶贫先要扶志。思想决定思路，思路决定出路。过去一些地方扶贫帮困过于注重物质层面，忽略精神层面的帮扶，影响了扶贫成效。对此，习近平同志强调："摆脱贫困首要意义并不是物质上的脱贫，而是在于摆脱意识和思路的贫困。""扶贫先要扶志，要从思想上淡化贫困意识"。实践表明，贫困户树立志气、更新观念，对于找寻致富办法、增添致富干劲至关重要。习近平同志把理念的更新和思路的转变作为引领扶贫开发工作的前提与关键环节，具有很强的针对性、指导性和前瞻性。这一科学观点是对当代中国扶贫开发一系列问题的准确号脉。当前，全面建成小康社会的决胜战役已经打响，应坚持开发式扶贫方针，把发展作为解决贫困的根本途径，既扶贫又扶志，调动扶贫对象的积极性，提高其发展能力，发挥其主

体作用。

关键在于精准。习近平同志指出，扶贫要实事求是，因地制宜，切忌喊口号，也不要定好高骛远的目标；他提出"扶贫开发贵在精准，重在精准，成败之举在于精准"，强调按照"四个切实""六个精准""四个一批"的要求，努力"在精准施策上出实招、在精准推进上下实功、在精准落地上见实效"。精准扶贫的思想方法与工作方法，不仅强调扶贫的针对性与有效性，更强调坚持我们党实事求是的思想传统与工作作风。习近平同志指出，实事求是作为党的思想路线，始终是中国共产党人认识世界和改造世界的根本要求，是我们党的基本思想方法、工作方法和领导方法，是党带领人民推动中国革命、建设、改革事业不断取得胜利的重要法宝。我们要打赢脱贫攻坚战，就必须秉承实事求是的优良传统与作风，按照习近平同志提出的"精准"要求，坚持一切从实际出发，因地制宜，以更加明确的目标、更加对路的政策、更加有力的举措和更加扎实的行动量身定做、靶向治疗、对症下药，出实招、求实效，做到扶真贫、真扶贫、真脱贫。

激发内生动力。贫困群众是扶贫攻坚的对象，更是脱贫致富的主体。政府帮扶是必要的，但脱贫解困根本上还得靠贫困群众通过自己的辛勤劳动来实现。习近平同志指出，贫困地区发展要靠内生动力；好日子是干出来的；贫困并不可怕，只要有信心、有决心，就没有克服不了的困难。这些重要论述，对于现阶段扶贫开发具有非常重要的指导意义。做好扶贫开发工作，必须最大限度调动贫困群众的积极性，变"要我发展"为"我要发展"。只有贫困群众的积极性与创造性被充分调动起来、内生动力不断增强，脱贫才有基础，发展才可持续。

推进体制机制创新。习近平同志多次强调，扶贫开发能不能收获成效，成效能不能得到巩固，"关键是要找准路子、构建好的体制机制"。习近平同志关于扶贫开发工作的系列重要讲话对此作出了精辟阐述。在业绩考核方面，提出"贫困地区要把提高扶贫对象生活水平作为衡量政绩的主要考核指标"，弱化过去"以 GDP 论英雄"的做法，强化能够带领贫困人口脱贫致富的相关考核指标；在驻村帮扶方面，强调关键是责任落实到人，并配套以激励惩戒办法，使帮扶考评长期化、制度化；在资金投入方面，强调在逐步加大政府财政扶贫投入的基础上动员和引导市场主体积极参与扶贫开发事业，同时要求政府强化对财政扶贫资金的监管和绩效考评等制度建设，确保把有限资金高效地使用好；在聚集合力方面，强调"扶贫开发是全党全社会的共同责任，要动员和凝聚全社会力量广泛参与"，形成政府、市场、社会协同推进的大扶贫开发格局。贯彻落实这些重要论述精神，要求我们努力突破传统体制机制的禁锢，尽快建立和不断完善更加符合我国扶贫开发实际，能够及时识贫、精准帮扶、快速脱贫并有效巩固扶贫成果的一系列新型管理体制与运行机制。

（《人民日报》2016 年 11 月 28 日）

孙 剑：
开启精准扶贫新时代

以习近平总书记 2013 年 11 月考察湘西提出精准扶贫为标志，我国扶贫开发开启了新的时代，扶贫主体、扶贫对象、扶贫手段都实现新的突破。

扶贫主体从政府转向全社会。长期以来，扶贫工作的主体是政府，政府划定贫困线、确定贫困县，政府设立扶贫开发项目，财政对贫困人口予以资助。在全面建成小康社会的背景下，单一的政府扶贫主体远远不能满足 7000 多万贫困人口的脱贫需求，迫切需要广泛吸纳社会力量成为扶贫主体，让更多的社会资源转化为扶贫资源。在 2014 年 10 月 17 日中国首个扶贫日，习近平总书记指出，要弘扬中华民族扶贫济困的传统美德，动员社会各方面力量共同向贫困宣战，形成扶贫开发工作强大合力。2015 年 6 月 18 日，习近平总书记在贵州再次强调扶贫开发是全党全社会的共同责任，要动员和凝聚全社会力量广泛参与。要坚持专项扶贫、行业扶贫、社会扶贫等多方力量、多种举措有机结合和互为支撑的"三位一体"大扶贫格局。习近平总书记在 2015 减贫与发展高层论坛上指出，我们坚持动员全社会参与，构建了政府、社会、市场协同推进的大扶贫格局，形成了跨地区、跨部门、跨单位、全社会共同参与的多元主体的社会扶贫体系。显然，在精准扶贫时代，扶贫主体已经从单一的政府转向全社会。

扶贫对象从地区转移到以户为单位。从 20 世纪 80 年代中期开始，我国的扶贫对象是国家或省确定的贫困县，通过开发贫困地区来带动贫困人口脱贫。这种扶贫方式缺乏对贫困群体的致贫原因、脱贫方式等方面的深入研究，对于贫困人口是否从扶贫项目中受益、多少人从中受益也不明确。精准扶贫通过精准识别、精准帮扶、精准管理有效规避了传统扶贫方式的不足，增强了扶贫的针对性和有效性。精准识别就是按照农户申报、村民评议、政府调查、部门审核、张榜公示等五道程序识别贫困户，并且对贫困户建档立卡。精准帮扶就是根据不同地区、不同贫困户、不同致贫原因配置不同扶贫资源实施帮扶，确保扶持到位，让贫困群众真正得到实惠。精准管理就是要建立自上而下的精准扶贫体制，形成中央统筹、省负总责、市（地）县抓落实的管理体制，片为重点、工作到村、扶贫到户的工作机制，党政一把手负总责的扶贫开发工作责任制。中央负责政策制定、项目规划、资金筹备等工作，省级做好项目下达、资金投放等工作，市县做好项目落地、资金使用、人力调配等工作。

扶贫手段从项目开发升级为多策并举。当前剩余的贫困人口主要分布在自然环境恶劣的地区，贫困程度较深，扶贫成本高，脱贫难度大。传统方式已经不适应新形势，必须要创新扶贫手段。习近平总书记强调，要按照贫困地区和贫困人口的具体情况，实施"五个一批"工程，即发展生产脱贫一批，为贫困地区制定特色产业发展规划，支持贫困户立足当地资源，发展特色农产品及其加工业，实现就地脱贫；易地搬迁脱贫一批，依托小城镇、工业园区安置搬迁群众，帮助其尽快实现转移就业，从而实现脱贫；生态补偿脱贫一批，加大贫困地区生态保护修复力度，利用生态补偿和生态保护工程资金，使当地有劳动能力的部分贫困人口转为护林员等生态保护人员；发展教育脱贫一批，国家教育经费向贫困地区倾斜、向基础教育倾斜、向职业教育倾斜，帮助贫困地区改善办学条件，让贫困家庭子女都能接受有质量的教育，阻断贫困代际传递；社会保障兜底脱贫一批，对无法依靠产业扶持和就业帮助脱贫的家庭实行政策性保障兜底，将所有符合条件的贫困家庭纳入低保范围，做到应保尽保。通过多策并举，到2020年，产业扶持可以解决3000万人脱贫，转移就业可以解决1000万人脱贫，易地搬迁可以解决1000万人脱贫，总计5000万人左右，剩余2000多万完全或部分丧失劳动能力的贫困人口，全部纳入社会保障覆盖范围，实现社保政策兜底脱贫。

（《红旗文稿》2016年第21期）

常　钦：
"十三五" 脱贫攻坚怎么干

国务院日前印发《"十三五"脱贫攻坚规划》（以下简称《规划》）。《规划》是国务院确定的"十三五"国家级重点专项规划之一，也是指导我国"十三五"时期推进脱贫攻坚工作的行动纲领。近日，国家发展改革委地区司负责人就《规划》进行解读。

一、《规划》与 "十三五" 规划无缝衔接

当前，贫困问题是我国经济社会发展中最突出的"短板"，脱贫攻坚形势复杂严峻。截至 2015 年年底，我国还有 14 个集中连片特困地区、832 个贫困县和 12.8 万个贫困村，建档立卡贫困人口 5630 万人。

《规划》提出到 2020 年，确保现行标准下建档立卡贫困人口实现脱贫，不愁吃、不愁穿，义务教育、基本医疗和住房安全有保障，12.8 万个建档立卡贫困村有序摘帽，832 个贫困县全部摘帽，解决好区域性整体贫困问题。发改委地区司负责人说，这是我国扶贫开发历史上编制的第一个五年规划，实现了与国民经济和社会发展五年规划的无缝衔接。

《规划》与国民经济和社会发展第十三个五年规划纲要及交通、水利、能源、教育、卫生、农业、林业、旅游等专项规划的衔接，

继承和细化了"十三五"脱贫攻坚总目标，围绕"两不愁、三保障"，按照约束性和预期性两种类型，细化设计了 10 项具体规划指标。同时，《规划》提出的重大举措、重大工程、重大项目，也与有关专项规划保持一致，确保《规划》能够落地实施。

二、分类施策，提出 10 项具体指标

发展改革委地区司负责人介绍，农村贫困人口致贫因素复杂多样。从大的方面看，一类是与生存环境和资源禀赋等自然条件密切相关的致贫因素；另一类是因病、因学、因无劳动能力、因综合素质等与个体条件密切相关的致贫因素。为此，《规划》按照精准扶贫精准脱贫基本方略要求，因地制宜，分类施策，从产业发展脱贫、转移就业脱贫、易地搬迁脱贫、教育扶贫、健康扶贫、生态保护扶贫、兜底保障、社会扶贫 8 个方面实化细化了相关路径和措施。

《规划》从约束性和预期性两个方面提出了 10 项具体指标。其中，约束性指标包括贫困人口、贫困村、贫困县、易地扶贫搬迁人口、贫困户存量危房改造率 5 项，并明确指出，到 2020 年，5630 万建档立卡贫困人口实现脱贫，12.8 万个建档立卡贫困村有序退出和 832 个贫困县全部摘帽。

预期性指标包括农民人均可支配收入增速、农村集中供水率、义务教育巩固率、贫困户因病致（返）贫户数、贫困村村集体经济年收入 5 项，并明确指出，到 2020 年，贫困地区农村集中供水率达 83% 以上，贫困县义务教育巩固率达 93% 以上，建档立卡贫困村村集体经济年收入达 5 万元以上。

三、解决"老、少、边、穷"区域性整体贫困

革命老区、民族地区、边疆地区和集中连片特困地区是我国区域性整体贫困的集中区域，也是我国贫困人口相对集中、发展基础

较为薄弱的地区。发展改革委地区司负责人说，"老、少、边、穷"地区能否脱贫致富，是我国能否全面建成小康社会的关键之一。

《规划》明确提出，要将精准扶贫与区域整体开发有机结合，整体规划，统筹推进，从着力改善区域发展环境入手，通过进一步加强重大基础设施建设、大力推进新型城镇化进程、广泛开展跨区域合作和对外开放、加快贫困村生产生活条件改善等途径和措施，着力解决区域性整体贫困。

其中，在贫困村建设方面，《规划》明确提出，要全面推进实施村级道路、饮水安全、生活用能、信息物流、危房改造、人居环境整治、社区服务体系、文化服务体系等建设，特别是要通过实施以工代赈等，进一步加强农村中小微型生产性基础设施建设，打通"最后一公里"瓶颈制约，大幅度改善贫困乡村的生产生活条件，为贫困人口的稳定脱贫打下坚实基础。

另外，针对一些地区贫困群众"等要靠"的思想依然根深蒂固，发展生产不积极、争当贫困户很积极的现象，发改委地区司负责人说，为了引导贫困群众自力更生、艰苦奋斗，《规划》将坚持激发群众内生动力活力作为重要原则之一。《规划》提出，要创新贫困人口参与机制，鼓励贫困人口参与市场竞争，推动扶贫开发模式由偏重"输血"向注重"造血"转变。建立健全贫困人口利益与需求表达机制，不断提高贫困人口组织化水平，建立健全贫困人口参与脱贫攻坚的组织保障机制。

（《人民日报》2016 年 12 月 3 日）

何云峰：
提升脱贫的内部驱动力

近年来，笔者到贫困人口集中的地方调研，发现一个值得关注的现象：一些人不愿意摘掉贫困的帽子，有些人缺乏脱贫的意愿和志向。这样的现状，对于实现精准脱贫是很不利的。必须下更大的功夫，提高贫困人口的脱贫内部驱动力。

大力解放思想破除旧观念束缚，从"无法"脱贫转向"想法"脱贫。在以往的粗犷型扶贫模式下，有的贫困地区人们长期以来思想上形成了"等、靠、要"的定势，甚至极少数人心理上依赖扶贫，经济上等着扶贫，文化氛围上索要扶贫。有的常常以"无法"脱贫为借口，期待继续"保持"贫困帽子。这样的思想观念和脱贫态度，是精准型扶贫方式的巨大障碍。彻底转变等靠要的思想，让贫困地区人们的脑筋开动起来，也就是要首先解放思想。解放思想是一种很高的要求，不仅仅是要让贫困地区人们愿意脱贫，想脱贫，而且还要充分调动群众的智慧，让贫困地区人们主动开拓脱贫的办法和渠道，积极主动地想方设法脱贫。

重视良好基础治理的激励作用，从"羡慕"脱贫转向"感受"脱贫。笔者发现，几乎所有贫困地区都有一个共同点，就是缺乏良好的基础性治理。所谓基础治理，就是跟民生直接相关的治理，例如道路交通设施等基础建设水平及其管理、公共卫生条件及其治理、教育优先发展程度及其治理等等。再穷也要把生活的基本治理抓好，创造干净整洁的生活环境，良好的道路交通，超前的教育设施等。这样的基础治理不一定要多么高大上、多么高科技和发达，但建设好管理好，往往非常有激励作用，人自然而然会有一种积极向上的愿望。

切实消除各种脱贫对抗性因素，从"短暂"脱贫转向"长期"脱贫。在脱贫过程中，某些因素是不利于甚至阻碍或反对脱贫的人为因素，笔者称之为脱贫对抗性因素。例如，懒惰、赌博、迷信、排场、虚荣等等就是典型的脱贫对抗性因素。这些对抗因素跟天然的资源匮乏、重大疾病、意外事故、灾害灾难等不同，往往都是人为造成的，可以通过个体的生活态度和努力加以克服。而资源匮乏、重大疾病、意外事故等虽然也是脱贫的巨大障碍，但往往是超出个人能力的因素，需要社会整体予以一致努力，共同联合，才能克服。在脱贫过程中，应该将脱贫对抗性因素与天然障碍因素加以区分、归类，一揽子加以治理。

实行优先脱贫并兼顾均衡脱贫，从"少数"脱贫转向"大众"脱贫。精准脱贫需要精准识别、精准帮扶、精准管理，实行一户一策，对有条件的扶贫对象，要引导其优先脱贫，然后再进一步走向大众脱贫。但在实际工作中，也可能会出现少数人脱贫大部分人继续赤贫的状况。这是因为每个人的脱贫能力不同、脱贫意愿不同和主观努力程度不同。我们最容易把扶贫当作要完成的任务加以看待，以为能帮助脱贫一个算一个。其实，这样的优先帮扶，并不是最佳的帮扶路径。因为有能力优先脱贫的，往往是脱贫难度小的。如果我们反过来做脱贫工作，从脱贫能力最差的给予帮扶，则极有可能会产生很好的"倒逼效应"，迫使有能力优先脱贫的人群形成内部驱动力。当最没有能力脱贫的人群摆脱了贫困的时候，那些有能力脱贫的人们就自然会自我加压、自我努力了。所以，笔者以为，从最差的做起，让有限的扶贫资源用在最需要帮助的人们身上，尽管难度最大，却最容易摆脱少数脱贫模式，走向大众脱贫的均衡化发展结果。

充分发挥先行脱贫的示范效应，从"逼我"脱贫转向"学习"脱贫。当前，在精准扶贫的思想指引下，许多地方和部门正全力按照扶持对象精准、项目安排精准、资金使用精准、措施到户精准、因村派人精准、脱贫成效精准等诸多精准要求有计划地帮助贫困地区摆脱贫困。在具体的脱贫策略上，我们坚持分类施策，因人因地施策，因贫困原因施策，因贫困类型施策，从而全面打响脱贫的攻坚战。为此，有些地方扶贫投入不少。然而，实际效果却仍然不能尽如人意。笔者以为，这其中还是有贫困人口的主观能动性发挥不够的问题。在构建省、市、县、乡、村五级一起抓扶贫，层层落实责任制的治理格局下，完全形成了向贫困宣战的压倒性舆论态势。有些贫困人群甚至可能因此而以为在"逼我"脱贫。无论走少数脱贫路子还是大众脱贫路子，都会出现先富与后富的差别。先行脱贫尤其是那些脱贫能力差的人群的先行脱贫，会有很好的示范效应。问题是，我们应该在经济上和物质上扶贫的过程中，首先搞思想扶贫。除了要让贫困地区的人们思想解放和"开窍"之外，更要宣传各种大众化的脱贫案例，激发人们的脱贫热情，调动其学习积极性，使其内心真正向往脱贫，形成脱贫的强烈愿望。要让先行脱贫者具有真正的示范性、可学习性和可模仿性，使成功经验具有可迁移性，才能激发大多数人的内部动力。

（《学习时报》2016 年 8 月 18 日）

王亚玲：

农村反贫困：接力奋斗，未来可期

消除贫困，实现共同富裕，是社会主义的本质要求。中国是一个农业大国，农民占绝大多数，农民的贫困问题是中国的根本问题。中国共产党自成立之日起，就把农村反贫困作为共产党人的天职。

革命战争时期，以毛泽东同志为代表的共产党人对解决农民问题作出了重要探索，形成一系列土地革命政策。在井冈山制定了我党历史上第一部《土地法》，开展轰轰烈烈的土地改革。1947 年《中国土地法大纲》明确宣布，"废除封建性及半封建性剥削的土地制度，实行耕者有其田的土地制度"，为新中国成立后农村反贫困积累了宝贵经验。

新中国成立之后，以毛泽东同志为核心的第一代中央领导集体，改变农村贫穷落后状况的努力一直没有停止。1950 年 6 月，党的七届三中全会通过的《中华人民共和国土地改革法》指出，废除地主阶级封建土地所有制，实行农民土地所有制。土地改革使 3 亿多无地少地的农民分得 7 亿多亩土地，每年免去了 700 亿斤粮食的地租，使农村的贫困现象大为减少。对于特殊贫困群体，国家建立了以"依赖于集体、依赖于群众，通过生产来自给自足，国家提供必要的福利救助"为原则的社会救助体系，为广大农民建构了一个基本安全网。

改革开放以后，在总结历史经验和教训的基础上，以邓小平同志为核心的第二代中央领导集体提出，社会主义的本质，是解放生产力、发展生产力，消灭剥削，消除两极分化，最终达到共同富裕。基于这样的认识，1978 年，国家转变农村扶贫思路，在全国范围实施以家庭联产承包责任制和价格调整为主要内容的农村经济体制改革，极大地提高了农民生产积极性，农村贫困人口大幅减少。同时，政府开始利用专项资金扶持部分极端贫困地区的经济发展。

随着社会主义市场经济体制的逐步确立，以江泽民同志为核心的党的第三代中央领导集体对社会主义市场经济条件下如何推进共同富裕进行了大胆探索。1994 年，国务院制定并颁布了《国家八七扶贫攻坚计划》，提出从 1994 年到 2000 年，用 7 年的时间集中人力、物力、财力，动员社会各界力量解决近 8000 万农村贫困人口的温饱问题，并相应改善基础设施和文化、卫生的落后状况。中国农村生存意义上的贫困问题基本得到解决，中国农民的生存权得到了切实维护和体现。

进入 21 世纪，以胡锦涛同志为总书记的党中央在继承和发展前人反贫困理论的基础上，提出科学发展观，这一理论为促进社会公平、更好地实现共同富裕开辟了新的途径，把扶贫开发推向一个新的阶段。随着扶贫开发的不断深入，贫困地区分布和贫困人口构成的变化，《中国农村扶贫开发纲要（2011—2020 年）》提出了"义务教育、基本医疗、住房三保障"的目标，农村扶贫的重心逐渐从物质帮助扩展到更广泛的领域，对贫困人口的健康、教育、住房、社保等方面的全面提高进入了政策领域。这样的变化一方面体现了扶贫实践重心的变化，另一方面也体现出中国共产党对贫困认识的深化。

党的十八大以来，以习近平同志为核心的党中央从全面建成小康社会战略目标的高度重视脱贫攻坚。习近平总书记指出："脱贫攻坚战的冲锋号已经吹响。我们要立下愚公移山志，咬定目标、苦干实干，坚决打赢脱贫攻坚战。"党中央实施精准扶贫、精准脱贫，加大扶贫投入，创新扶贫方式，扶贫开发工作呈现新局面。经过长期持续努力，我们成功走出了一条中国特色扶贫开发道路，使7亿多农村贫困人口成功脱贫，为全面建成小康社会打下了坚实基础。我国成为世界上减贫人口最多的国家，也是世界上率先完成联合国千年发展目标的国家。中央提出，到2020年现行标准下确保农村贫困人口实现脱贫，确保贫困县全部脱贫摘帽。脱贫攻坚已经到了啃硬骨头、攻坚克难的冲刺阶段。

中国共产党95年农村反贫困历程，是一代又一代共产党人奋斗的历程，也是不断把马克思主义基本原理与中国实际相结合，与中国特色社会主义道路紧密相联系的历程。新的历史条件下，农村反贫困面临的任务更加艰巨，我们必须以更大的决心、更明确的思路、更精准的举措，加大力度、加快速度、加紧进度，众志成城实现脱贫攻坚目标，切实让农村贫困人口共享经济社会发展成果。

（《光明日报》2016年12月24日）

李　静：
我国扶贫机制的改革与创新

　　我国从 1986 年开始实施大规模有计划的扶贫工作以来，一直十分重视扶贫机制的改革和创新，取得了世所公认的扶贫成就。自 2013 年年底中央提出精准扶贫这一新的扶贫开发战略后，之前的扶贫体制和机制必须做出改革和创新。根据中共中央办公厅、国务院办公厅于 2014 年 1 月印发的《关于创新机制扎实推进农村扶贫开发工作的意见》，中国的扶贫机制实现了以下几方面的改革与创新：

　　一是改革与创新了扶贫工作的考核机制。这一领域的改革和创新包括贫困县考核和省党委政府考核。贫困县考核的重点是转变不考虑贫困地区功能和职责差异的、以地区生产总值为主的考核制度，建立以扶贫开发为中心指标的考核制度，在限制开发区域和生态脆弱的国家扶贫开发工作重点县，直接取消地区生产总值考核，同时研究建立重点县退出机制，建立扶贫开发效果评估体系。省党委政府考核是针对中西部 22 个省党委和政府进行的扶贫开发工作成效考核。

　　二是实施了精准扶贫工作机制。即由国家制定统一的扶贫对象识别办法，按照县为单位、规模控制、分级负责、精准识别、动态管理的原则，对每个贫困村、贫困户建档立卡，建设全国扶贫信息网络系统。各项扶贫措施要与贫困识别结果相衔接，深入分析致贫原因，逐村逐户制定帮扶措施，集中力量予以扶持，切实做到扶真贫、真扶贫，确保在规定时间内达到稳定脱贫的目标。

三是改革与创新了干部驻村帮扶机制。即在各省（自治区、直辖市）现有工作基础上，普遍建立驻村工作队（组）制度，确保每个贫困村都有驻村工作队（组），每个贫困户都有帮扶责任人，并把驻村入户扶贫作为培养锻炼干部特别是青年干部的重要渠道。这一机制在以前的扶贫工作中就有，但由于缺乏约束机制，驻村工作往往流于形式，缺乏固定的长效机制，短期性、政治性较强。而且驻村干部的工作时常与村委会职责不清、分工不明。新的干部驻村帮扶机制出台后，各地区都相应出台了各地的干部驻村帮扶工作办法。到 2015 年年底，全国已基本实现了对贫困村的全覆盖。由于实行新的考核和激励机制，新一轮的驻村干部比以前有更大的责任心和积极性，在引进资金、项目、协助村干部和帮助贫困村、贫困户脱贫等方面已出现了明显的效果。

四是改革与创新了财政专项扶贫资金管理机制。以往的财政专项扶贫资金管理机制存在着专项资金太多、太乱，不利于统筹使用；项目设立多而专、细而杂，地方不能统筹使用，部门之间及部门和地方之间缺乏沟通和协调，部分专项转移支付分配审核不够严格，资金使用没有监督机制，造成资金浪费和腐败，资金使用效果不佳等问题。财政专项扶贫资金管理机制的改革和创新，改革了资金分配机制、使用机制、监管机制，实行资金整合机制、金融服务机制、社会参与机制，无疑有助于上述问题的解决。

尽管中国扶贫事业取得了世所公认的成就，但是，从中国扶贫政策 30 年发展变迁的过程看，扶贫工作也隐含着对贫困问题认识的转变。以前的认识认为，贫困缘于能力贫困，主要表现在收入贫困。现在的认识则认为，贫困不仅仅是收入贫困，而是多维贫困。多维贫困是指人的贫困不仅仅指收入贫困，还包括应享受的基本公共服务如教育、医疗、就业服务等方面的不足，以及基础设施如道路、饮用水、电力等的缺乏。近些年，我国扶贫机制体制的改革与创新、贫困标准的重新修订（"两不愁""三保障"）以及中国政府宣布在

2020 年消除贫困的承诺，就体现了对贫困认识的深化。

以上对贫困认识的转变以及扶贫机制体制的改革和创新，体现了我国政府与时俱进的特点。根据两年来的实践看，中国扶贫机制体制的改革与创新正在迅速推进，且精准扶贫工作已取得明显成效。为了进一步完善扶贫机制的改革和创新，笔者提出以下建议：

在扶贫机制改革和创新中要重视市场机制的作用。从我国 30 年的扶贫成功经验看，政府和市场都发挥了重要作用。其中，在基础设施和公共服务方面，政府的扶贫政策贡献最大。在增加农民收入方面，市场机制的贡献最大，在扶贫机制改革和创新过程中，应重视市场机制和市场经济规律的作用，增强效率意识。

强化扶贫考核结果的运用和问责。扶贫机制改革和创新，要真正落地和付诸实施，需要强化考核结果的运用和问责，实行党政领导扶贫工作考核一票否决制。

产业扶贫和金融扶贫可以更多考虑效益精准到户。资金到户和效益到户是两种有差异的精准扶贫方式。在强调资金和效益同时精准到户的同时，对于效益到户与资金到户容易出现不一致的产业扶贫和金融扶贫活动，可以更多考虑效益精准到户。这样既可以更好地发挥产业扶贫和金融扶贫的扶贫作用，也有利于探索和利用更多更有效的产业扶贫和金融扶贫的实现形式。

创造允许试错的扶贫机制改革和创新的政策环境和监管氛围。扶贫机制改革和创新是一个不断探索和完善的过程，中间有可能会因为判断和环境不确定性而出现一些失误甚至错误。只有通过小范围的试验和试错，才能探索建立起更加完善的扶贫机制。

在扶贫工作和资金监管机制方面应扩大引入独立第三方监督，建立内容监管和外部监管相结合的扶贫工作和资金监管制度。

（《光明日报》2016 年 12 月 28 日）